"信毅教材大系"编委会

主　　任　王　乔

副 主 任　邓　辉　　工秋石　　刘子馨

秘 书 长　陈　曦

副秘书长　王联合

编　　委　许基南　　匡小平　　胡宇辰　　李春根　　章卫东

　　　　　袁红林　　陆长平　　汪　洋　　罗良清　　毛小兵

　　　　　邹勇文　　蒋悟真　　关爱浩　　叶卫华　　尹忠海

　　　　　包礼祥　　郑志强　　陈始发　　陆晓兵

联络秘书　宋朝阳　　张步云

信毅教材大系

招聘理论与实务

● 高日光　郭　英　陈小锋　编著

Theory and Practice of Human Resources Recruitment

复旦大学 出版社

内容提要

    本书按照精品课程的建设要求，在参考和借鉴国内外最新的研究成果的基础上，系统阐述了员工招聘的全过程及其操作要点。本书内容丰富、体系完整、结构清晰、可读性和趣味性强。

    本书既可作为人力资源管理专业或方向的本科生、研究生和MBA的教材，也可以作为人力资源管理教师和从业人员的参考用书。

总　序

　　世界高等教育的起源可以追溯到 1088 年意大利建立的博洛尼亚大学,它运用社会化组织成批量培养社会所需要的人才,改变了知识、技能主要在师徒间、个体间传授的教育方式,满足了大家获取知识的需要,史称"博洛尼亚传统"。

　　19 世纪初期,德国的教育家洪堡提出"教学与研究相统一"和"学术自由"的原则,并指出大学的主要职能是追求真理,学术研究在大学应当具有第一位的重要性,即"洪堡理念",强调大学对学术研究人才的培养。

　　在洪堡理念广为传播和接受之际,德国都柏林天主教大学校长纽曼发表了"大学的理想"的著名演说,旗帜鲜明地指出"从本质上讲,大学是教育的场所","我们不能借口履行大学的使命职责,而把它引向不属于它本身的目标"。强调培养人才是大学的唯一职能。纽曼关于"大学的理想"的演说让人们重新审视和思考大学为何而设、为谁而设的问题。

　　19 世纪后期到 20 世纪初,美国威斯康星大学查尔斯·范海斯校长提出"大学必须为社会发展服务"的办学理念,更加关注大学与社会需求的结合,从而使大学走出了象牙塔。

　　2011 年 4 月 24 日,胡锦涛总书记在清华大学百年校庆庆典上,指出高等教育是优秀文化传承的重要载体和思想文化创新的重要源泉,强调要充分发挥大学文化育人和文化传承创新的职能。

　　总而言之,随着社会的进步与变革,高等教育不断发展,大学的功能不断扩展,但始终都在围绕着人才培养这一大学的根本使命,致力于不断提高人才培养的质量和水平。

　　对大学而言,优秀人才的培养,离不开一些必要的物质条件保障,但更重要的是高效的执行体系。高效的执行体系应该体现在三个方面:一是科学合理的学科专业结构,二是能洞悉学科前沿的优秀的师资队伍,三是作为知识载体和传播媒介的优秀教材。教材是体现教学内容与教学方法的知识载体,是进行教学的基本工具,也是深化教育教学改革，提高人才培养质量的重要保证。

一本好的教材，要能反映该学科领域的学术水平和科研成就，能引导学生沿着正确的学术方向步入所向往的科学殿堂。因此，加强高校教材建设，对于提高教育质量、稳定教学秩序、实现高等教育人才培养目标起着重要的作用。正是基于这样的考虑，江西财经大学与复旦大学出版社达成共识，准备通过编写出版一套高质量的教材系列，以期进一步锻炼学校教师队伍，提高教师素质和教学水平，最终将学校的学科、师资等优势转化为人才培养优势，提升人才培养质量。为凸显江财特色，我们取校训"信敏廉毅"中一前一尾两个字，将这个系列的教材命名为"信毅教材大系"。

"信毅教材大系"将分期分批出版问世，江西财经大学教师将积极参与这一具有重大意义的学术事业，精益求精地不断提高写作质量，力争将"信毅教材大系"打造成业内有影响力的高端品牌。"信毅教材大系"的出版，得到了复旦大学出版社的大力支持，没有他们卓越视野和精心组织，就不可能有这套系列教材的问世。作为"信毅教材大系"的合作方和复旦大学出版社的一位多年的合作者，对他们的敬业精神和远见卓识，我感到由衷的钦佩。

王 乔

2012 年 9 月 19 日

目　录

第一章　绪　论

企业最大的资产是人。

——日本经营之神松下幸之助

【学习目标】

- 理解招募、甄选、录用与招聘的关系
- 了解美、日、德、韩人力资源招聘模式
- 理解人与职位匹配、人与组织匹配的理论
- 了解现实工作预览及其优势
- 理解心理契约的内涵及其在招聘中的应用
- 理解招聘与应聘者之间的博弈
- 了解简历作假、面试作假和测验作假
- 理解人格测验作假控制技术

开 篇 案 例

正大集团：用技术引领招聘变革

　　正大集团是拥有 90 多年历史的泰国企业,在全球拥有 400 多家公司,而中国占有一半以上,自 1979 年正大集团在深圳建立了中国改革开放以来第一家外资企业,三十余年的时间里正大集团在中国共投资 200 多个企业,这足以说明正大集团对中国市场的重视,也说明正大在中国惊人的发展速度。

　　企业的发展离不开人才,正大集团是这一理念的践行者。三十余年的时间里正大集团不仅为自己,更为这个行业贡献了源源不断的人才,被称为农牧行业的黄埔军校。而今,时代变迁,正大集团也在谋求变革,以契合人才即是核心竞争力的趋势。

取经泰国总部

　　正大集团董事长谢国民指出:"一个集团要有生命力,必须重视人才培养,公司要把培养人才看得比赚钱还要重要。"自 2005 年开始,为配合正大集团全面的管理模式革新,正大人力资源管理工作也进行了升级:首先是管理模式上的转变,集团总部与地区/公司之间形成垂直式的管理模式,这就意味着总部人力资源部需具备更高的战略眼光,能够对各地分公司的人力资源工作有专业的指导和管理能力;要制定完善的系统的人力资源制度、流程,形成统一的标准供各地分公司执行;总部还要有更前

瞻的人才管理理念,带领分公司提升人力资源水平。

如何才能达到这些既定目标? 正大集团总部人力资源部在充分发挥自身专业性的同时,也开始多方借鉴成功经验,而泰国总部成了非常好的学习榜样。正大集团中国区招聘总监赵鑫刚总监告诉我们:"在考察中我们发现集团泰国总部的人力资源成熟度更高,人力资源管理体系构建得更加完善。有很多东西值得我们学习,而且科学的人才管理技术的应用也给我们很大的启发。"

带着各种新鲜的理念,赵鑫刚总监带领团队开始重塑正大集团中国区的招聘体系,定标准、理流程、树形象……这其中科学工具的引入让这一体系更加饱满。

人才测评的引入

"事实上,在泰国正大集团多年前就已经开始运用人才测评工具,所以我们经过多番调查、评估,选择了北森这样一家更适合中国企业的测评机构,经过试点我们发现测评确实有其过人的优势,现在已经开始在全国范围内推广。"赵鑫刚总监谈道。近年来正大集团每年全国招聘量约 5 000 人,面对这么大批量的招聘工作,如何帮助分公司提高招聘成功率? 如何在保证分公司招聘自主权的同时又能确保各地人才能达到集团的用人标准? 此时人才测评技术引入成为一个很好的突破口。

正大集团是一个非常具有学习精神的企业,接触人才测评之初,北京总部招聘团队在人才测评应用上做了大量的研究工作,多次参加了北森举办的相关培训,不仅如此,还组织了各地招聘负责人进行了多次集中的学习。"目前,我们已经在全国范围内推行测评,但除了广度,我们更希望能够把测评更加深入,今年我们将分地区的再进行一轮针对性更强的培训,把我们在人才测评方面的一些学习分享给大家,让大家掌握一些测评应用的技巧。"赵鑫刚总监谈道。

北森总裁王朝晖介绍:"像正大这样的集团式企业在招聘过程中通常会遇到很多问题,比如说:如何让各分公司与总部拥有统一的标准、如何应对'面霸'、如何应对大量的简历筛选、如何评估员工的深层素质等等。而人才测评恰好在这些方面有很好的解决办法,以标准化的工具作为筛选、面试基础,降低了对面试官的要求、统一了标准、提升了工作效率,这也是人才测评逐渐获得企业认可的原因所在。"

招聘管理系统的引入

在泰国考察期间赵鑫刚总监发现有一个问题是他当前无法解决的,在泰国正大集团总部有着几十人对各地分支机构的招聘工作进行把控,但在中国区集团总部由赵鑫刚总监率领的负责把握全国招聘工作的队伍仅有寥寥几人,如何用几人之力达到几十人的效果、如何大幅提升工作效率、时时了解分公司的招聘进展、系统的对全国的招聘情况进行汇总分析成为亟待解决的瓶颈。而恰恰此时,一种更为先进的招聘管理系统应运而生。

"我们人手少分公司多,要更好的管理全国的招聘工作,这样的管理系统必不可少,它削减了我们的工作量,也让全国的招聘工作更立体地呈现我们对人才的诉求,以便我们更好地进行管理。目前,我们正在对这个系统进行试点工作,未来同样会在全国范围内推广这一系统。"赵鑫刚总监说道。

北森总裁王朝晖谈道:"招聘管理系统是目前众多成熟企业竞相引入的一套管理系统,它最大的价值在于大幅降低工作量,让人力资源工作者跳出安排面试、整理文档、整合简历、制作表格等繁琐的事务性工作,让他们投身到更具技术含量的工作中,如面试、标准制定等等。另外,目前一些招聘管理系统还增加了网申系统,为企业提供专属的招聘页面,成为给客户的一项重要增值功能。"

企业人才库的构建

正大集团有一个正大班的人才培养模式,每年与部分农业类院校合作在大四期间开办为期一年的正大班,聘请正大集团多名精英人才为学生提供专业培训,不仅涵盖专业知识,还包括职业指导、企业现场实习等等。赵鑫刚总监介绍说:"中国区从2005年开始试点正大班的人才培养模式,现在已经在很多地区推广。正大班让我们先一步锁定并影响了优秀学生,在招聘期间更具优势,招聘成功率也更高。"

正大集团所处行业比较特殊,所需人才多为专业性较强的群体,例如:家禽水产养殖、饲料生产销售、品质控制等岗位,这就使得正大集团的目标人才群体总量较小,增加了集团招聘工作的难度,怎样找到集团想要的人才?"以往认为比较有效的渠道就是内部推荐,因为内部员工了解正大的人才需求,对推荐人又比较认可,这样招聘成功率大大提高。"但是,当企业处于快速发展期,对人才需求量大增的时候,此类传统的招聘模式如行业网站招聘、行业展览展会、内部推荐都显得略微单薄。

正大班是一种成功的人才吸引的探索,那么如果企业在平时就持续影响目标人才,是否也能达到正大班的效果?此时,正大集团正在构建企业人才库,从正大班毕业却没有进入正大的人才、应聘过正大集团的人才、内部引荐的人才等通过各种渠道为正大集团所欣赏的人才都汇聚到人才库中,随着人才库的充盈,这一人才库将为正大集团提供源源不断的人才供应。

人才库是很多企业想做但却没能成功做起来的一项工作,在这一工作中可谓困难重重,信息量大难以整理、沟通机制不健全等都阻碍了人才库的有效性。当前部分人力资源供应商也在产品开发过程中加入了对人才库的思考,通过系统的工具对人才库进行管理,对候选人进行影响,不仅可以在这一群体当中梳理企业雇主品牌更为招聘提供了更多的选择余地,这对于传统行业、特殊行业都将有着长远意义。

用先进的人才管理技术做武器,用前沿的人才管理理念做向导,用成功的人才管理经验做标尺,这是正大集团在管理升级过程中的重要思想,也正基于这一思想正大集团在短短几年内构建了更加系统的人力资源体系,确保了公司战略能够得到更好的执行。

资料来源:许洁虹.正大集团:用技术引领招聘变革.经理日报,2012-04-26.

第一节 招聘的概念解析

招聘活动是人力资源管理的核心模块,有效的招聘可以提高企业内部人员的素质结构,为组织增添新的活力,员工招聘是人力资源管理的基础性工作。

▶一、招聘的内涵

招聘是企业获取合格人才的渠道,是组织为了生存和发展的需要,根据组织人力资源规划和工作分析的情况,通过信息发布和科学甄选,获得企业所需的合格人才,经过一段时间磨合,正式安排到具体工作岗位的过程(廖泉文,2010)。招聘是企业人力资源管理活动一个重要组成部分,作为一个重要的管理职能,招募与其他人力资源管理职能有密切的关系。招聘是一项系统性工作,具体包括招募、甄选、录用与上岗引导及融合。

1. 招募是招聘的前提,它的目的是吸引人才

也就是说,招募是在企业战略发展规划下,根据人力资源规划,采用合适的方法有步骤地吸引合格的优秀人才前往应聘。评价招募工作质量标准,主要参考 6R 规则:

(1)恰当的时间(right time),即在适当的时间完成招聘工作,即使补充企业所需要的人员;

(2)恰当的来源(right source),即通过恰当的渠道寻找目标人员,不同职位对人员要求是不同的,不同人员对应的渠道亦不相同;

(3)恰当的成本(right cost),即以较低的成本完成招募任务,这并不是说要牺牲人员质量来降低成本;

(4)恰当的范围(right area),即在合适的空间范围内寻找目标群体,只要能够吸引一定数量的合格人员即可;

(5)恰当的人选(right people),即招募能够吸引到最合适的人员前来应聘,包括人员数量和质量两方面;

(6)恰当的信息(right information),即招募时,要向应聘者提供充分的组织与职位信息,以便应聘者有充分了解,从而做出应聘与否的决策。

招募与人员吸引可以用招聘金字塔来表示(图 1-1)。例如,某个公司决定最终录用 25 人,则至少要确保可以吸引到 1 200 人前来应聘。毋庸置疑,申请职位的人越多,

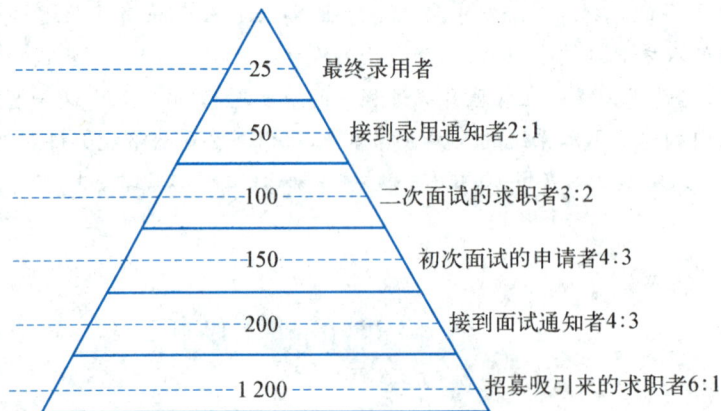

图 1-1 招募筛选金字塔

塔内从上到下的各层标注:
- 25——最终录用者
- 50——接到录用通知者2:1
- 100——二次面试的求职者3:2
- 150——初次面试的申请者4:3
- 200——接到面试通知者4:3
- 1 200——招募吸引来的求职者6:1

企业在进行雇用决策时的选择余地就越大。

2. 甄选是招募的后续重要工作

甄选就是运用科学的工具和方法,对前来应聘的求职者进行鉴别与考察,区分他们的知识结构、技能水平、能力特征与个性情况,预测他们未来的工作表现,从而最终挑选出最符合企业要求的求职者。人员甄选主要对人才的素质结构进行甄别,具体包括以下几个方面:

(1) 行为举止:主要包含沉着稳重、姿态优雅、注重礼节、口语文雅、站姿、坐姿等。我国绝大多数岗位,甚至包括高层管理岗位,都要求其行为举止得体。

(2) 知识结构:知识不在于多与少,而在于结构是否合理。如同混凝土,沙子、水泥、水三种成分合理搭配,其牢固程度才是最强的。任何一个岗位,只具备单方面的知识是远远不够的。例如,人力资源管理岗位,就需要具备微观经济学、管理学、人力资源管理、应用统计学、心理学等多学科知识,且这些知识比重搭配合理,才能产生最好的效果。

(3) 技能水平:技能属于操作层面,常见技能有电脑操作技能、语言技能、公文处理技能和专业技能等。技能即不同于外在的经验性的知识,更不同于内在的隐蔽性的能力,它同时是外在的显性的,是能够通过操作活动表现出来的。

(4) 能力水平:能力包含很多因子,但对岗位绩效起关键作用的几项核心能力才是至关重要的。根据岗位的不同要求,应考虑与岗位相关的最核心的 3—5 项能力。

(5) 个性特征:个性是数项特征的综合反映,不同的岗位对个体个性方面的要求是很不相同的,例如生产岗位要求员工认真细心,管理岗位要求员工亲和力强,能够影响他人。

(6) 动机愿望:这里的动机愿望也是一个综合性概念,主要包含可靠性、稳定性、诚信度、发展愿望等。

3. 录用

甄选之后,人力资源部对符合岗位要求并通过甄选的应聘者,会做出录用决策。这个阶段主要做好以下工作:

(1) 入职体检:通过若干甄选之后,达到录用条件之后,组织基本决定拟录用的情况下,需要员工进行最后一项,即体检。身体健康是做好本职工作的重要保障,如丰田公司要求员工 25 小时的全面身体检查,以了解员工的身体一般状况特别的情况,如酗酒、药物滥用的问题。

(2) 签订劳动合同:体检通过之后,公司与员工签订劳动合同,明确双方的权利和义务的关系。签订劳动合同主要有以下三个方面的重要作用:签订劳动合同可以强化用人单位和劳动者双方的守法意识;签订劳动合同可以有效地维护用人单位与劳动者双方的合法权益;签订劳动合同有利于及时处理劳动争议,维护劳动者的合法权益。

4. 上岗引导与员工组织社会化

员工进入公司之后,需要有一段时间的磨合期,即上岗引导与员工组织社会化。

(1) 上岗引导:新员工进入公司前几天,需要对其进行上岗前的引导,员工上岗引导可以使新员工掌握企业的基本背景信息(发展历程、公司制度等),熟悉工作环境,了解工作的基本要求,从而达到企业所期望的工作态度、工作规范和行为模式,减少上岗初期的紧张不安。

(2) 组织社会化：组织社会化时间稍比上岗引导要长，短则 6 个月，长则数年。一般认为，新员工组织社会化大约需要 3 年的时间。组织社会化是新员工为适应组织角色所需要学习的内容和经历的过程，在这个过程中，新员工需要不断与组织进行磨合，最终变成组织的一员。

▶ 二、招聘的原则

招聘是每一个企业都应该重视的工作。在招聘活动中，应该遵循哪些原则呢？龙平(2015)指出，企业招聘时应该遵循以下六个原则[①]：

1. 企业所需和岗位适合相结合的原则

招聘的首要原则就是做到人与组织匹配和人与职位匹配。这里的匹配就是适合的意思，只要招最适合的，不要招最优秀的。例如，招现场技术管理的人员，就要看踏实能干、实际经验丰富、会处理人际关系。而思想活跃、开发能力强、不爱接触人的人就未必适合这个岗位。

2. 企业发展和当前使用相结合的原则

招聘既要照顾眼前利益所需，也要关注未来发展。例如，招聘开发能力强、熟悉市场行情的外部人来"掺砂子"，可以加快适销对路的产品开发力度；而招聘当前使用的人主要是要招"能人"、"熟人"（经验丰富），来了就能干的人。做到当前利益和长远利益相结合，保证企业持续稳定发展。

3. 外部招聘和内部选拔相结合的原则

企业招聘时，既要考虑到内部晋升，也要选拔外部优秀人才，并且有条件地侧重内部选拔。采用竞争上岗一方面可以让内部人员看到成长有路，有奔头，另一方面可以减少新员工的内外"磨合期"，有利于公司的稳定。

4. 领导招聘和后续服务相结合的原则

现许多企业就像乔布斯那样，一把手现场去招聘。公司最高层、最明白的人到现场招聘，可以直接回答应聘者提出的一些具体问题，双方满意当时也可拍板。人才进来以后，公司的后续服务也一定要跟上。不能"招聘会上常见老总，进了公司难见老总"。

5. 长处突出和允许缺点相结合的原则

人力资源管理者必须认识到，金无足赤，人无完人，往往优点突出的人，其缺点也很突出。在用人中要发挥他的长处，放大他的优点，规避他的缺点，容忍他的短处。

6. 外不避仇和内不避亲相结合的原则

外举不避仇，哪怕是他在对手是曾差点将本公司置于死地，只要他有公司需要的本事，有职业经理人应有的素质，就应毫不犹豫地聘用他。这样做，一是体现我们宽广的胸怀，二是相信我们自己的本事，三是更好的员工激励他发挥作用，可谓一举三得。而内举不避亲，只要对公司有利，或利大于弊，无论什么样的人，即便是亲属都可以重用。

---

① 龙平. 创高收益选对人才. 北京音像出版社，2015 年.

读一读

招聘进入云时代

提升招聘效率,支持企业更快、更准、更灵活找人才。调查报告显示:面临诸如业务线人才需求波动大,尤其是跨区批量招聘、校园招聘等大项目时,HR 管理者往往受制于招聘团队规模有限、招聘流程标准不清、招聘渠道复杂、招聘成本高、IT 技术平台不足等环节。50% HR 管理者将 2/3 的时间花在了事务性招聘工作中,无暇顾及核心战略事务,企业期待着更有效的招聘解决方案。这些为云计算和云平台技术在人力资源领域的应用和发展提供了广阔空间。

业内人士称,在新技术飞速发展和服务模式不断变化的今天,科锐国际携手大易科技提供线上"云"和线下"云"相结合的招聘模式将有效地支持客户化解人才困境。科锐国际董事长高勇表示,线下"云"是当企业难以应对招聘规模激增时,科锐国际的RPO(招聘流程外包)服务可确保数百名专业的招聘顾问第一时间提供招聘支持;而项目结束后,企业也不会面临招聘人员过剩的困境。科锐国际 RPO 业务将在大易WinTalent 云招聘平台上运行,从而更有效地提高了人才甄选的广度及速度和精度、规范招聘流程标准、降低成本,最大程度地帮助企业提升招聘绩效。

面对扑朔迷离的宏观经济环境,人才市场的形式将更为严峻,提高招聘绩效以支持业务持续健康的成长是 HR 的首要挑战。"从全球来看,选择外部资源提升招聘管理效率已成为趋势。科锐国际联同大易科技的整合方案,不仅能够支持 HR 利用有限的资源打赢人才战,更是一场意义深远的管理升级。它将招聘各环节纳入量化管理模式,通过整合的系统、工具、数据库及顾问资源进行优化,使 HR 从繁琐的事物性工作中解放出来,在提升招聘绩效的同时,更提升了其战略职能。"科锐国际总裁郭鑫说。

据了解,基于云计算模式的 WinTalent 招聘管理平台 V5.0,可根据企业招聘需求的变化快速、便捷、动态地配置服务器、网络以及应用资源,是目前国内第一个真正意义上支持随需应变的云招聘平台,目前已经形成由招聘需求管理、职位发布、候选人在线申请职位、简历筛选、专业级人才测评、笔试管理、招聘流程管理、动态人才库以及招聘绩效分析等功能组成的完整产品线。大易科技 CEO 申刚正表示,通过此平台,能够将简历筛选效率提高七成;与候选人进行事务性沟通的时间减少一半;对候选人身份、学历的验证时间缩短九成;简历资源利用率提高 80%;通过深度渠道分析提高渠道有效性;实现招聘流程的持续优化;实现多角色的协作互动;实现招聘全过程的时时跟踪;而便捷的申请流程也将为候选人提供良好的用户体验。这一切将切实帮助企业解决招聘效率提高、招聘成本降低、招聘流程优化和雇主品牌提升的难题。

据介绍,作为成功的解决方案供应商,大易取得了不错的业绩。目前率先体验WinTalent 云招聘管理平台的企业已超过百家,集中分布在金融、消费品、电子商务、高科技、医疗卫生等招聘需求持续旺盛的核心行业,企业年招聘量平均超过 200 人。

而作为招聘方案服务商的科锐国际在 2011 年间,已经成功为企业推荐的长期雇员及派遣雇员总数超过 2 万人,中高级管理人才及专业技术人才超过 12 000 名。与 1 000 余家跨国集团,国内上市公司,快速成长性企业及非盈利组织建立了长期合作关系。

资料来源:周勇.招聘进入云时代.科技日报,2011－12－21.

三、招聘的意义

招聘工作的有效实施,不仅有利于人力资源管理本身,而且对整个企业的发展也颇具重要的意义,这主要表现在以下几个方面:

1. 有利于企业的生存和发展

企业发展靠人才,而优秀人才的获得靠有效的招聘。一个好的招聘首先表现为吸引更多的优秀人才前来应聘,其次甄选质量直接决定了人才素质。企业是否能够获得所需要的优秀人才,关系到企业的生存与发展,只有拥有高素质的人才,企业才能繁荣昌盛,才能在竞争中立于不败之地。

2. 把好人才入口关

招聘工作是人力资源系统的输入环节,其质量的高低直接影响人力资源质量。招聘工作一方面帮助企业发现和网络优秀人才,为企业发展提供原动力,另一方面,也需要甄别和及时制止庸才、废才甚至是道德差的人员进入企业。毋庸置疑,只有有效的招聘,才能把握好人才入口关。

3. 降低企业的人员流动率

招聘不仅需要发现人才,也需要在招聘活动中传递企业信息,防止员工心理产生较大落差而导致离职。另外,有效的招聘能更好地做到人与组织匹配和人与职位匹配,这样所招聘的员工工作满意度较高,从而减少企业的人员流动。否则,将会有不称职的、不适应的、不匹配的,甚至是心理不满意的而大量的人员流动,使得企业经营活动遭受巨大损失。

4. 有利于企业宣传

招聘本身就是企业向外部宣传自身的一个过程,例如,在校园招聘过程中,企业会向外部介绍公司的发展历史,方针政策,企业文化和产品特征等各项信息,从而加深大学毕业生对公司的看法,这是其一。另外,招聘人员的素质,以及举止行为也会极大地影响应聘者对公司的评价。因此,一次成功的招聘活动,不仅是吸引优秀人才,也是在宣传企业。

读一读

几种典型招聘过程中的企业品牌破坏

(1)招聘安排不合理导致应聘者不满。比如,有企业通知全部应聘者在同一时间到公司面试,结果造成应聘者长时间等待,待到面试时用很短的时间(几分钟)即结束面试，甚至有应聘者等待不及而离开；再如，有企业在初试情况下即通知外地应聘者面试，结果问的都是一些初步了解性的问题，造成应聘者十分不满。再如，极少有企业会及时通知落选者结果，只有当其电话打到门上才会不耐烦地应付一下。诸如此类，实际上都表明，无论企业、还是应聘者，都为可能达成的劳动关系付出了相当的成本，而强势一方的企业显然并没有对作为弱势一方的应聘者的成本付出做全面考量。

（2）招聘人员的个体行为方式导致应聘者不满。招聘人员在招聘过程中应将注意力集中于应聘者是否符合空缺岗位的任职资格要求，而有些招聘人员则过多地表达了对于应聘者的个人好恶。比如某企业招聘专员在面试某留学生时，更多地关注其是否自费留学、是否家境富裕等个人问题，并表现出对于那些家境优裕而在国内无法通过高考读大学而转而留学的年轻人的轻视态度。

（3）招聘政策导致应聘者不满。有些企业制定了某些在一定程度上违背公平就业原则的企业规定，比如有企业规定不予录用乙肝病毒携带者，该问题引发了广泛的舆论支持。性别歧视自然是见怪不怪了，但"姓氏"歧视又来了，比如售后服务岗位拒绝"贾"姓应聘者，而财务则拒绝"裴"姓；还有血型歧视，比如应聘营销经理职位，血型必须是O型或B型，因为"O型或B型者遇事沉着冷静，忠诚度高，心理素质好，善于驾驭复杂多变的市场环境"。这些要求基本与是否胜任岗位无关。某些企业虽然并不会公开这些招聘政策，转而采取内部掌握的手段执行，但随着我国就业问题成为政府民生问题的重要议题，公平就业这一"重灾区"必将受到重视。

（4）有争议的甄选方式导致应聘者不满。有些企业采用应聘者出生日期所确定的"星座"作为甄选应聘者的标准；再比如，有些企业采用某些类似脑筋急转弯的面试题目来测试应聘者的应变能力、逻辑思维能力等。以上方法并不能通过严谨的心理学研究得以验证，因而作为甄选应聘者的手段是不恰当的，容易引发应聘者对企业的不满。

还有企业采用压力面试的方法时，故意营造面试双方的紧张气氛，比如面试考官咄咄逼人的不断追问，如果把握失当，或未在面试结束后作出应聘者能够接受的说明，也容易造成应聘者对企业品牌的认识偏差。

资料来源：朱国成.招聘过程中的企业品牌破坏.中国中小企业,2008,(12).

第二节　国外招聘模式分析

由于政治体制、经济发展状况、教育的先进性、企业的发展模式、资源的丰富程度以及文化价值观等方面的差异，不同国家或地区的人力资源管理有显著的差异。杨泉、马力(2008)对若干国家的招聘模式进行了比较分析[1]。

---

[1] 杨泉,马力.若干国家和地区员工招聘模式的比较.中国人力资源开发,2008,(3).

▶ 一、美国模式

1. 能力是招聘的基础

美国企业在人力资源招聘方面,实行的是能力主义人才竞争机制,即企业筛选和录用应聘者、员工在企业中的合理使用、薪酬增加和职务晋升等都以员工在具体岗位上所发挥的实际能力为依据。这种能力主义竞争机制,对美国企业员工管理各环节产生了较大影响,同时也对企业现有员工构成某种牵制。

2. 工作分析是招聘的重要准备

在美国,选用优秀人才对增强企业实力至关重要。美国企业采取"砌砖墙"模式招聘人才,即重视和规范工作分析,把它作为人力资源管理的基石来确定每一岗位的职责、任职者应具备的能力和身心素质标准,明确任职者应有的知识和需接受的培训。然后根据这些预先确定的"尺度"去衡量应聘者,合格者被录用,并要求在短时间内胜任工作。

3. 双向选择是招聘的重要特征

美国的求职者根据企业发布的招聘信息,对照所聘岗位的条件和标准,进行自我分析、衡量,并在了解企业整体情况的基础上选择合适的企业和合适的岗位作为应聘目标。而企业则从应聘者中根据工作分析,择优录用。大多数美国企业都采取对应聘者"高不求,低不就"的原则,尽量使录用人员的能力与空缺岗位职能相匹配,不实行"人才高消费"。

▶ 二、日本模式

1. 招聘的主渠道是校园招聘和内部调整

日本大多数企业采用的是"砌石墙"模式招聘员工。石头不可能按一定规格生产出来,而是有棱有角,形状不规则的。"砌石墙"要根据每块石头的形状来安排他们最合适的位置。日本企业,尤其是大中型企业普遍以中、高等学校的应届毕业生为候选者的主要来源。其他如通过职业介绍所介绍的中途转职的职工,或是来自关联企业的调整人员,不仅数量很少,而且在一般人的观念中属于例外情况。同欧美企业从劳动力市场招聘成熟劳动力相比,日本企业并不把新录用的应届毕业生当作合格的员工,而仅仅把他们看成是可以加以雕琢的"坯料"。企业招聘新员工时,从长远观点出发,通过企业内部的教育培训,琢"璞"成"器",培养符合企业需要的人才,同时通过职务轮换制让员工找到最合适的岗位。日本企业挑选应届毕业生时最重视的是本人素质(从基础学识反映),而非职业技能。所以,企业一般都对应聘的毕业生进行基础学识的书面测验,同时还进行面谈和适用性考评(即测验应聘毕业生的个性、特长、爱好等,以确定他们以后在企业中能适应的工种或职务类别),最后根据成绩决定是否录取。录用后,基础学力就不再是中心内容,而社交能力、协调能力却成为培训的重点,注重培养员工的集体意识和合作精神。

2. 终身雇佣制是招聘双方的行为准则

由于文化的影响,在日本,应聘者一旦被企业录用,一般就终身服务于该企业。因此,尽管日本法律规定雇佣和就业自由,但传统的终身雇佣制在很大程度上影响招聘各方的行为。

3. 文化因素在内部招聘中起决定作用

在日本,员工社会地位的高低取决于所属企业在社会上享有的声誉以及本人在企业中所处的地位。加上日本不少企业引进了美国的职能资格制度,并将其与原有的"年功自动升格制"相结合加以推行,在企业中谋取高级职位是日本员工的普遍追求。

三、韩国模式

韩国企业集团每年都要招聘新员工,有时一年要招聘两三次。企业对新员工选拔非常严格,其录用标准分为两个方面:思想品德标准,即诚实、创新、勤奋等方面的情况;文化业务标准,即知识、技能等方面的情况。二者相比,企业更注重思想品德标准。

1. 公开招聘与个别推荐相结合

企业集团通过其系列会社公开招聘员工,招聘步骤带有共性,即发布信息、审核书面材料、笔试、面试、集体讨论、公布录用名单。此外,韩国还经常依靠本企业集团的管理人员、顾问或咨询委员会的个别推荐,被推荐者要提交加入会社志愿书、毕业证书、在校期间考试成绩推荐书、健康证书等书面材料,经过会社人力管理委员会面试后确定取舍。

2. 特殊聘任政军界要员担任高级职务

在韩国企业集团的经营领导层中,特别引人瞩目的是集团从政界和军界特别聘任的要员。企业集团以高薪、要职等手段聘用政界、军界的要职,主要是因为他们多年在政界、军界担任高级职务,视野开阔,处理事务能力强。此外,企业集团还要借助他们在政界、军界的渠道,办理一般经营者难以办到的事务。

3. 聘请外国专家担任企业顾问

韩国经济是外向型经济,长期以来,美国一直是韩国的主要经济贸易对象国之一。韩国的许多大企业都聘请了美国的知名人士担任本企业集团顾问,以期通过他们同美国的政界和经济界广泛联系,扩大双方经济、技术交流的规模,解决双方贸易往来中发生的摩擦和纠纷。

四、德国模式

1. 招聘方式

对于有发展潜质管理人员的招聘,日本大公司固定在每年的 4 月 1 日,而德国大公司则没有固定日期,可以在全年中任何时期。由于大学和高级专业技术学院的毕业生没有任何工作经验,所以德国公司更愿意雇佣具有其他公司工作经验的新职员。此外,德国公司对于雇佣新员工制定了具体的流水线式的作业流程,例如对一个秘书职位的新职员,公司会设立一个见习计划或初级员工计划,而对于特别优秀的员工则给予特殊的培训。根据流水线式作业流程,新职员的任务、责任和内部沟通渠道将由预定的、详细的工作说明书来确定。而相比较而言,日本公司则没有这些由流水线式的作业流程详细规定的活动。在德国企业,相比于其他欧洲企业,即使是较高级的管理职位也能够被外部招聘的职员所占有,外部招聘的职员常常通过个人咨询顾问或猎头公司的途径获得。德国公司一般通过以下几种途径来招聘有发展潜质的管理人员。第一,在各大报纸或商业杂志上刊登广告;第二,利用出席所谓工作交换见面会或大学毕业生见面会的机会;第三,公司现有职员引荐他们的同学或朋友。

2. 招聘标准

德国公司人员招聘标准和他们固有的文化是密不可分的,这一点可以通过德国奔驰公司的招聘标准看出来。奔驰公司招聘有发展潜质的管理人员的标准是:智力、团队合作能力、沟通技巧、积极主动、承担责任、处理压力的能力、多学科的学习潜能、独立。从奔驰公司的招聘标准可以看出,奔驰公司强调个人的独立。从整体上看,德国看重个人主义、个人的具体表现及技能,这一点和大多数的亚洲国家的招聘标准不太一样。

第三节　招聘理论简介

目前,有关招聘书籍中,对于招聘理论介绍并不多见。本书拟对招聘理论进行梳理,以便读者更好了解相关理论,并在实践中加以应用。根据招聘观念的发展情况,最早成型的是人与职位匹配理论,随后学者发现,仅人与职位匹配是不够的,还需要人与组织匹配。最近,随着研究的深入,一些新的招聘理论被提出,如现实工作预览、心理契约等。除此以外,应聘者与招聘者之间一直存在一种作假与打假的博弈,即招聘博弈论。接下来,本节拟对上述理论进行简单介绍。

▶▶ 一、人与职位职匹配理论

人与职位匹配理论关注的是个人特征与职业性质一致性的理论。该理论的基本思想是:个体差异是普遍存在的,每一个个体都有自己的个性特征;每一种职业由于其工作性质、环境、条件的不同,对工作者的行为举止、知识结构、技能水平、能力情况以及人格特征的要求也是不同的。在招聘时,需要根据一个人的个性特征与职业种类进行匹配。人与职位匹配得好,个体工作效率和职业成功的可能性就大为提高。反之则工作效率和职业成功的可能性就很低。有关人与职位匹配理论主要有三种,分别是"特性因素论""人格类型论"和"职业锚理论"。

1. 特性因素论

特性因素论是美国波士顿大学教授弗兰克·帕森斯(Frank Parsons)在其《选择一个职业》一书中提出的观点,他认为,每个个体都有自己独特的人格模式,这种人格格模式又均有其相适应的职业类型。上述中的"特质"是指个体的人格特征,包括能力倾向、兴趣、价值观等,可以通过心理测量获得;"因素"则是指在工作上要取得成功所必须具备任职条件,可以通过工作分析获得。

特性因素论指出,要做好人与职位匹配,招聘者首先要采用科学的计量方法评价求职者的生理与心理特性;然后通过工作分析获得有关职位性质以及任职要求;最后招聘者对上述两者进行分析和评价。帕森斯认为职业与人的匹配,分为两种类型[①]:

(1)条件匹配。如所需专门技术和专业知识的职业与掌握该种特殊技能和专业知识的择业者相匹配;或者脏、累、险等劳动条件很差的职业,需要吃苦耐劳、体格健壮的劳动者与之匹配。

(2)特长匹配。即某些职业需要具有一定的特长,如具有敏感、易动感情、不守常规、有独创性、个性强、理想主义等人格特性的人,宜于从事审美性、自我感情表达的艺术创作类型的职业。

2. 人格类型论

约翰·霍兰德(John Holland)是美国约翰·霍普金斯大学心理学教授,美国著名的职业指导专家。他于1959年提出了具有广泛社会影响的人格类型论。该理论的基本观点是:

(1)大多数人的人格可以分为现实型、研究型、艺术型、社会型、企业型和常规型六种类型。每一特定类型人格的人,便会对相应职业类型中的工作或学习感兴趣。

(2)人们所生活的职业环境也同样可以划分为上述六种类型,各种职业环境大致由同一种人格类型的人所占据。

(3)人们寻求的是能够充分施展自己的能力,发展自己价值观的职业环境。

(4)个人的行为取决于个体的人格和所处的环境特征之间的相互作用(图1-2)。

霍兰德认为,最为理想的职业选择就是个体能够找到与其人格类型完全匹配的职业环境,如实际性人格找到实际性工作环境,这种情况个体容易感到内在的满足,最有可能充分发挥自己的才能。如果个人不能获得与其人格类型完全一致的工作环境,则可以寻找与其人格相接近的工作环境,如实际型与传统型和研究型相接近,个人经过努力也能适应近似环境,但如果选择和自己人格类型相斥的职业,个体会感到没有工作乐趣,甚至无法胜任。

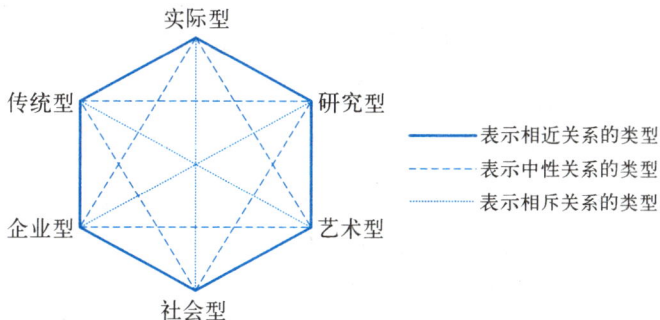

图1-2 人格类型关系图

资料来源:卢荣远等. 职业心理与职业指导. 人民教育出版社,1996年.

---

① 孙健敏,高日光. 人力资源测评. 首都经济贸易大学出版社,2010年.

3. 职业锚理论

职业锚理论由美国职业指导专家埃德加·施恩(Edgar H. Schein)教授对斯隆管理学院的 44 名 MBA 毕业生长达 12 年的追踪研究结果。所谓职业锚,又称职业系留点是指人们选择和发展自己的职业时所围绕的中心,即当一个人不得不做出职业选择的时候,他无论如何都不会放弃的那种至关重要的东西或价值观。职业锚理论强调个人能力、动机和价值观三方面的相互作用与整合。职业锚分为 8 种类型:

(1) 技术/职能型(technical/functional competence):这种类型的人追求在技术/职能领域的成长和技能的不断提高,以及应用这种技术/职能的机会,他们喜欢面对来自专业领域的挑战。

(2) 管理型(general managerial competence):该种类型的人追求职务晋升,敢于承担职责,并将公司的成功与否看成自己的工作。

(3) 自主/独立型(autonomy/independence competence):该种类型的人希望自由自主,喜欢随心所欲安排自己的工作方式、工作习惯和生活方式,最大限度地摆脱他人的约束和限制。

(4) 安全/稳定型(security/stability competence):该种类型的人追求工作中的安全与稳定感。

(5) 创造型/创业型(entrepreneurial/creativity competence):该类型的人敢于冒险,并克服困难,努力创建属于自己的公司或创建完全属于自己的产品(或服务)。

(6) 服务型/奉献型(service/dedication competence):该类型的人甘愿奉献、帮助他人。

(7) 挑战型(pure challenge competence):该类型的人喜欢解决看上去无法解决的问题,克服无法克服的困难障碍等。

(8) 生活型(lifestyle competence):该类型的人是喜欢允许他们平衡并结合个人的需要、家庭的需要和职业的需要的工作环境。

持有不同职业锚的人会选择不同的工作环境,只有在适宜的工作环境中,个体才能充分发挥自己的特长,创造出相应的生涯辉煌。个体在进行职业选择与决策时,需要审视自己的价值观是否与当前的工作相匹配。对于企业而言,了解员工的职业锚特点,将其放到合适的岗位上去,从而实现企业和个人发展的双赢。

▶▶ 二、人与组织匹配理论

人与组织匹配理论关注的是个体特性与组织环境的匹配程度。有学者曾把"人与组织匹配"比作"鱼与水"的关系,只有"如鱼得水"才是最好的匹配,"好鱼坏水","好水坏鱼","坏鱼坏水"都是不适合的匹配类型。企业管理人员都有深切体会,员工与组织的互动是否呈和谐良性的发展,取决于员工与组织匹配程度的高低。

早在 1935 年,Lewin 就提出,人的行为是个人特征和环境特征的函数。不论是个人特质还是环境特征,都不能单独解释人的行为和态度的差异,而人与环境的交互作用能够最大程度地解释这种差异。随后,施耐德(Schneider)在 1983 年提出吸引—选择—摩擦(ASA)理论。该理论认为,人们会基于人与组织特征之间某种类型的匹配而受到组织的吸引,而当人们加入了不匹配的组织之后,他们随后会离开组织,从而导致组织中的人们越来越同质,即组织特征是吸引—选择—摩擦(ASA)循环的一个自然结果。

　　人与组织匹配有两种类型:Muchinsky 和 Monahan(1987)认为,人与组织匹配分为一致性匹配和互补性匹配。一致性匹配是指个体拥有和组织中其他个体相似的特征;互补匹配是指个体特征能够弥补组织的不足。Cable 和 Judge(1994)另辟蹊径,认为人与组织匹配可分为"需要—供给"和"要求—能力"匹配,即当组织满足了个体的需要、愿望或偏好或个体拥有组织所要求的能力时,匹配就发生了。Kristof(1996)则整合了上述两种观点,提出了一个较为完整的人与组织匹配的模型(图 1-3)。该模型认为[①],对于组织来说,其特征包括文化、气候、价值观、目标和规范。对个体来说,最常见的特征包括价值观、目标、个性和态度。当组织和个人在这些特征上具有相似性时,他们之间就存在着一致性匹配。除了这些基本的特征之外,也可以用招聘合同中所提供和要求的内容来描述组织和个人:组织提供雇员所要求的财务、物质和心理资源,以及任务相关机会、人际交往机会和成长机会。当这些组织供给符合雇员需求时,就实现了需要—供给匹配。与此相类似,组织要求它的雇员付出时间、努力、承诺、知识、技能和能力。当这些雇员供给满足了组织要求时,就实现了要求—能力匹配。

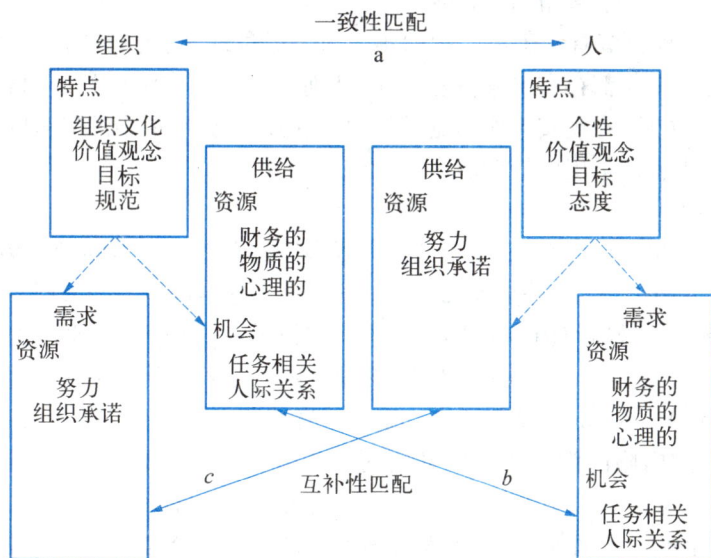

图 1-3　Kristof 的人与组织匹配整合模型

▌▶三、招聘新理论

1. 现实工作预览
企业和应聘者之间存在明显的信息不对称,应聘者了解组织信息的渠道十分有限。

---

① 奚玉芹,戴昌钧.人与组织匹配研究综述.经济管理,2009,(8).

传统招聘过程中只强调工作或组织的正面特征而忽视其负面特征的信息传达叫传统工作预览;而在招聘过程中,给应聘者真实、准确、完整的有关工作和组织的正面和负面信息称为现实工作预览(彭移风、皇甫梅风,2009)。现实工作预览能有效提高组织和员工的匹配,降低离职率。现实工作预览有以下优势:

(1)现实工作预览能够帮助应聘者进行自我筛选。自我筛选是企业在向应聘者提供工作机会,并告知有关工作的消极信息时,应聘者可以自己决定是否接受工作。如果在接受工作之前了解了组织正面的信息和负面的信息,有些应聘者可能会因为其中的负面信息而从应聘过程中退出(彭移风,皇甫梅风,2009)。

(2)现实工作预览降低了员工的期望值。通过现实工作预览,员工事先了解了企业和职位的不足,就会对其抱有一个现实的期望。由于初始预期比较现实,当员工入职之后,就不会过于失望。

(3)现实工作预览强化了员工的选择性承诺。所谓选择性承诺,是指人们在做出选择时,掌握的信息越充分就对自己的选择越有负责感。现实工作预览真实地向应聘者传递有关工作积极与消极方面的信息,能使应聘者在信息比较充分的条件下做出职业选择,因此在进入工作以后也会更忠实于自己当初的选择,在各方面严格要求自己,提高工作质量(彭移风,皇甫梅风,2009)。

(4)现实工作预览有利于员工的困难应对。通过现实工作预览,一方面求职者很早就意识到任何工作都存在不愉快的一面,从而对实际工作中遇到的困难有了一定的心理准备;另一方面,在现实工作预览过程中,组织通过介绍适当的应对困难的策略,可以在很大程度上提高员工的应对能力。

2. 心理契约

由于环境不确定性、信息不完全性和有限理性的限制,员工与企业无法就全部契约事件进行预测并予以规定(陈加洲,2001)。正是基于这样的背景,心理契约相对于书面契约被提出来了。最早使用"心理契约"这一术语的是 Argyris。他在 1960 年所著的《理解组织行为》一书中,用"心理契约"来刻画下属与主管之间的关系,但没有对其加以界定。1962 年,Levinson 注意到了这一概念并将其定义为雇主与雇员关系中组织与雇员事先约定好的内隐的没说出来的各自对对方所怀有的各种期望。Schein(1980)认为,心理契约是每一组织成员与其组织之间每时每刻都存在的一组不成文的期望。Kotter(1973)指出,"心理契约"是个人与其组织之间的一份内隐的协议,协议中的内容包括在彼此关系中一方希望给另一方付出什么、同时又该得到什么。总之,心理契约是雇用双方对雇用关系中彼此对对方应付出什么、同时又应得到什么的一种主观心理约定,约定的核心成分是雇用双方内隐的不成文的相互责任(陈加洲,2001)。

有关心理契约的内容,学者也进行了卓有成效的研究。1990 年 Rousseau 对即将赴任的 129 名 MBA 毕业生的心理契约进行调查,结果发现,员工心理契约中的雇主责任有:① 提升;② 高额报酬;③ 绩效奖励;④ 培训;⑤ 长期工作保障;⑥ 职业发展;⑦ 人事支持等 7 个方面。

1997 年 Herriot 和 Manning 等以管理者代表组织,用关键事件技术和比例分层抽样方法对英国各地区各行业的 184 名管理者和 184 名员工的心理契约内容进行研究。结果发现,心理契约中的组织责任项目有:① 培训;② 公正;③ 关怀;④ 协商;⑤ 信任;⑥ 友善;⑦ 理解;⑧ 安全;⑨ 有恒一致;⑩ 薪资;⑪ 福利;⑫ 工作稳定等 12 个类别。国内学者陈加洲(2001)研究发现,组织对员工的责任包含现实责任和发展责任:现实责任是指,组织为员工担负的维持员工当前正常工作生活所必须的面向现在的责任义务。如:为员工提供较好的工作条件,过年过节发给一些福利性的奖金物品,提供安全的工作环境,尊重员工的权利和尊严,听取员工的意见和建议,及时与员工沟通、交流信息等;发展责任是指,组织为员工担负的维持员工长期工作生活所必须的面向未来的责任义务。如:与员工签订无限期合同、提供稳定工作机会,让员工代表参与决策,组织丰富的文化娱乐活动,提供加薪调资机会,提供相应的福利待遇如医疗、社保,有长期绩效回报等。

当心理契约未能很好地履行,就会发生心理契约破裂(Psychological Contract Breach)和心理契约违背(Psychological Contract Violation)。Morrison 和 Robinson (1997)指出,心理契约破裂感是指员工对组织未能履行与其贡献相匹配的责任和义务的感知,是一种在认知层面上对心理契约履行状况的评价,而心理契约违背是在心理契约破裂之后,在认知评价的基础上所产生的消极情绪体验,例如愤怒、不公平感等。心理契约破裂感是导致员工产生心理契约违背的基础,心理契约破裂感的现象非常普遍,例如,Robinson,Kraatz 和 Rousseau(1994)在一项追踪研究中发现,55%的员工或多或少都感到过心理契约破裂。Chiu 和 Peng(2008)研究表明,心理契约破裂感会增加员工组织越轨和人际越轨,并且敌对的归因风格在心理契约破裂感与员工越轨之间起调节作用,即员工越是具有敌对的归因风格,其感知到心理契约破裂后,越会做出对组织的越轨行为和对人际的越轨行为。Kiewitz 等(2009)通过两项研究发现,心理契约破裂感对组织支持感有显著的负向影响,并且组织政治知觉在心理契约破裂感与组织支持感中起调节作用,意即员工愈是感知到组织政治,其在感知到心理契约破裂之后,愈会觉得组织支持感较低。Chen、Tsui 和 Zhong(2008)以中国企业员工为例,发现心理契约破裂感对组织承诺、组织公民行为和工作绩效产生显著的负向影响,并且,员工传统性越弱,两者关系越强。由此可见,在招聘中,未能重视员工的心理契约问题,将对组织造成重大损失。

▌▌▶ 四、招聘博弈论

招聘双方为了以最低成本获取最高的收益而不断地进行着博弈抉择,即作假与否、信任与否以及如何打假。马费城(2002)指出,由于人才市场交易双方的特殊性,作为人才市场构成要素的求职者和招聘者在市场上的表现为:招聘者拥有确定的、充足的工作岗位信息,但并不能获得求职者的全部信息;而求职者既不能得到招聘公司与岗位的充分可靠的信息,也不能将个人的全部情况告诉雇主。正是由于人才市场信息的不对称性,致使求职者运用作假和伪装来蒙蔽招聘者成为可能。求职者为了获得较好的工作机会,常常对其自身的素质进行全方位包装。例如,低素质者变成高素质者,低学历者变成高学历者,脾气暴躁者变成和蔼可亲者,等等。同样,由于人才市场信息的不对称性,求职者并不了解招聘者的真实情况,致使招聘者运用作假和伪装来蒙蔽求职者也成为可能。招聘者为了吸引高素质的人才,常常对公司现实采取报喜不报忧的方式,甚至进行"包装改造"。

1. 招聘双方作假动机的博弈

把囚徒困境的两名犯人换为招聘者和求职者。招聘双方信息是不对称的,即招聘者只能从求职者所提供的材料中了解其素质特征;而求职者只能通过招聘者的广告宣传获知有关公司与工作的信息。招聘双方都有两种选择,说真话还是说假话,即作假与否。因此,招聘双方必然会形成四种可能的匹配:

第一种是双方都选择说真话,即可以达到人力资源管理的最佳匹配。这种情况招聘双方谁也没有从中获得额外的收益,也没有任何的损失。我们假设招聘双方各获得5个单位的收益。

第二种与第三种都是一方说真话,另一方说假话。我们假设招聘者说假话,求职者说真话。求职者被录用后发现上当受骗,必然遭到重大损失(假设损失—3个单位的收益);而招聘者由于说假话获得额外的收益(假设获得5个单位的额外收益)。

第四种是双方都说假话,招聘不可能获得成功。因此,无论对于哪一方,都将会受到损失,但损失程度大于第一种情况和小于第二种情况(假设损失—1的收益)。得益矩阵见表1-1。

表1-1　作假动机得益矩阵

求职者 ＼ 招聘者	说　真　话	说　假　话
说真话	5,5	—3,10
说假话	10,—3	—1,—1

资料来源:瞿皎娇. 企业招聘风险的分析及对策研究. 现代商业,2007,(24)(略作改动).

按照经济学的观点,招聘者和求职者都是非常理性的人。薛瑞,江志宇,申海成(2007)指出,在信息不对称的情况下,招聘双方根据博弈论的基本法则,理性思考对方可能的结果,然后倒推对自己有利的答案。从这个博弈模型中可以看出,如果估计对方说真话,自己说假话将有10个单位的收益,而自己说真话只有5个单位的收益,因此说假话合算;如果估计对方说假话,自己说假话的收益为—1个单位收益,而说真话是—3个单位的收益,因此,还是说假话合算。由此可见看出,无论对方是否说真话,自己选择说假话的收益都是最大的。因此,招聘双方都会选择说假话,两者陷入囚徒困境。

2. 招聘双方信任抉择的博弈

同样的道理,招聘双方信息是不对称的。即招聘者只能从求职者所提供的材料中了解其素质特征;而求职者只能通过招聘者的广告宣传获知有关公司与工作的信息。甲方有两种选择,说真话还是说假话,即作假与否;乙方也有两种选择,信任与否。甲方和乙方可以分别代表招聘者和应聘者或者应聘者和招聘者。由此,甲方和乙方必然会形成四种可能的情况:

第一种情况是甲方说真话,乙方信任。这是一种理想的状态,双方各获得5个单位的收益。

第二种情况是甲方说真话,乙方不信任。甲方被冤枉遭受损失(假设损失—2个单位的收益);而乙方判断失误也遭受损失(假设损失—2个单位的收益)。

第三种情况是甲方说假话,乙方信任。甲方作假成功(假设获得 10 个单位的收益),且乙方没有识破,从而上当受骗(假设损失－10 个单位的收益)。

第四种情况是甲方说假话,乙方不信任。甲方作假没有成功,当然也没有遭受损失(假设获得 0 个单位的收益);而乙方在本次招聘中也属于既没有成功,也没有遭受损失状态(假设获得 0 个单位的收益)。具体的得益矩阵见表 1－2。

表 1－2　信任抉择得益矩阵

乙 方 甲 方	信　任	不 信 任
说真话	5,5	－2,－2
说假话	10,－10	0,0

资料来源:薛瑞,江志宇,申海成.企业招聘中的信息不对称问题分析及对策.华东经济管理,2007,(4)(略作改动).

甲乙双方都会推测对方可能的情况,然后计算自己采取哪种方式收益会最大。从这个博弈模型中可以看出,如果甲方估计乙方信任,自己说假话将有 10 个单位的效益,而自己说真话只有 5 个单位的收益,因此说假话合算;如果甲方估计乙方不信任,自己说假话的收益为 0 个单位收益,而说真话是－2 个单位的收益,因此,还是说假话合算。由此可见看出,无论乙方是否信任,甲方选择说假话的收益都是最大的。

同理,当乙方选择相信甲方时,如果甲方说真话,其获得的收益为 5 个单位;而甲方说假话,其获得的收益为－10 个单位。当乙方选择不相信甲方时,甲方说假话,其收益为 0;而甲方说真话,其收益为－2 个单位。由此可见,在乙方不能确定甲方所说的是真话还是假话的情况下,选择不相信的甲方其所承担的风险和损失要小(损失厌恶偏向)。因此,乙方更倾向于采取不信任的态度。

由分析可知,无论是招聘方还是求职方,为了达到效益最大化,都将采取说假话和不信任的态度,即双方所选择的都是不合作的情形。

3. 招聘双方打假博弈模型

前面我们已经发现,招聘双方倾向不合作的态度,即说假话和不信任对方。既然如此,为了确保招聘工作的顺利开展,双方还需采取另外一种策略,即打假。

甲方有两种选择,说真话还是说假话,即作假与否;乙方也有两种选择,打假与否。甲方和乙方可以分别代表招聘者和应聘者或者应聘者和招聘者。由此,甲方和乙方也必然形成四种可能的情况:

第一种是甲方说真话,乙方打假。既然说的是真话,那么乙方打假对甲方来说是没有任何损失的(假设获得 5 个单位的收益),而乙方花费时间和精力等成本,最终发现甲方说的是真话,因此有获得收益要比甲方小(假设获得 3 个单位的收益)。

第二种是甲方说真话,乙方不打假。这对双方都是一种最佳的合作行为,因此,双方由此各获得 5 个单位的收益。

第三种是甲方说假话,乙方打假。甲方说假话被乙方成功识破,而乙方也没有上当受骗。但是,由于双方的行为成本的付出,不仅没有获得任何收益,反过来,还会造成一定的损失(假设各获得－2 个单位的收益)。

第四种是甲方说假话,乙方不打假。对甲方来说,由于说假话成功应聘而获得额外收益(假设获得 10 个单位的收益);对于乙方来说,由于没有打假或者没有识破甲方的作假行为而上当受骗,造成重大损失(假设获得－10 个单位的收益)。具体打假得益矩阵见表 1－3。

表 1－3 打假抉择得益矩阵

甲方 \ 乙方	打　假	不　打　假
说真话	5,3	5,5
说假话	－2,－2	10,－10

由表 1－3 可知,对于甲方而言,如果说真话,不论乙方是否打假,获得的收益都是 5 个单位;如果说假话,对方打假,损失两个单位的收益,而对方不打假,将获得 10 个单位的收益。然而,在招聘现场,双方都存在搏一搏的心态。相比较而言,说假话收益要大得多。因此,甲方倾向于说假话。

对于乙方而言,如果打假,最大的收益为 3 个单位,最大的损失为－2 个单位;如果不打假最大收益为 5 个单位,最大的损失为－10 个单位。从损失与收益比例可以看出,乙方应该更倾向打假。

第四节 招聘作假概要

从圣经中亚当夏娃与毒蛇的故事到今天的网络欺诈,说谎是一种普遍存在的社会现象,在日常社会生活中人们经常会出于对自身或他人利益的考虑而说一些善意或恶意的谎言[1]。研究发现,12 岁的儿童就已经完全具备了与成人一样的能力来控制他们的语言和外在的行为表现,以掩饰自己的真实感觉。作假是一种非常普遍的现象,然而,至今这方面的研究成果并不多见,本节将对招聘中的作假问题进行简要概述。

一、作假的概念

人事选拔情境中的作假是指求职者为了表现出有利的自我表征或提供最佳答案,以其认为可提高被录用可能性的方式,故意歪曲的反应倾向,它具体表现在人员甄选的各个环节之中,如履历、知识考试、心理测验和面试等方面。研究表明,作假是影响人员甄选技术效度的重要因素。近年来,作假问题引起了学术界的重视。

关于作假的诱因,有研究指出作假能力和作假动机是影响作假的两大因素[2]。其中,作假能力受测试因素个体经验水平以及测试特征的影响,作假动机受人口统计学特征(如人格和知觉因素等因素影响)。马基雅维利主义就是众多影响作假行为的人格因

---

① 张亭玉,张雨青.说谎行为及其识别的心理学研究.心理科学进展,2008,(4).
② 刘茜,徐建平,许诺.求职者简历作假行为结构及其影响因素研究.心理与行为研究,2013,(12).

素之一,它是指建立人与人之间关系时,人的信念作为潜在心理结构的一部分,会快速指导个体根据对他人形象类别的判断和归类,对自己当前待人处事方式做出相应的改变。具有高马基雅维利主义倾向的人认为别人是可以操纵的,为了达到目的可以不择手段,因而这一倾向可以预测其作假行为。

关于作假对选拔效度和选拔结果的影响,研究指出,作假不会影响测验效度的大小,但却有可能通过改变分数排序从而影响录用决策。

▶ 二、作假的类型

1. 简历作假

据研究表明,大约有 30% 的人会在他们的简历中"注水"。位于美国新泽西州的一家人力资源服务公司调查发现:44% 的求职者在他们的简历中撒谎;41% 的人在教育背景上撒谎;还有 23% 的人伪造他们的信用纪录和有关文件。简历中最频繁出现的虚假信息主要包括离开之前的位置的原因(67.8%)和申请人的成就(68.2%)。国内学者调查表明,66% 的大学生认同求职简历作假行为,超过 80% 的大学生适度"包装"过自己的简历(吴涛,2009)。

Dineen 等(2009)对普通求职者研究表明,简历作假包括欺诈(Resume Fraud)(指求职者在简历中故意包含虚假信息),夸张原本准确的信息(embellishment),或遗漏相关重要信息(omission)三方面。国内学者钟艳萍等亦发现类似研究结果,他们以大学毕业生为研究对象,发现大学毕业生简历作假主要有:

(1) 夸张,如优化个人信息、提升自己实践的重要程度和时间、提升原有证书级别、夸大原有头衔及奖励级别、技能与特长的广泛化。

(2) 伪造,主要内容包括:实践经历的伪造、证书的伪造、头衔的伪造、奖励的伪造、技能及特长的伪造、自我鉴定的伪造。

(3) 省略,主要内容包括:考试不良记录的省略、处分的省略。

读 一 读

求职简历造假缘何成"疯"

严峻的就业形势,使得很多大四学生近来都在精心的准备着自己的个人简历。但记者发现一些大四学生为了是自己的简历更具有竞争力,干脆自己造一些"荣誉"来点缀自己。一项调查报告显示,有近三分之一的求职者在简历中有言而不实的内容,大学生简历"注水"已经成为一种不可忽视的社会怪状。

人人都是"干部"

在最近的一次招聘会上,记者随便翻看了一些大学生的个人简历,不看不知道,一看吓一跳,在这些简历中都不约而同地写着"学生会主席、干部、班长等"字眼。但仔细想一下一所大学只有一个学生会主席,一个班级只有一个班长呀,怎么在每年开招聘会时人人都会变成"干部"呢?

据一家企业负责招聘的赵先生告诉记者,在一场校园招聘会,他们特意把收回来的简历做了一番统计,结果发现,一个班竟然冒出了5个学生会主席,13个班长。毕业生简历掺假主要出现在在校期间的各种荣誉证书和实践经历上,但作为招聘单位根本就没有时间和精力去一一核实,这就让很多大学生钻了空子。

造假其实很"简单"

一位学生告诉记者,其实简历造假非常容易,在任何一家打字复印店都可以制作。先把自己的名字用类似笔迹或相同字体写在或打在一张白纸上,再粘到证书或文章上掩盖住原有者名字,进行第一次复印。再用刀片等工具小心刮掉周围痕迹,进行第二次复印,一张证书或奖状的复印件就这样出炉了。英语四级、六级证书,计算机等级考试证书、奖学金证书、优秀学生干部奖状和一些发表在报纸杂志上的文章等不费吹灰之力便可据为己有。

自己不造很吃亏

"简历造假是不可取的,但如果简历全是真实的,别人简历造假,自己不就吃亏了吗?"一位正在复印简历的大四生告诉记者,他的心态代表了大多数简历造假者的心态。

记者在采访中发现,如今大学生求职简历作假已经形成某种"气候",成为一种普遍现象,而社会招聘条件又比较苛刻,假如你单方面实事求是,实话实说,那就等于首先将自己置于一个不平等的竞争平台上。假的泛滥,真的便会贬值。当同班同学都给自荐材料增添了"光彩",而自己实打实,材料有可能被用人单位只看一眼就扔到一边。大学生不是生活在真空里面,面对社会上的种种虚假现象,面对招工单位挑剔的眼光,不免思想上产生不平衡。

谁在推动造假风

求职简历造假,直接反映出的是一些当代大学生诚信意识的缺失。而有些学校为了能让自己培养的学生顺利找到一个合适的单位,往往对学生的造假行为"睁只眼,闭只眼",通常就会在假简历上"通情达理"地盖章了事。

更值得人们思考的是,为何大学生简历造假越来越普遍?现在,好多单位在选聘大学生时条件特别苛刻,不仅希望被聘用的大学生学识渊博、扎实,而且还要求他们英语、电脑等样样精通,并具有丰富的社会实践经验,尤其是那些班干部、学生会干部更是受用人单位的青睐。假如苛求他们在学识渊博的同时又有丰富的社会实践经验,那肯定要"赶鸭子上架"。一位大学生气愤地告诉记者,他们也不愿意造假,但你不造假,企业根本就不给你展示才华的机会,现在社会就业压力又是那么的大,总不能毕业后还要靠父母来养活自己吧!

记者实习生

资料来源:许江锋,朱哲. 求职简历造假缘何成"疯". 西安晚报,2008.

2. 面试作假

在人员甄选技术中,面试是应用最广的一种人力资源甄选方法,几乎所有的组织在进行人员招聘时,均会采用面试测评技术。然而,Hunter等(1984)研究表明,面试的预测效度仅为0.14。造成面试低效度的原因之一,是由于求职者在面试过程中进行虚假的应答,并且面试官未能及时甄别发现这一现象。Levashina 和 Campion(2007)在综合分析非智力测验和印象管理行为文献的基础上,开创性地提出面试作假(faking in interview)的概念,并将其定义为求职者为了给面试官留下好的印象,获得较高的评价分数而蓄意扭曲真实情况的一种欺骗性的印象管理行为。该定义有两层含义:第一,求职者可能虚构情境、经历,以获得面试官的积极评价。例如,求职者被要求描述某一项具体工作时,由于没有这方面的经历,就可能采取编造方式作假。第二,求职者可能对关键信息进行加工,如添加或者删减部分信息,以获得"理想员工"的正面评价。Donovan 等(2003)研究发现,41%的求职者将自己刻画成更加宜人的形象,超过 15%的求职者完全虚构情节来回答面试问题。因此,面试作假不仅客观存在,而且非常普遍。

目前,有关面试作假的研究,主要在两方面取得一定的进展。第一,在测量方面,仅有 Levashina 和 Campion(2007)在西方文化背景下,开发了一项雇佣面试作假测评量表。第二,在影响因素方面,Levashina 和 Campion(2006)提出了一项雇佣面试作假的理论模型。该模型指出,求职者是否作假,取决于有没有能力作假、想不想作假、机会允不允许作假等三项因素,但未进行实证研究。Hogue、Levashina 和 Hang(2013)研究发现,男性比女性更倾向作假,马基雅维利主义和自我监控人格特质对面试作假有显著的正向影响。

面试作假呈四因素结构。

(1)深度伪造,具体表现为"我对面试官说了一些自己没有的技能""在面试中,当我自己没有合适的经历时,我用别人的经历来编造答案""在面试中,我承诺了一些自己满足不了的工作要求,如加班加点""在面试中,我虚构了一些不存在的工作情景或工作成就""我借用了别人的实践经历来回答面试官的问题"。

(2)逢迎讨好,具体表现为"在面试中,我夸大了自己对组织的积极评价""为了给面试官留下我对其赞美的印象,我会夸大面试官的素质""即使面试官说的笑话不好笑,我也会配合""在面试中,无论公司中的事情对我多么无关紧要,我都要对此赞誉一番""尽管事实并非如此,我也尽量去赞同面试官的观点和建议"。这些表现主要采用说公司的好话、赞美面试官、迎合面试的观点等手段,来获取面试官较高的评价。

(3)形象保护,具体表现为"在面试中,我没有透露可能不利于获得这份工作的必要信息""在面试中,我掩盖了自己一些不可告人的秘密""在面试中,我尽力隐瞒自己实践经历中的负面事件""在面试中,我没有向招聘组织透露我的真正职业意向""在面试中即使被问到,我也不会提我在过去实践中存在的问题"。内容显示主要采用隐瞒、掩饰等方式,避免面试官获得负面信息而降低对毕业生的评价。

(4)轻微美化,具体表现为"在面试中,我根据面试官的评论或反应来调整我的回答""我告诉面试官我花费较少的时间就能胜任该项工作""在面试中,我根据自己掌握的该岗位的信息来调整自己的回答""虽然我只是了解某个领域,但我对面试官说我很熟悉该领域""在面试中,我夸大了在以前实践中承担的职责"。这项作假采用夸大、调整等较轻的欺骗手段来美化自己。

3. 测验作假

心理测验主要有两大类:认知测验和人格测验。认知测验测量个体具备一定认知能力的程度,因此不考虑猜测的因素,被试只有知道正确的答案才能够得分。而人格测验却不同,被试能够随意提升分数,例如人际关系测验的一个项目,"当别人说话的时候,我会仔细地倾听。"如果被试选"同意"该项目说明其有高的人际技能[①]。但是,人际技能低的个体,也可以回答"同意"。这是认知测验和人格测验的一个重要的区别,即在认知测验中被试不容易作假,在人格测验中却可以轻易地作假。

在西方国家的职业选拔中,人格测验是最常用的测评工具之一。近年来,由于人格测验操作简单,信息丰富,也得到国内一些企业的青睐。然而,在职业选拔中使用人格测验却存在着较大的风险,因为大多数被试都希望自己能在竞聘过程中胜出,他们可能不会真实回答,而是努力地按照主考方喜欢的答案来反应[②]。

▌▶ 三、人格测验作假控制技术

传统上,应对作假最常见的方法,是在人格测验中嵌入社会称许性量表,直接对作假进行测量,然后再采取校正或者识别技术去除作假效应。除此之外,目前也有一些新的技术出现。骆方等(2008)介绍了三种新技术[③]。

1. 采用项目反映(IRT)技术识别作假者

目前,已有几种用于识别作假反应的技术,大多并不成熟,最常见的是个人拟合技术。一般来说,有独特反应模式的个体被看作是作假者。个人拟合指标是标准化的对数似然比,在作假研究中用来反映作假者与大部分诚实者的反应差别。如果测验足够长,个人拟合类似 Z 分数,大的负的个人拟合值能够说明被试进行的是作假反应。

2. 反应时识别作假

有一些研究者从信息加工的角度,探讨作假者的反应机制。他们认为作假会改变反应的潜伏期,比较作假和诚实回答者的反应时的差别,可以对二者进行区分。被试在认知测验中的作假形式比较单一,主要就是抄袭,而且作假人数较少,被作假的题目数量也较少;而被试在人格测验中的作假则要复杂得多,被试的作假动机与测验情境、个人特征等相关。

3. 开发迫选量表

迫选量表,即迫使被试在两个称许程度相等的句子或答案间选择,从而抑制作假反应发生。它提供了一种使得测验作假降到最小化的可能。最近,Christiansen 和 Jackson 等证明个体在迫选量表上的作假分数低于 Likert 式量表的分数。这种方法始自 Edwars (1954)开发了第一个标准化的人格迫选量表《爱德华个人偏好量表》(EPPS)。

4. 事先警告

有研究者发现,在人格测验的指导语中加入警告"该测验中含有可以识别作假的指标/该测验有成熟的技术可以识别作假",会大大降低被试的夸大反应,也会降低作假人群的比例[④]。Dwight 和 Donovan(2003)最近的元分析揭示,警告的呈现会降低被试作

---

① 骆方,刘红云,张杉杉.职业选拔情境下人格测验作假研究.心理科学进展,2008,(5).

② 同上.

③ 同上.

④ 骆方,张厚粲.人格测验中作假的控制方法.心理学探新,2007,(4).

假的程度,测验分数降低 0.23 个标准差。也有研究发现,如果不指出"作假将会受到严厉的惩罚",警告将不会有实质性的作用。

思 考 题

1. 简述招聘、招募、甄选与录用之间的关系。
2. 简述美、日、德、韩的人力资源招聘模式的特征。
3. 简述人与组织匹配的基本观点。
4. 试分析招聘者与应聘者之间的博弈关系。
5. 简述人格测验中的作假控制技术。

讨 论 案 例

"跨界"招聘:企业发展的新动力

A 公司是一家多种行业有机结合的电子商务公司,即具有零售业态、互联网技术、物流、呼叫中心等多种业态特点的企业。针对这些不同的业务功能,该公司各部门组织架构设置需要借鉴不同行业的特点和经验,也需要来自不同行业的优秀人才,并针对不同行业人群的特点对员工进行不同方式的激励和管理。

作为这个高速增长的新兴行业先行者,无成型的同行业人力资源组织设置和管理模式可以借鉴,在这种情况下,该企业根据不同部门业态的特点,把各业态的传统行业作为招才纳贤的标杆和借鉴对象。该企业对于新招聘的非技术类人员,并不要求他们对电子商务很熟悉,但要求一定有对应传统行业的工作经验。如仓储部管理层来自传统零售企业的仓储部门,运输发送部管理层有大型快递行业的工作经历,招商或采购人员曾是知名零售公司以及百货企业的采购和招商人员。这些人员给公司带来许多其他传统行业成熟的管理模式和供应商资源,其丰富的从业经验构成了公司巨大的资源库。

以上是"跨界"招聘的案例,这种现象在我们的身边时有发生,只是大多数企业没有发现这种人才招聘的方法,更没有将其提到人力资源管理的高度来考虑与实施。"跨界"招聘对企业发展有着独特的作用,它包括了跨行业、跨专业招聘等。

1. 跨行业招聘

受制于业内优秀人才的紧缺,很多银行正在从投资银行业以外招聘人才,比如在消费品和快速消费品领域,因为这两个行业都已经相当成熟,而且在培训和培养高素质人才方面进行了大量的投资,行业人才也已习惯于跨国公司的工作环境和文化。

同样的情况在房地产行业发生,某品牌地产企业总经理认为,目前房地产行业经营方式还十分粗放,企业如果要持续倍速于本行业平均速度的增长,首先面临的就是人才的挑战,需要向更为成熟的行业学习;如消费品行业的品牌管理、品类细分、客户关系管理,制造业的品质管理、成本管理、流程优化以及售后服务,以及金融业的投资者关系管理等。基于此,该企业陆续引进了这几个行业中拥有国际化视野、完整职业化训练以及良好职业素养的人才加盟。该企业跨行业引进高端管理人才,意在为未来的高速发展突破人才瓶颈，打造新的管理平台。

2. 跨专业招聘

东莞某信息科技公司招聘的岗位是技术支持工程师，却苦于没有合适的人才。该公司是一个机械信息企业，技术支持工程师要有较扎实的机械专业背景，还需要一定的计算机和英语能力。有跨学科的专业背景、学习能力强的求职者，是该企业青睐的目标对象。

深圳某科技发展公司技术部急需无线网络规划工程师，这同样是一个跨学科岗位，需要应聘者具备无线电和计算机知识。目前IT技术和机械、电子等行业的融合越来越多，但学校里迟迟不见开设类似的交叉学科专业，业界只得疯抢这类有经验的技术人员。

随着各行业、各专业之间的相互渗透，行业、专业之间的边界越来越模糊，互融互通，编织成愈来愈密集而复杂的网状结构，而新的商机发掘与管理提升则往往产生于这些网格的结点。在本行业与本专业领域内无法解决的问题，如果能恰当运用其他行业与专业领域的理论、方法和技术手段，换一个思维角度，很可能就豁然开朗。

尤其在高科技领域，专业的交叉与综合是技术创新的源泉活水，高科技的发展需要一大批具有跨学科视野和思维、具备多学科理论与方法，并善于学习、借鉴其他学科成果的高层次人才。

企业发展到一定阶段，必然需要考虑引进与培养具有复合型知识背景的高层次人才，因为跨行业、跨专业的知识背景和方法能够使这些高端人才自如应对瞬息万变的市场，妥善处理各种复杂问题，有效推进知识创新、技术创新和制度创新。当然，"跨界"招聘与培养人才是一个系统工程，要从人力资源管理的各环节入手，进行通盘考虑和统筹兼顾。

3. 向跨行业、跨专业人才开放面试机会

招聘是人才培养的起始环节，跨专业培养复合型人才的一个重要方面就是招收一定数量优质的跨行业、跨专业人才。因此，企业首先要制定专门政策，鼓励和支持"跨界"人员应聘，消除人为设置的门槛。

其次，招聘笔试题目的设置要突出综合性和基础性，减少纯专业性试题，要有意识地打破行业与专业界限，选择一些交叉的热点问题作为笔试题目，鼓励应聘者从不同视角分析和解答同一问题，对于灵活运用其他行业、专业理论与方法回答并言之成理、有创新见解的应聘者要给予认可。

再次，在面试环节，要注重考查应聘者知识的广度、深度，以及能力结构与素质结构的复合性程度；要考察应聘者运用知识解决问题的能力、口头表达能力和应变能力；对"跨界"应聘者，要有意识地提出一些与其原有专业背景相关的前沿问题，以检验其是否具备跨学科思维方式。

最后，在录取环节，要在同等条件下优先录取"跨界"人才。通过招聘面试各环节的系列安排，营造一种有利于"跨界"人才脱颖而出的氛围，并从制度和政策上对其给予倾斜和扶持。

4. HR 团队来源也需要"跨界"

对于"跨界"招聘岗位人才来源的目标行业、企业、层级,均需制定明确的任职资格要求。例如,对总监、经理等各级别的候选人在原行业的工作背景和工作经验设定具体的工作年限和岗位胜任力要求。为此,人力资源部团队也应来自不同行业的人力资源从业者构成,比如在招聘团队中为各业务模块配备相应的专业招聘人员,也就是说,招聘人员也必须是"跨界"的。

本文开头提到的 A 公司,负责技术部员工招聘的 HR 来自互联网行业和高科技公司,负责招商和采购员工招聘的 HR 来自传统的零售百货业,负责物流管理层招聘的人力资源团队则大部分具有多年的物流行业人力资源管理经验。HR 团队的"跨界"策略,使得人力资源同事对各功能模块所对应的不同行业业态、行业中的企业状况、人员状况和组织设计、人才需求的特点和胜任力要求都非常熟悉,因此可以游刃有余地开展工作,这大大提高了人力资源各项服务的专业度和效率,也直接支持了公司各部门业务的快速发展需要,人力资源部在公司高速发展阶段的组织设计和变革管理中,发挥了有力的引擎作用。

5. 制定个性化的薪酬策略

由于"跨界"人才可能来自不同的行业,企业吸纳和保留人才需要面临不同的人员群体,针对这一情况企业可为不同的人员群体制定相匹配的薪酬体系。

当然,由于薪酬福利设计与管理工作是一项难度较大的工作,只有企业大规模招聘"跨界"人才,并且业务功能模式设置与"跨界"人才聚集状况紧密结合时,才需要设计个性化的薪酬策略。人力资源部在薪资调查的基础上,在确定各部门和岗位的薪资水平或标准时,可参考其业务功能模式所对应行业的薪资水平,也就是说不同的业务部门分别对应不同的行业薪酬方式。比如以提成制为主的销售部门可采用"底薪+提成"制;而对仓储物流的员工,针对其工作性质和特点,则可采取更具激励性的计件制计薪方式。

企业在应届生起薪、调薪幅度、管理序列和技术序列晋升和薪酬福利项目等方面均可设计灵活的策略,量体裁衣定制化地满足了不同"跨界"人才的心理需求,并提升市场竞争力。

微软公司首席研究及战略执行官科瑞格·蒙迪表示:"企业界正以一个更快的速度朝前发展,我们在不断挑战传统,不断冒各种各样的风险……人类面临的问题已经非常复杂,要想解决这些问题,单靠一个学科的人,靠一个人的知识是解决不了的,因此我们很看重人才跨学科思考解决问题的能力和团队合作能力。"企业"跨界"招聘将逐渐成为一个趋势,对企业人力资源管理提出了新的课题,有远见的企业一定会提前做好"跨界"人力资源规划工作,前瞻性构筑人才竞争优势,以使企业赢得持续发展的新动力。

资料来源:李彩霞."跨界"招聘:企业发展的新动力.才富,2011,(3).

讨论题：

1. 为什么需要跨界招聘？
2. 基于跨界招聘，人力资源从业者需要怎样应对？

参 考 文 献

1. 陈加州,凌文辁,方俐洛.组织中的心理契约.管理科学学报,2001,(2).

2. 陈加州,凌文辁,方俐洛.心理契约的内容、维度和类型.心理科学进展,2003,(4).

3. 曹细玉,覃艳华.知识型企业人力资源管理过程中的逆向选择和道德风险.科学管理研究,2003,(2).

4. 付丹丹.论人力资源管理中的博弈.商场现代化,2007,(16).

5. 冯庆华.基于博弈论和粗糙集的管理决策分析.西安建筑科技大学硕士学位论文,2005年.

6. 何会涛.信息不对称条件下的企业招聘风险分析.科技与管理,2005,(6).

7. 胡金华.面向合作的面试博弈模型研究.暨南大学硕士学位论文,2007年.

8. 蒋旭平,王晓蜀.应聘欺骗行为博弈.内蒙古科技与经济,2006,(2).

9. 马费城.信息经济学.武汉大学出版社,2002年.

10. 瞿皎姣.企业招聘风险的分析及对称研究.现代商业,2007,(24).

11. 祁伟.企业员工招聘中的博弈分析.煤炭经济研究,2003,(10).

12. 孙会,于惠川,孙建平.员工招聘风险防范的经济学分析.辽宁石油化工大学学报,2004,(4).

13. 薛瑞,江志宇,申海成.企业招聘中的信息不对称问题分析及对策.华东经济管理,2007,(4).

14. 项勇,唐俊祥.人力资源招聘模式的博弈均衡分析.贵州大学学报,2005,(5).

15. 叶桂方.对人才市场不正当竞争行为法规制约的思考.中国人才,2005,(10).

16. 佚名.专家教你应对七大招聘陷阱.劳动保障世界,2006,(4).

17. 余平,蒲勇健.企业和应聘者的博弈分析.特区经济,2007,(1).

18. 朱军,童夏雨.于信息不对称理论的人力资源招聘工作研究.杭州师范大学报,2006,(3).

19. 张培德.人才招聘信息不对称矫正技术的研究.上海大学学报,2003,(4).

20. 龙平.创高收益选对人才.北京音像出版社,2015年.

21. 杨泉,马力.若干国家和地区员工招聘模式的比较.中国人力资源开发,2008,(3).

22. 孙健敏,高日光.人力资源测评.首都经济贸易大学出版社,2010年.

23. 奚玉芹,戴昌钧.人与组织匹配研究综述.经济管理,2009,(8).

24. 张亭玉,张雨青.说谎行为及其识别的心理学研究.心理科学进展,2008,(4).

25. 刘茜,徐建平,许诺.求职者简历作假行为结构及其影响因素研究.心理与行为研究,2013,(12).

26. 骆方,刘红云,张杉杉.职业选拔情境下人格测验作假研究.心理科学进展,2008,(5).

第二章 招聘的前期工作

招聘是寻求和鼓励潜在的应征者申请现有的或预期的空缺职位的过程。在这一过程中,组织应致力于使应征者得到工作要求和职位机遇的全面信息。

——乔治·W.勃兰德 & 斯科特·A.斯耐尔

【学习目标】

- 了解职位分析的步骤及内容
- 了解素质冰山模型
- 掌握素质模型的构建方法与流程
- 了解招聘计划的概念
- 理解招聘计划的内容及编写
- 了解招聘广告设计的原则
- 理解招聘广告的内容要素

开 篇 案 例

在阿里巴巴,人才就是阿里巴巴的财富。马云2002年在宁波会员见面会上演讲道:有人说为什么阿里巴巴还要招员工?我们认为人才是公司最好的财富,有共同的价值观和企业文化的人才是最大的财富。

阿里巴巴在发展过程中犯过许多错。比如在创业早期,阿里巴巴请过很多"高手",一些来自500强大企业的管理人员也曾加盟阿里巴巴,结果却是"水土不服",这些人并不适合阿里巴巴。接下来几年,阿里巴巴聘用了更多的MBA,包括哈佛、斯坦福等学校的MBA,还有国内大学毕业的MBA。但是后来这些MBA中的95%因为不适合阿里巴巴,都被阿里巴巴开除了。

马云从不否定那些职业经理人的管理水平,他们的水平如同飞机引擎一样,但问题在于,如此高性能的引擎适合拖拉机吗?马云由此总结出一个关于人才使用的理论:只有适合企业需要的人才才是真正的人才。他把当初开除MBA的事情做了一个比喻:"就好比把飞机的引擎装在了拖拉机上,最终还是飞不起来一样,我们在初期确实犯了这样的错。那些职业经理人管理水平确实很高,但是不合适。公司当时的发展水平还容不下这样的人。"

所以,从某种意义上说,"适用"即人才,只有适应某个企业、某种环境某个职位、某种文化的人才是人才。因此,阿里巴巴只招合适的人才。

　　资料来源:孔艺轩.阿里巴巴的人力资源管理.海天出版社,2010.

第一节　空缺职位分析

　　招聘是人力资源管理中最基础的工作,能否招聘到合适的员工关系到企业的生存发展问题。在招聘过程中,职位分析是招聘成功的前提和基础,也是组织培训、绩效考核、薪酬奖励等其他人力资源管理工作的依据。职位分析为招聘所提供的岗位任职资格,如专业、学历、从事相关工作的年限、知识与技能要求等,为招聘工作提供了科学的依据。

▶ 一、职位分析的概念

　　职位分析是招聘工作的第一步,始于"科学管理之父"泰罗 1895 年提出的工作时间和动作研究。职位分析是以组织中的职位以及任职者为研究对象,通过系统方法收集、分析,以确定某一职位的工作内容、职责职权、工作关系、业绩标准和人员要求等基本因素的过程。企业在招聘工作开始前要对相关招聘职位进行分析,确定该职位所需要的知识、技能和需具备的个性特征,才能确定招聘录用标准,招聘到合适的人员。

　　完整的职位分析包括前期准备、信息收集、分析与整理、应用与反馈四大阶段[1]。在实际操作中,前期准备最容易为工作者所忽略。信息收集之前,应做好以下准备工作:明确目的,制订方案。要想进行职位分析,首先要明确目前所要进行的职位分析的目的,即职位说明书用来干什么,解决什么管理问题,这对于决定职位分析的侧重点、选择分析方法、确定信息收集的范围等很有意义。其次要获得高层的支持和认可。这是确保整个工作分析项目顺利开展的关键因素之一。最后要大力宣传工作分析的目的、价值和意义。在高层领导的支持下,要利用一切渠道与全体员工进行沟通,争取各部门管理者和员工的参与配合。在确定项目小组成员后,需要对小组进行工作分析,明确小组成员各自的分工、流程、时间表和阶段成果,建立工作规范和沟通制度,确保成员稳定、信息共享,并不断调整工作方式与方法。

▶ 二、职位分析的方法

1. 访谈法
　　访谈法(interview)是收集职位信息资料的重要方法之一,是通过工作分析专家与

---

[1]　刘玉新,张建卫.工作分析方法应用方略.人力资源,2006,(2).

所要分析职位的相关人员进行面对面的交谈,从而获取目标职位信息资料的一种方法。访谈法表面上虽然与日常谈话非常类似,但是,事实上其与日常谈话有着本质上区别。前者是一种有特定目的和遵循一定规则的探究性交谈,而后者是一种目的性比较弱(主要是情感交流)、形式比较松散的谈话方式(陈向明,2000)。

访谈法需要访谈者训练有素和具备丰富的访谈技能。这些技能包括使被访谈者比较轻松自然,探究细节而不会让被访谈者感到不舒适,能够跟上被访谈者的思维速度,从数十分钟到数小时的详细的描述性对话中提取重要观点和细节等技能。

2. 观察法

观察法(observation)是指工作分析人员运用自己的感觉器官或者借助科学仪器对某些特定的工作活动进行观察,收集和记录有关工作内容、工作程序、工作时间、工作地点、工作联系、工作环境和工作条件等信息的一种方法。作为科学研究手段的观察和日常生活中的观察有着本质上的区别。日常生活中的观察是一种没有计划、没有目的性的活动,是人类一种基本的生存方式,然而,科学观察活动却是计划性和目的性非常强的一种活动,是人类主观能动行为的重要表现。

早年,莉莲·吉尔布雷斯为了分析和改进工人完成一项任务所进行的动作和顺序,他们率先将摄影技术用于记录和分析工人所用的各种动作。这项时间—动作研究对今天的职位分析仍具有非常重要的借鉴意义。观察法适用于那些工作内容主要是由身体活动来完成的工作,如装配线工人、保安人员等;不适用于脑力劳动成分比较高的工作和处理紧急情况的间歇性工作。另外,有些工作内容中包含重要的思想和心理活动、需要创造性解决问题的能力等,如律师、教师、急救站的护士等等,这些工作也不易使用直接观察法。

3. 问卷调查法

问卷调查法(questionnaire)是目前职位分析中使用最为普遍的一种方法。顾名思义,问卷调查法就是运用问卷的形式让与目标职位相关人员(通常情况下就是目标职位的任职者)填写职位信息,以此收集职位信息的一种方法。

虽然,我们常见的问卷形式是纸面的,但是,由于计算机网络的发展,问卷调查已经突破传统的方式,网络问卷调查也是重要方式之一。问卷调查法收集的信息量大,适用范围广,操作简单,成本低廉,是受到绝大多数工作分析专家青睐的一种信息收集方式。

4. 工作日志法

工作日志法(work diaries)又称工作写实法,指任职者按时间顺序、详细记录自己的工作内容与工作过程,然后经过归纳、分析,达到职位分析目的的一种方法。在现实中,多采用"工作日志"的形式。

工作日志法主要用于对职位信息的原始资料的积累,能够很自然地揭示一项工作的全部内容。例如,一名办公室主任的工作日志按时间顺序写着请示领导、文件起草、文件签发、文件签收、布置工作、会议安排、对外联络、信访接待、内部协调等事项,一天的工作内容一目了然,非常清晰(表2-1)。

表 2-1 工作日志填写示例

序 号	工作活动名称	工作活动内容	工作活动结果	时间消耗	备 注
1	复印	协议文件	4 张	6 分	存档
2	起草公文	贸易代理委托书	800 字	1.25 小时	报上级审批
3	贸易洽谈	玩具出口	1 次	4 小时	承办
4	布置工作	对日出口业务	1 次	20 分	指示
5	会议	讨论东欧贸易	1 次	1.5 小时	参与
……					
16	请示	佣金数额	1 次	20 分	报批
17	计算机录入	经营数据	2 屏	1 小时	承办
18	接待	参观	3 人	35 分	承办

资料来源：廖泉文.人力资源招聘系统.山东人民出版社,2000年.

5. 关键事件法

关键事件法(critical incident technique,CIT)起源于第二次世界大战,美国空军项目小组基于关键行为事件技术选拔飞行员。因此,20 世纪 40 年代,关键事件技术成为美国空军飞行员选拔、测评和培训的重要手段。二战结束后,美国学者弗拉那根(Flanagan)和伯恩斯(Baras)将关键行为技术应用到企业管理领域,并于 1954 年创立了关键事件法。

关键事件,即导致工作成败的关键性事件,包括正向的关键事件和负向的关键事件。通过所要分析职位的直接上司、任职者本人和职位分析专家,将工作过程中导致工作成功和失败的关键行为事件加以记录、分析、整理和归类,提炼职位特征和任职要求。这个过程称为关键事件法或者关键事件技术。

对于关键事件法的理解,我们需要注意以下几个方面。首先,关键事件是一些对职位业绩起决定性作用的事件,具有关键性;其次,关键事件是可以观察到的,对于员工内在的心理活动不属于关键事件法的范畴;再次,关键事件需要日常书面记录,并非通过回忆或者猜测得到。

6. 任务清单法

任务清单法最早可以追溯到 1919 年,当时这种方法主要用来培训技术熟练的工人。然而,直到 20 世纪 50 年代,任务清单法才得以广泛应用。任务清单分析系统(task inventory analysis)是由美国空军 Christal 及其助手开发的一种工作分析工具,包括信息收集系统和数据处理软件程序系统。该系统利用所研制的高度结构化的问卷,问卷中列出某个职位的所有可能的工作任务(活动),工作活动背景信息和人口学信息,然后让被调查(任职者及其上司)完成该问卷,并将信息输入计算机系统,利用专用的程序对其进行分析,从而获取职位有关的信息。

任务清单要求任职者及其上司填写，调查数据用于工作分析。因此，工作分析人员的角色主要有两个：一是设计调查问卷；二是分析调查结果。

上述每种方法，均有其适合的场合和优点，也有其不足之处。选择时需要考虑以下几个因素[①]：（1）工作分析的目的：工作分析的目的不同，使用的方法也有所不同。例如，当工作分析用于招聘时，就应该选用关注任职者特征的方法；当工作分析关注薪酬体系的建立时，就应当选用定量的方法，以便对不同工作的价值进行比较。（2）岗位特点：若岗位活动以操作机械设备为主，则可使用现场观察法；若岗位活动以脑力劳动为主，观察法则会失效，此时访谈或问卷法则更合适。（3）公司的实际：有些方法虽可获得较多信息能由于花费的时间或资源较多而无法采用。比如专家访谈法，虽能较深入地挖掘有关工作的信息，但需花费较高成本。而问卷调查法，则因样本量大、范围广和效率较高，很符合许多企业的现实需要。在实际工作分析中，通常会将以上几种方法结合使用。例如，在分析事务性工作和管理工作时，可能会采用问卷调查法，并辅之以面谈和有限的观察。在研究生产性工作时，可能采用面谈和广泛的工作观察法。因此，只有根据具体的目的和实际情况，有针对性地选择最适用的方法及其组合，才能取得最佳效果。

三、职位说明书

职位说明书，就是运用书面的形式对职位的性质、任务、责任、权限、工作环境和条件，以及任职人资格条件等所作的统一规定。职位说明书包括两部分内容：一是职位描述；二是职位规范。职位描述是指客观科学地描述职位本身的相关信息，例如，说明任职者应做些什么、如何去做和在什么样的条件下履行其职责等等。职位规范也称为任职资格，顾名思义就是对承担从事该职位的人员胜任条件作出规定，包括知识结构、技能水平、能力要求和个性特征等。具体而言，一份完整的工作说明书应包括以下内容（表2-2）：

表 2-2　职位说明书示例——某公司财务经理岗位说明书

一、基本信息		
岗位名称：财务总监 职位等级：＊＊＊＊ 直接上级：总经理	岗位编号：＊＊＊＊ 薪资等级：＊＊＊＊ 直接下属：会计、出纳	所属部门：财务部 本岗职数：1人 下属人数：6人
二、岗位目的		
根据公司发展战略和发展目标建立适合公司经营管理需要的财务管理和资本运营体系，保持公司财务运作的顺畅，全面负责财务管理及投资策划，实现资本运营的利益最大化，维护公司的良好声誉。		

[①]　刘玉新，张建卫.工作分析方法应用方略.人力资源，2006，(2).

（续表）

三、职位工作关系		

内部关系：

外部关系：
银行、工商、税务等相关各业务单位及职能机构等

四、岗位职责

序号	职 责 描 述	考 核 点
1	● 编制年度财务预算，分解落实各项年度财务指标 编制分公司年度财务预算，报总公司财务部批准后执行；将年度各项财务指标分解到各部门；监督公司各部门年度各项财务计划指标及月度财务计划指标的落实情况；组织财务决算工作，提交决算报告书；	◆ 预算的适用性 ◆ 预算的可行性 ◆ 预算的缜密性
2	● 贯彻落实公司、部门制定的各项管理制度 积极参与公司的各项会务等活动，提供有价值的财务管理信息资料；负责落实与实施各项财务管理制度；接受相关部门的审计监督检查；	◆ 管理力度 ◆ 执行力度 ◆ 监督力度
3	● 组织会计核算工作，保证公司会计核算及时、准确、完整。 指导、组织成本核算，提出成本控制指标建议，督促成本核算工作按时完成；指导账务处理，审查重大会计事项，督促财务报告按时完成；指导并督促编制财务报表及附注资料；审核财务会计报表，并提交财务总监和总经理；	◆ 目标完成率 ◆ 财务风险防范 ◆ 工作整体业绩
4	● 拓展融资渠道，利用各种优势创造利益最大化 投资渠道的拓展与开发，资本运作、公司的财务监控与管理，利用现有资源与企业优势创造公司经济效益的最大化；	◆ 融资效果 ◆ 资金利用率 ◆ 公司财务的掌控
5	● 进行成本费用预测、计划和控制，编制财务分析报告，为上级决策提供依据审核和控制成本费用预测、计划，严格控制成本费用的支出；监督各部门成本费用使用情况并制定合理的控制措施；依据财务统计和分析资料，编制财务分析报告，提出改进建议，为上级决策提供支持；	◆ 预算费用控制率 ◆ 财务分析报告及时准确率
6	● 工作计划性与团队建设 指导本部制定本部月度、季度及年度财务计划和预算工作并落实实施；负责部门团队建设，建立良好工作关系；加强与相关业务和政府部门的沟通联络；	◆ 计划的完整性 ◆ 工作顺畅性
7	● 主管领导安排的其他工作	◆ 完成质量

（续表）

五、管理权限	
◆ 财务权：根据公司财务授权规定执行 ◆ 人事权：根据公司人事授权规定执行 ◆ 业务权：	
六、岗位职业生涯规划	
本岗位员工的职业生涯发展规划：（试用期为 3 个月） 　　财务经理 ——→ 公司总经理	
七、任职要求	
知识 经验 技能	● 学历/专业：国家正规教育本科以上，财务管理、金融、MBA 或相关专业； ● 工作经验/年龄：15 年以上大型企业财务管理工作经验，其中 5 年以上财务总监工作及管理经验，在财务管理方面有可查成功业绩； ● 专门知识/技能：财会、融资渠道、银行、工商、税务、国家相关政策与法规等； ● 专业/从业资格：高级会计师； ● 辅助技能：熟练使用 MS Office 及财务办公软件，出色的文字组织能力
能力	● 出色的管理能力、沟通协调能力和组织能力 ● 精准的分析与决策力 ● 出色的政策分析能力 ● 良好的洞察力和市场预测能力
素质	● 优秀的职业道德与职业操守，敬业、稳重、富有开拓精神 ● 优秀的团队协作能力，工作认真负责，自信心强 ● 敢于承担责任，抗压能力强
八、工作条件	
1. 工作场所：办公室 2. 环境状况：舒适 3. 使用工具设备：计算机、网络、办公设备、财务软件 4. 危险性：基本无危险，无职业病危险	

（1）职位基本信息。一般岗位的基本信息主要包括岗位名称、岗位编号、所属部门、级别与岗位定编等内容，如表 2-2 所示。在这部分要注意岗位名称的准确、统一、岗位编号的连续，部门归属情况清晰明确等问题。

（2）职位目的。介绍设立该职位的目的，说明该职位存在的价值和理由。这部分内容应用简短的语言描述，例如，人力资源部经理的工作概要为："制定、执行与人事活动相关的各方面的政策与措施"。

（3）工作职责。它提供的是关于工作职责的细节描述，包括所有主要职能及其要求，以及岗位责任大小、重要程度。在这一部分内容里应详细罗列工作职责和工作任务，每项职责用一句话或者一些词组描述，在一些工作职责中，甚至还包括每项工作所占用的时间百分比记录。

(4)绩效标准。有些工作说明书中还需包括有关绩效标准的内容,说明雇主期望员工在完成工作说明书的每一项任务时应达到什么样的标准。它是提供职位绩效考核指标的重要基础和依据。

(5)工作权限。为了确保工作的正常开展,必须赋予每个岗位不同的权限,但权限必须与工作责任相协调、相一致。因此,根据该职位的工作目标和工作职责,赋予该职位的决策范围层级与控制力度,包括工作人员决策的权限、对其他人员实施监督权、重大的业务权限以及经费预算的权限等。

(6)工作关系。工作关系指某一职位在正常工作情况下,任职者与组织内外其他人之间的关系。组织内工作关系包括:该工作受谁监督,此工作监督谁,此工作可晋升的职位、可转换的职位以及可迁移至此的职位,与哪些部门的职位发生联系等;组织外工作关系指该职位需要与组织外部哪些部门和人员发生工作关系。

(7)工作条件与工作环境。工作条件主要包括任职者主要应用的设备名称和运用信息资料的形式。工作环境包括工作场所、工作环境的危险性、职业病、工作时间、工作环境的舒适度等。

(8)任职条件。一般来说,任职资格应包括以下几项主要内容:所学的专业、学历水平、资格证书、工作经验、必要的知识和能力以及身体状况等基本要求。需要强调的是,不管任职资格包括什么内容,其要求都是最基本的,也就是承担这一职位工作的最低要求。

除此之外,一份合格的职位说明书,在撰写方面需要满足以下几方面的标准。

(1)准确性:职位说明书的描述必须准确,不仅职位描述内容客观恰当,而且职位规范要求也是准确无误的。试想,如果一份职位说明书的内容都是错误的,那么它还有什么用处呢?

(2)完整性:职位说明书的内容应该完整无缺,满足职位分析目的。目前,职位说明书的内容大多数都是不完整的,甚至有的说明书还缺乏最基本的职位信息。

(3)实用性:编写职位说明书是为人力资源管理职能服务的,因此,在编制说明书的同时,务必思考所编制的内容有何用处?编写形式和内容选择上是否满足使用者的要求,应尽量避免过于专业性的文字或概念,所描述工作说明书不仅要让上级能够理解,更重要的是上岗人员能实实在在地领会。如果所编制的职位说明书不具备实用性,那只能束之高阁。

(4)系统性:应该按照一定的逻辑顺序编制职位说明书,例如,在编制工作职责时,可以按照职责流程顺序编制,也可以按照职责的重要性编制。职位说明书的编制人员可以选择一种顺序,或者同时兼顾几种顺序。

(5)简约性:整个工作说明书必须简短扼要,以免由于过于复杂、庞大。在描述一个职位的职责时,应该选取主要的职责进行描述,一般不超过十项为适,对于兼顾的职责可作出必要的补充或说明。我们在这里强调简约性,不是有意缩短编制内容,而是在语言表达上做到精炼、严谨、合理。

(6)协调性:一家公司的职位说明书的格式应该要求统一,整体协调和美观。

四、职位招聘需求

企业人力资源供求达到平衡(包括数量和质量)是人力资源管理的目标。一般来说,在整个组织的发展过程中,人力资源状况始终不可能自然地处于供求平衡的状态当中,实际上,组织总是处于人力资源的供需失衡状态。在经过人力资源供给测算和需求预测比较的基础上,组织的人力资源供需可能出现以下四种情况:

(1)供需平衡:人员需求与内部供给相等。在这种情况下,招聘需求为零。

(2)供大于需:人员需求小于内部供给。在这种情况下,就不存在招聘需求。

(3)供小于需:人员需求大于内部人员供给,出现人力资源短缺。在这种情况下,是否有招聘需求?

(4)结构性失衡,即某些类别的人力资源不足,而某些类别人力资源过剩同时并存。在这种情况下,是否有招聘需求?

对于第一和第二种情况,组织不需要进行招聘,对于供小于需和结构性失衡两种情况,也要进行分析判断,特别是结构性失衡,如果能够通过培训或者是将相对富余的人员调往空缺职位,就可以避免双重浪费。因此当企业的人力资源可能发生短缺时,首先通过配置内部供给,如仍不如达成平衡,再决策组织是否需要通过招聘来实现人力资源供求平衡。

在以下几种情况,企业人力资源短缺难以通过内部供给解决时,就需要通过招聘增加外部供给:

(1)企业经营规模扩张和新的经营领域的开拓时期,原有的员工数量和质量都不能满足需要;

(2)现有的岗位上的人员晋升、不称职或突发的雇员离职造成的岗位空缺,通过培训和晋升计划都无法满足要求时;

(3)为使组织的管理风格、经营理念更具活力,而必须从外面招募新的人员。

当组织有招聘需求之后,首先,由公司统一的人力资源规划,或由各部门根据长期或短期的实际工作需要,提出招聘需求。在开始招聘之前,需确定职位空缺的数量及质量。作为用人部门在提出招聘计划前必须综合考虑职位及组织对应征者个人技能和个性特点的需求,不同的职位,需求也不同。例如,同样从事技术工作的开发人员和测试人员,其要求就有明显的差异。

其次,用人单位需要填写详细的人员需求表。如表2-3所示。人员需求表明确记录了所要招聘的工作名称、部门、招聘员工到岗的时间、岗位要求以及其他需要说明的内容,为人力资源部门招聘工作提供了信息。人力资源部门根据部门提供的人员需求表以及工作说明就可以确定所要招聘人员应具备的资格和条件,以便发布招聘信息,组织招聘活动。

最后,人力资源部审核,对人力需求及资料进行确证,综合平衡,并对有关费用进行估算,提出是否受理的具体建议,报送主管总经理审批。

表 2 - 3　人 员 需 求 表

部门：　　　　　　　填表人：　　　　　　　填表时间：		
新增加的职位：□ 是　　□ 否		
何时需要：		
需求原因：		
职位名称：　　　　　　　　薪资等级：		
主要工作职责：		
需求性质：□ 永久需求　　□ 临时需求　　□ 合同约定(时间长度：　　　　　　)		
任职资格要求：		
特殊技能/培训要求：		
素质要求：		
年龄要求：		

第二节　素 质 模 型

▌▶一、什么是素质

　　素质(competency)的概念最早可以追溯到古罗马时代,当时人们通过构建素质剖面图(competency profiling)来说明"一名好的罗马战士"的属性。20世纪初泰勒的"时间—动作"研究被誉为素质模型的发端。时间—动作研究是将复杂的工作拆分成一系列简单的步骤,来识别不同工作活动对个体特征的要求,如灵活性、力量、持久性等。

　　美国心理学家麦克利兰博士(1973)在他的一篇名为"Testing for Competency Rather Than Intelligence(测量的是素质而不是智力)"文章中首次提出"素质"一词。他指出,运用传统的智力测验来判断个人能力的高低并由此来预测未来工作业绩是很不合理的,一个人在工作上能否取得好的成就,除了拥有工作所必须的知识、技能外,更重要的取决于其深藏在大脑中的人格特质、动机及价值观等等。杜宾斯(Dubois)

（1993）认为，"素质"是为达到或超出预期的业绩水平的工作输出所必需具备的能力，如动机、特质、自我形象、社会角色、技能、知识等，这些能力促使个体在工作岗位中有杰出的工作业绩表现。斯班瑟（Spencer）等（1993）认为，素质在个体特质中扮演深层且持久的角色，而且能预测一个人在复杂的工作情境及担任重任时的行为。基于上述定义，我们总结如下：

1. 素质与绩效，特别是高绩效水平密切相连，素质的最终差异体现在工作业绩的高低上。素质研究所关注的对象，是组织中高绩效者所具备的特征。

2. 素质与具体情境相联系，这些情境因素包括特定的工作责任、岗位性质、组织环境、企业文化、管理风格等等。不同职位对素质要求不同，即使高素质在不合适的岗位上，也不一定能带来高绩效。

3. 素质的本质和基础是个体特性的综合表现，包括内在的心理现象与心理过程的品质特征以及外在的行为表现特点等，因此，素质的落脚点是个体特性（彭剑锋，2003）。

4. 素质是可以测评的和分级的。素质研究的最大优势之一，就是所得到的素质均可以测评和分级，为素质识别、参考和对照提供借鉴。

▮▶ 二、素质冰山模型

美国心理学家麦克利兰于 1973 年提出了一个著名的素质冰山模型，所谓"冰山模型"，就是将人员个体素质的不同表现表式划分为表面的"冰山以上部分"，即表象素质和深藏的"冰山以下部分"，即潜在素质。如图 2-1 所示。

表象素质属于冰山以上部分，是"看得见、摸得着"的东西，主要包括知识和技能。知识是指个体在某一特定领域所拥有事实型或经验型的信息，如机械操作工了解机器设备运转知识及操作规程，神经外科医生懂得有关神经系统方面的生理知识等；而技能是指个体

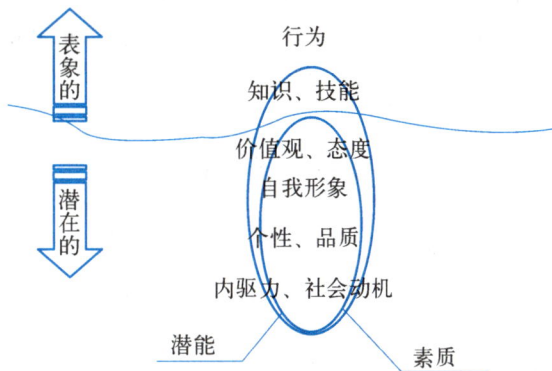

图 2-1 McClelland 的素质冰山模型

资料来源：彭剑锋，荆小娟. 员工素质模型设计. 北京：中国人民大学出版社，2003.

能够有效运用知识完成某项具体工作的一套动作方式与系统，属于操作层面的，如技工能够有效运用相关技术知识熟练操作机器作业。

潜在的素质属于冰山以下部分，是个体身上所存在的"看不见、摸不着"的特质，它们只能通过外部的行为表现展示出来，主要包括价值观、态度、自我形象、个性、品质、内驱力以及社会动机等。其中，价值观是指人们判断事物好坏美丑善恶的标准，是态度的核心，如果说态度是一个圆，那么价值观就是其圆心。个体的态度往往反映在很多方面，但无论是什么样的态度，都脱离不了价值观的影响。自我形象指个体对自身的认识

和评价,例如,自信、乐观等。个性及品质主要指个体的行为方式及对待外界事物的系统反应倾向,例如有的人反应敏锐并灵活机智,有的人反应迟钝但耐心仔细。内驱力及动机主要指促使人们行为的内部动力系统,例如非常渴望成功的人属于成就动机高的人,这类人会为自己寻找具有中等难度的工作,并尽力把它做得非常完美。

一般而言,素质分为两类,一是门槛素质(表面素质),意即一个人在工作上所需的最低要求的素质,但无法区分优秀或表现平平者,通常是一些专业领域的知识和技能;二是差异素质,意即分辨表现优秀者与表现平平者之间绩效显著性差异的关键性因素,通常是个人的潜能,如动机、人格特质、价值观等(Spencer, 2001)。素质是与高工作绩效水平密切相关的,素质的差异最终体现在工作绩效水平高低的不同层面之上。因此,如果一项素质最终不能提高工作绩效,那这项素质就不能称之为素质。素质表现是与具体的工作情境相联系的,高素质未必产生高绩效。这些工作情境包括组织文化与组织环境,工作职责与工作权限,岗位类别与岗位性质,工作条件与工作要求,管理模式与领导风格等等。不同的职位对素质有不同的具体要求,同样的素质在不同的职位上所发挥作用的大小也不完全一样。

根据素质模型的观点,人员甄选不能仅仅关注个体的知识、技能,而应该更加注重冰山以下的潜能。这是因为,漂浮在水面之上的知识技能仅仅是冰山的一角,埋藏在冰山以下的更宏大的潜在素质才是个体未来绩效优异与否的关键性因素。彭剑锋,荆小娟(2003)指出,由于人脑的内在结构在经历了先天的塑造与后天的培养之后,到了一定年龄将不易改变,因此这些潜在的动机、内驱力、个性、自我形象、价值观、社会角色等在一定程度上也是持久不变且与众不同的。通过培训可以快速提高个体的知识技能水平,但难于改变个体的潜能。

▶▶ 三、素质冰山模型的缺陷

探讨素质模型的最终目的是为了能够指导实践,素质模型的应用可以说是贯穿人力资源管理工作的始终,从职位分析到薪酬管理,无不需要在素质模型的基础上开展工作。但人力资源管理工作中出现的问题是,西方的素质冰山模型在遭遇我国组织特有的文化后并不是很实用,不能发挥它应有的作用。

(1)素质模型中未包含行为,而现实生活中的沉着稳重、姿态优雅、注重礼节、谈吐文雅等行为特征又恰恰是体现个体综合素质的重要方面。

(2)素质模型把技能和能力混为一谈,没有把能力列入素质范围之内。技能更多属于操作层面的东西,如员工会使用电焊机,会操作计算机等,而能力是比技能更抽象的一种心理特征,如沟通能力、分析问题和解决问题的能力、组织能力等等。

(3)素质模型中包含的项目过于抽象和复杂,各部分之间的关系还不够明确,哪些部分是更浅层的,哪些部分是更深层的,没有表述清楚。例如,知识与技能、态度与价值观都在一个层面上(事实上不属于同一个层面),给实际应用带来了困难。

(4)从心理学的角度看,价值观、态度、自我形象等可包含在个性里面,不用单列出来,这样就可以避免过多的区分工作,同时也更符合中国人的日常习惯和思维方式。

四、素质冰山模型修订与解析

针对素质冰山模型在应用过程中出现的问题，笔者把上述模型修正为更符合中国人思维习惯的本土模型，如图2-2所示。本土素质冰山模型的素质要项简单明了，层层递进，同时其含义也有所变化。

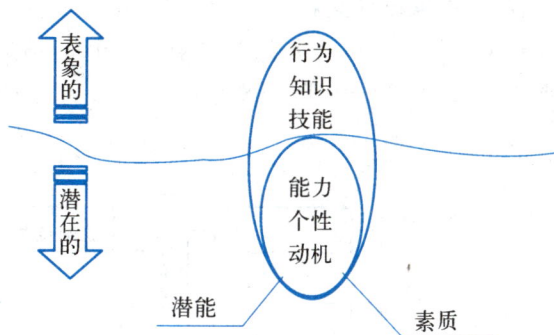

图2-2 本土素质冰山模型

1. 行为（behavior）→行为举止

主要包含沉着稳重、姿态优雅、注重礼节、口语文雅、站姿、坐姿等。这一项与国外存在明显的差异，特别是在中国，绝大多数岗位，甚至包括高层管理岗位，都要求其行为举止得体。而西方国家相对于中国而言，其重要性要小得多。

2. 知识（knowledge）→知识结构

知识不在于多与少，而在于结构是否合理。如同混凝土，沙子、水泥、水三种成分合理搭配，其牢固程度才是最强的。任何一个岗位，只具备单方面的知识是远远不够的。例如，人力资源管理岗位，就需要具备微观经济学、管理学、人力资源管理、应用统计学、心理学等多学科知识，且这些知识比重搭配合理，才能产生最好的效果。

3. 技能（skill）→技能水平

技能属于操作层面，常见技能有电脑操作技能、语言技能、公文处理技能和专业技能等。技能既不同于外在的经验性的知识，更不同于内在的隐蔽性的能力，它同时是外在的显性的，是能够通过操作活动表现出来的。

4. 能力（ability）→能力水平

能力包含很多因子，但对岗位绩效起关键作用的几项核心能力才是至关重要的。根据岗位的不同要求，应考虑与岗位相关的最核心的3—5项能力。

5. 个性（personality）→个性特征

个性是数项特征的综合反映，鉴于中国人的思维方式本身具有模糊性和综合性，因此可用个性来代替价值观、态度、自我形象、品质等。不同的岗位对个体个性方面的要求是很不相同的，例如生产岗位要求员工认真细心，管理岗位要求员工亲和力强，能够影响他人。

6. 动机（motivation）→动机愿望

这里的动机愿望也是一个综合性概念，主要包含可靠性、稳定性、诚信度、发展愿望等。

五、素质模型的建构方法与流程

素质模型不仅可以作为人员甄选、培训开发、安置、职业生涯发展、绩效考核之用，而且还可以作为薪酬管理、接班人计划以及人力资源信息系统等方面的运用。我们将对素质模型的建构方法与流程进行详尽的阐述，企业实务工作者可以针对公司需要以及公司特点，运用其中一种方法或几种方法开发属于自己公司的素质模型，从而为公司的人力资源管理与开发提供科学的指导。

（一）标准模式建构

这种建构方法是素质模型建构中最为完整的一种方法，整个过程需要两到三个月的时间。具体需要多少时间视进度和行为事例访谈（behavior event interviews，BEI）而定，具体流程见图2-3。

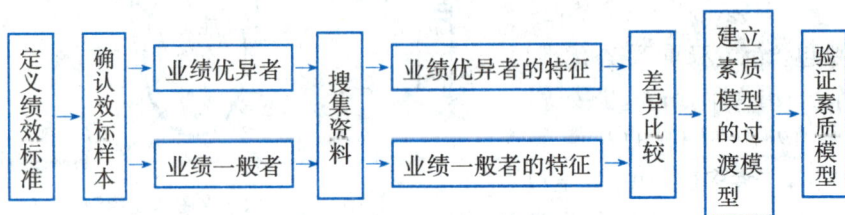

图2-3 素质模型标准建构过程

（1）定义绩效标准：即定义业绩评价标准，进而为确立业绩优异者和业绩一般者做好前提工作。理想的绩效标准是客观指标，销售人员的销售额与利润、科研人员获得的专利或发表的研究成果以及客户满意度等。如果找不到客观指标或在费用很高的情况下，也可以采用上级、同事、下级和客户提名的方法。

（2）选择分析效标样本：根据效标标准确立效标样本，即确认业绩优异者和业绩一般者，在可能的情况下也可以确立业绩低落者。

（3）搜集资料：对业绩优异者和业绩一般者进行资料搜集。搜集资料的方法有行为事例访谈、专家小组、问卷调查、职位分析、直接观察以及应用素质模型数据系统。

（4）分析资料：通过资料搜集和分析，确立业绩优异者和业绩一般者的特征，并寻找两者之间的差异。

（5）构建素质模型的过渡模型：通过对业绩优异者和业绩一般者进行差异分析，对差异素质进行编码，整个过程包括假设、主体分析和概念形成。在此基础上，构建员工素质模型的过渡模型。

（6）验证素质模型：这个过程是对过渡模型的效度进行检验，即检验该过渡模型在实际应用中能否有效预测未来工作业绩。

（二）专家风暴建构

这种建构方法是建立在工作岗位资料较为丰富或者已有部分研究成果的前提下，利用专家头脑风暴快速搜集资料和分析资料而构建员工素质模型的一种方法。具体构建过程见图2-4。

在选定了具体研究岗位后，需要采取以下几个步骤。

（1）召集专家：专家队伍有一般有丰富的研究对象，主要包含以下几类人员：非常熟悉业务，工作经验丰富，成绩显著的人员，但成绩一般者不包含在专家之列；非常了解业务的相关专家，包括实践专家和理论专家；非常熟悉和了解素质模型建构方法的研究者。

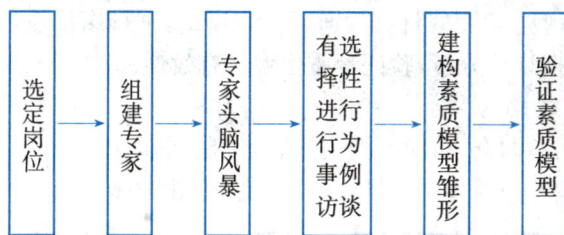

图 2 - 4　素质模型专家风暴建构过程

（2）头脑风暴：专家队伍对岗位胜任素质进行头脑风暴，这些能力包括门槛能力和差异能力。专家需要完成一份事先拟定好的能力需求调查问卷，并对能力进行操作性定义。第一轮调查结果由专门联络人员进行整理，整理结果发给专家评论，然后再进行第二次头脑风暴。本步骤是一个循环反复的过程，直到专家有一份普遍认同的结论。

（3）有选择性进行行为事例访谈：针对专家提出的具体能力有选择地进行行为事例访谈，以便得到关于具体能力的详细解说范例以及对具体能力进行确认。

（4）建构素质模型雏形：通过对专家、行为事例访谈及文献资料分析，对行为事例访谈资料进行素质编码。确认哪些行为和个性特征是岗位所必备的且可以有效区分绩效一般者和绩效优秀者。

（5）验证素质模型：在素质模型雏形的基础上，专家队伍对其进行分析讨论，并展开调查，进行数据分析，验证模型的有效性。在此基础上，进一步对能力进行分级。

（三）修正模式建构

这种构建方法是基于岗位已有的相关素质模型资料，运用相关岗位素质模型并进行适当修订而构建员工素质模型的一种方法。具体构建过程见图 2 - 5。

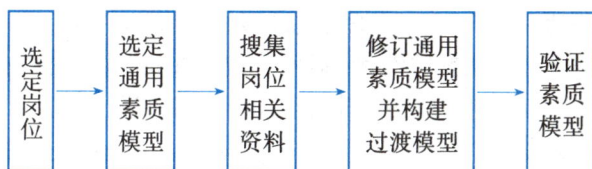

图 2 - 5　素质模型修正模式建构过程

（1）选定岗位：确立研究岗位是构建员工素质模型的前提。

（2）选定通用素质模型：根据研究岗位选定一个或多个通用素质模型。通用素质模型并不适用于特定岗位，但对特定工作岗位员工素质模型的构建具有非常重要的参考意义。Spencer(1993)构建了技术人员与专业人员、业务人员、人类服务工作者、管理人员、企业家五种通用素质模型。例如，研究销售人员的素质模型我们就可以选择业务人员的通用素质模型作参考。

（3）搜集岗位相关资料：搜集公司具体研究岗位资料，分析相关岗位资料，以便构建适合具体岗位的素质模型。

（4）修订通用素质模型：根据岗位资料搜集与分析，对通用素质模型进行修订，构建员工素质模型的过渡模型。

（5）验证素质模型：运用修订后的通用素质模型，进行岗位业绩资料的搜集，展开数据调查，并进行数据统计分析，验证素质模型的有效性。

（四）因素分析建构

这是基于岗位问卷调查、访谈等搜集资料，编制问卷并进行问卷调查，采用因素分析建构员工素质模型的一种方法。具体构建过程见图2-6。

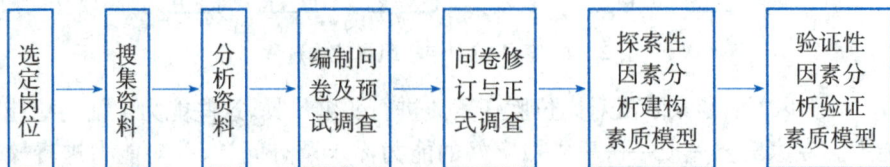

选定岗位 → 搜集资料 → 分析资料 → 编制问卷及预试调查 → 问卷修订与正式调查 → 探索性因素分析建构素质模型 → 验证性因素分析验证素质模型

图 2-6　素质模型因素分析建构过程

（1）选定岗位：素质模型是针对具体岗位的，选定岗位是建构员工素质模型的前提。

（2）搜集资料与分析资料：通过访谈、开放式问卷调查和半开放式问卷调查，搜集岗位相关资料。

（3）分析资料：对搜集到的岗位相关资料进行频次分析。

（4）编制问卷及预试调查：通过对资料分析后，进而拟定预试问卷。拟定过程中，还可以请有关专家进行问卷分析并对问卷进行初步修订。对初步修订的问卷进行预试调查。

（5）问卷的修订与正式调查：对预试调查数据进行统计分析，进而对问卷作进一步修订，并确立最终调查的正式问卷。运用正式调查问卷进行大范围的调查。

（6）探索性因素分析建构素质模型：对调查数据进行探索性因素分析，建构员工素质的因素结构。所得因素结构即为员工素质模型的雏形。

（7）验证性因素分析验证素质模型：运用正式调查问卷重新收集数据，并运用结构方程模型中的验证性因素分析的方法，对探索性因素结果进行检验，以验证探索性因素分析结果的有效性和最优性。

▶六、未来工作与单一在职者的素质模型建构

（一）未来工作素质模型的建构

未来工作即随着公司发展和社会进步可能出现的工作岗位。由于不存在现有工作岗位相关资料，运用一般性的素质模型建构方法难以完成未来工作素质模型的建构。一般而言，分析未来工作岗位素质模型有三种方法可供采用：① 专家臆测；② 由已知工作来推测；③ 析类似现任工作。

专家臆测即由有关专家分析未来工作的素质模型。专家根据未来工作可能出现的工作职责和工作相关信息进行较为详尽的描述，然后根据这些工作职责及相关信息确立胜任这些工作职责所需的能力。

由已知工作推测未来工作的素质模型。某些未来工作职责所需的能力素质模型可

能是现有的工作岗位能力的组合,对未来工作素质模型的确认只需现有相关工作素质模型的能力模型资料,并对其进行有效组合。

分析现有类似工作来预测未来工作素质模型。公司运用相关理论,推测未来工作需要多少员工以及需要哪些能力素质。然后,分析类似现有工作的素质模型,即可成为公司未来工作的素质模型。

(二) 单一在职者素质模型的建构

如何确立单一在职者的素质模型也是一项非常重要的工作,因为,这些单一在职工作者可能是公司的关键人才之一。确立单一在职工作者的素质模型,首先需要确立与岗位有互动关系的工作人员和工作岗位(如直接上级、同事、主要部属、关键顾客);其次需要对这些工作人员进行行为事例访谈;最后分析访谈资料,确立该职位的素质模型。

第三节　招聘计划的制定

凡事预则立,不预则废。为了使招聘工作高效有序地进行,就要制订招聘计划,也就是说招聘计划是招聘的主要依据,制订招聘计划的目的在于使招聘更趋合理化、科学化。招聘计划做得好坏,其实在很大程度上就决定了全年招聘工作的好坏。招聘计划是用人部门根据部门的发展要求,根据人力资源规划的人力资源需求和工作说明书的具体要求,对招聘的岗位、人员数量、时间限制等因素作出详细的计划。

一、招聘计划的内容

人员招聘计划作为组织人力资源规划的重要组成部分,为组织人力资源管理提供了一个基本的框架,也为人员招聘录用工作提供了客观的依据、科学规范和实用的方法,减少了人员招聘录用过程中的盲目性和随意性,并可避免错误选才带来的损失。

一般来说,招聘计划包括以下内容。

(1) 人员需求清单,包括招聘的职务名称、人数、任职资格要求等内容;

(2) 招聘小组人选,包括小组人员姓名、职务、各自的职责;

(3) 招聘信息发布的时间和渠道;

(4) 应聘者的甄选方案;

(5) 招聘的截止日期;

(6) 新员工的上岗时间;

(7) 费用招聘预算,包括资料费、广告费、人才交流会费用等;

(8) 招聘工作时间表;

(9) 招聘广告样稿。

▶ 二、招聘计划的编写步骤

招聘计划的编写一般包括以下步骤：

1. 获取人员需求信息

首先我们就要确定招聘岗位是什么，需要多少人，需要什么样的人，即岗位、任职资格、人数，这是最重要的，也是行动的目标。因此，计划书的开篇应体现出招聘的目标，无论谁拿到这份计划书的时候，都很明白目标是什么。

一般来说，招聘的职位名称和人数在空缺职位分析中确定后，招聘小组还需要了解该职位的主要职责与任务，从而确定完成工作所需的背景特点，如教育经历、经验、能力和个性特点[①]。例如，是否需要很强的人际交往能力？是否需要很高的智力水平？因此，需要提出这个问题："雇员必须为这项工作做什么？"

一般来说，教育和经验是评估应聘者的两个最重要的背景特点[②]。招聘计划中可以设定雇员必须具备的特定的学位或者级别。但是，特定的教育背景是否必要？相关的经验是否可以代替某些教育背景？同时，所招聘的职位需要应聘者具备哪些经验？如行业经验，还是岗位经验？或是在大或小公司中的工作经验？

行业和岗位经验对于那些需要了解产品和竞争者的外向型职位非常重要。但是，如果一名好的应聘者没有你所要求的任何一项工作经验，你也要考虑一下他是否能够及时学习所需要的知识以及这种学习所需要的时间。比如，提供不同的测试方法鉴别一个人的灵巧程度、空间灵敏度、机械操作能力等等。因此在招聘中要着重考察受聘者的学习能力和素质，注重其可塑性，不要被头脑中职位要求所限制[③]。

2. 确定招聘小组

招聘失败将产生高额的替换成本，为保证招聘工作的有效性，招聘人员的胜任度必须特别关注。有关研究显示，公司招聘过程质量的高低会很明显地影响应聘者对企业的看法，招聘者在外面进行招聘工作时，展现的是组织形象，当大多数应聘者第一次对企业进行直接接触的时候，他们往往通过招聘人员的素质的高低来判断企业有无发展前途。因此，对于招聘人员的要求如下：

（1）良好的个人品质与修养：热情、积极、公正、认真、诚实、有耐心、品德高尚、举止文雅、办事高效。

（2）具备多方面的能力：表达能力、观察能力、协调和交流能力、自我认知能力。

（3）专业领域知识技能：因专业而定。

（4）广阔的知识面：心理学、社会学、法学、管理学、组织行为学、血型学、笔迹学。

（5）掌握一定的技术：人员测评技术、策略性谈话、观察的技术、设计招聘环境的技术。

---

① ［美］理查德·吕克（Richard Luecke）著，李红怡译. 招聘与留用最好的员工. 机械工业出版社，2005 年 01 月第 1 版，第 4 页.

② 同上.

③ 同上.

在招聘过程中,传统的人事管理与现代人力资源管理的工作职责是不同的(表2－4)。在传统观念中,招聘是人事部门的事,用人部门只要提出用人需求就行了,不用参与到招聘过程中,员工招聘的决策与实施完全由人事部门负责,用人部门的职责仅仅是负责接受及安排人事部门所招聘的人员,完全处于被动的地位。但只有用人部门最清楚需要什么样的人,招聘进来的人员的素质和能力将直接关系到本部门的工作绩效。因此在现代组织中,起决定作用的是用人部门,它直接参与整个招聘过程,并在其中拥有计划、初选与面试、录用、人员安置与绩效评估等决策权,完全处于主动地位,而人力资源部门只在招聘过程中起组织与服务的功能。因此,招聘小组必须由人力资源部门和用人部门选派的成员共同组成。

表2－4 用人部门与人力资源部门的职责

用 人 部 门	人力资源部门
1. 用人计划的制定和审批	1. 招聘信息的公布
2. 招聘工作说明书及录用标准的提出	2. 应聘者申请登记,资格审查
3. 应聘者初选,确定参加面试人员的名单	3. 通知参加面试的人员
4. 负责面试与考试工作	4. 负责面试与考试工作以及工作的组织
5. 录用人员名单,人员工作安排	5. 个人资料的核实和体检
6. 正式录用的决策	6. 试用合同的签订,试用人员报到及生活方面安置
7. 员工上岗培训决策	7. 员工培训活动的安排
8. 人力资源规划修订	8. 人力资源规划修订

3. 确定招聘信息的发布时间和发布渠道

(1)计划好招聘时间,制作招聘时间表。一次有效的招聘花费的时间是很长的,很多组织由于正常运行和招聘截止日期的时间压力不得不降低自己的招聘标准,匆忙了事。所以有效的招聘要确定恰当的招聘时间,给予各项工作充足的时间。比如说,某企业欲招聘5名程序员。根据以往经验预测,招聘中每个阶段的时间占用分别为征集个人简历需要10天,通知应聘人员需要3天,初试、复试准备及安排需15天,企业决定聘用与否需4天,接到聘用通知的候选人在7天内做出接受与否的决定,受聘者15天后到企业参加工作,前后需耗费54天的时间。那么招聘广告必须在活动前两个月登出,即如果招聘5名程序员需要在某年的8月1日,则招聘广告必须在6月1日左右登出。一般来说,招聘广告要在职位空缺前2个月就发布,这样才能按照招聘计划和流程有序地完成招聘工作。

另外,还需注意遵循劳动力市场上的人才供给规律。在人才供应高峰期到劳动力市场上招聘,可节约成本,提高效率。比如说,每年的11月份至第二年的5、6月份是大学毕业生毕业前找工作的高峰时期,如果在这个时期进行人员招募,可在较大程度上雇佣到素质较高的员工,同时也有利于节约招募成本。

(2)招聘渠道选择。从大的方面讲,招聘的途径就是内部和外部两种,这两种途径各有优缺点,比如说,内部招聘有利于员工的职业发展,能够促进组织中现有人员的工作积极性,同时内部员工对企业熟悉,对新职务的适应期短;而外部选聘可以获得新思想和具有不同背景的员工,避免组织僵化和停滞。因此招聘之前首先要确定招聘是通过内部招聘还是外部招聘。研究表明:内部招聘和外部招聘主要取决于组织战略、职位类别等因素。一般来说,在组织需要保持相对稳定时,中层管理人员更多地需要从组织内部进行提升,而在组织需要引入新风格,新管理时,高层管理人员可以从外部引进。如通用电气公司数十年来一直从内部选拔 CEO,而 IBM 公司的 CEO 则更多从外部空降[①]。

怎么选择渠道,哪些岗位通过什么样的渠道能够快速准确地招聘到位,这需要对整个人力资源市场的了解,通过招聘渠道的组合筛选出合适的人才。一般情况下,企业从校园招聘中吸收需要的专业技术人员和管理人员;在就业服务机构或职业介绍所招聘办事员和操作工人;通过广告招聘各方面专家;企业还常常在紧急需要人员的时候,通过员工引荐的方式招聘新员工。

4. 确定甄选方案

在第一部分需求调研的时候我们会对每个岗位的任职要求进行描述,但是当我们收到很多简历的时候,我们首先要有个标准来剔除不合格的简历,所以在这个时候,我们要根据公司的企业文化,通用能力要求来设置筛选简历的标准,通过初步筛选,迅速淘汰不合格简历,然后再根据职位要求进行细选,其目的在于节约工作人员的时间,并且有效地完成工作任务。一场招聘最重要的在于面试,用人部门根据不同的岗位去设计合适的面试方法及流程有助于准确的筛选,同时还根据需要对应聘者采用能力与个性测验、情境性测评等方法进行甄选。

5. 明确招聘预算

在招聘计划中还应对招聘的预算进行估计,以控制招聘成本,保证招聘工作的顺利进行以及日后对招聘效果进行评估(表2-5)。每个组织可以根据自己的实际情况,按照所采取的招聘方式、渠道及对象的不同、人数的多少等因素具体来决定招聘费用预算,通常发生的费用包括人工费用、广告费用、中介费用、业务费用、办公费用等,有的企业还为应聘者报销食宿及往返路费,这些都要包括在招聘预算中。

表2-5 招聘费用预算表

招聘时间	
招聘地点	
负责部门	
具体负责人	

招聘费用预算		
序 号	项 目	预算金额(元)
1	企业宣传海报及广告制作费	
2	招聘场地租用费	

① 彭建锋,人力资源管理概论[M].上海:复旦大学出版社,2005年1月.

3	会议室租用费	
4	交通费、食宿费	
5	招聘资料复印打印费	
6	其他费用	
合　　计		
预算审核人 （签字）：		公司主管领导审批 （签字）：

6．编写招聘工作时间表

招聘工作时间表是人力资源部门在进行招聘工作时，安排招聘的工作进度，一般来说，应尽可能详细，以便于他人配合（表2－6）。

表2－6　招聘工作时间进度表

发　布　招　聘　信　息　阶　段					
工作完成时限	确定计划	起草招聘信息文稿	广告设计	媒体联络	
	月　日前	月　日前	月　日前	月　日前	月　日前	月　日前
初　试　与　复　试　阶　段					
岗位名称	工　作　完　成　时　限				
	资料筛选	初试（面试）	复试（笔试）		
	月　日前	月　日前	月　日前	月　日前	
	月　日前	月　日前	月　日前	月　日前	
	月　日前	月　日前	月　日前	月　日前	
	月　日前	月　日前	月　日前	月　日前	
	月　日前	月　日前	月　日前	月　日前	
	月　日前	月　日前	月　日前	月　日前	
备　注					

第七步，草拟招聘广告样稿

▌▶ 三、招聘计划的参考格式

表 2-7 是一份万利达集团的招聘计划书,以供参考借鉴。

表 2-7　招聘计划书范例

万利达集团公司招聘计划书		
一、招聘岗位及条件		
职务名称	人员数量	基　本　要　求
中文说明书编译	2	1. 逻辑思维清晰,语言组织能力强,细心,有耐心 2. 熟悉 office 软件,对 PS,CDR 等作图软件有所了解 3. 有一定的英语基础(CET-4 以上优先) 4. 学历大专及以上 5. 工作地点在厦门
嵌入式软件工程师	5	1. 大学本科或以上学历,专业:电气工程、自动控制、计算机或相关专业 2. 能够熟练使用 TI 系列 DSP,熟悉 51、ARM 单片机编程及基本使用方法 3. 熟悉 RS232/485、CAN 通讯,熟悉 Modbus、Profibus、DeviceNet 之一 4. 有一定的大功率电源方面的专业知识,具备独立完成产品设计及开发能力 5. 两年以上嵌入式系统开发经验,或 PC 应用程序、系统控制程序工作经验 6. 工作地点在厦门
大区销售经理	1	1. 本科学历,毕业 5 年以上 2. 具有 ERP 行业中大型项目直销两年以上的经验,业绩良好 3. 对于 SAP、ORACLE、用友、金蝶、神码等公司的竞争要点有较好的理解 4. 具有一定的管理基础和带队经验,熟悉制造型企业,具有较好的说服力 5. 工作地点在深圳
二、招聘方式及信息发布时间 1. 厦门日报刊登招聘广告(4.10) 2. 厦门晚报刊登招聘广告(4.10) 3. 本公司网站发布信息 www.wanlida.com.cn 4. 人才招聘网上发布信息		
三、招聘组成员名单 组　长:×××(公司人力资源部经理)　对招聘活动全面负责 副组长:×××(公司综合部部长)　　负责本部门应聘人员资料的进一步筛选,笔试、面试内 　　　　　　　　　　　　　　　　容的设计 成　员:×××(研究开发部经理)　　负责本部门应聘人员资料的进一步筛选,笔试、面试内 　　　　　　　　　　　　　　　　容的设计 　　　　×××(销售部经理)　　　　负责本部门应聘人员资料的进一步筛选,笔试、面试内 　　　　　　　　　　　　　　　　容的设计		

（续表）

×××（行政管理部经理）	具体参与面试、录用工作
×××（人力资源部薪酬专员）	具体负责应聘人员的接待、求职资料整理
×××（人力资源部招聘专员）	具体负责招聘信息发布以及安排面试、笔试

四、招聘地区：厦门、深圳

五、招聘选拔方案及时间安排

1. 中文说明书编译

负责人：公司人力资源部经理　　资料筛选：　5 月 15 日截止

初试（笔试）：5 月 17 日

复试（面试）：5 月 20 日

2. 嵌入式软件工程师

负责人：研究开发部经理　　资料筛选：　5 月 15 日截止

初试（笔试）：5 月 19 日

复试（面试）：5 月 21 日

3. 大区销售经理

负责人：行政管理部经理　　资料筛选：　5 月 15 日截止

初试（笔试）：5 月 19 日

复试（面试）：5 月 21 日

六、费用预算

本次招聘需经费××××元，

其中：广告费用×××元；招聘人员补助费××××元；会议费用×××元。

七、招聘时间安排

4 月 15 日撰写招聘广告

4 月 16 日进行招聘广告的版面设计

4 月 17 日与报社、网站进行联系

4 月 18 日联系刊登广告

5 月 1 日到 5 月 15 日接待应聘者，整理应聘资料、对资料进行筛选

5 月 16 日通知应聘者参加笔试

5 月 17 日进行中文说明书编译、嵌入式软件工程师、大区销售经理笔试

5 月 20 日进行中文说明书编译、嵌入式软件工程师、大区销售经理复试

5 月 23 日录用决策

5 月 24 日向通过复试员工发放录用通知书

6 月 11 日—6 月 15 日：新员工入职教育培训

6 月 16 日：正式录用的新员工上班

万利达公司人力资源部

年　月　日

资料来源：http://wenku.baidu.com/view/230990cdda38376baf1fae6f.html.

四、制定招聘计划注意事项

招聘计划的制定，需要考虑以下几个因素：

（1）不同的组织或处于不同发展阶段的同一组织，在编制人员招聘计划时，应区别

对待,突出重点,有的放矢。

(2) 人员招聘计划不仅要规划未来,还要反映目前现有员工的情况,如员工的调入、调出、升迁等。

(3) 从招聘方式看,应明确区分、分类规划安排,包括定期招聘、临时招聘、个别招聘等。

(4) 处于多变的市场环境中,人员招聘计划应不断地根据实际情况的变化进行调整,决不能一劳永逸,要配备应变计划。

(5) 编制和实施人员招聘计划时,还必须考虑到社会公众价值观念的取向,政府的劳动就业政策和有关的劳动法规。如录用员工时,不能搞性别歧视。

读 一 读

日本花王公司的招聘程序:

(1) 企业有关部门如果确定需要填补或额外增聘人手,部门主管需先填写员工招聘表格并提交人力资源部经理。

(2) 获得董事总经理的批准后,人力资源部制定企业的招人标准,并开始招聘。

(3) 求职者需填写职位申请表格,在要求下需提供有关文件及个人资料。

(4) 人力资源部员工会主持第一次面试。某类职位的求职者需接受笔试、工作取向测试等。花王公司不做 IQ 测试。挑选的准则是求职者的态度、性格、语言能力、教育背景、工作经验、支持、接受的培训等。最后,根据所有有关资料综合衡量,决定是否给予第二次面试。

(5) 第二次面试。不同职位由不同人主持。例如,一般员工由人力资源经理负责,个别部门员工由部门主管负责,主管级或以上的员工由副总经理负责,经理级或以上的员工由董事总经理负责。

(6) 第二次面试后仍未能做出最后决定,求职者必须接受第三次面试。

(7) 公司要求拟雇用的员工接受指定的身体检查。如求职者拒绝接受,将不符合雇用的资格,如身体检查结果符合工作要求,可获得雇用。

(8) 获聘后,员工需签署"查核工作证明授权书",容许公司向其前任雇主查询及校对个人资料。

第四节 招聘广告设计

招聘广告就是企业员工招聘的重要工具之一,设计的好坏,直接影响到应聘者的素质和企业的竞争,所以在编写招聘广告时一定要慎重。在编写之前,最好先了解一下同行业其他企业的招聘广告,关注他们的企业介绍、薪酬待遇、社会福利、培训机会及个人发展方面的一些内容,再分析本公司在人力资源政策方面相对于其他公司有哪些优点,比如薪酬是否有竞争力? 员工培训是否做得比较好? 或者是即将推行员工持股计划等,找到本企业人力资源政策中能够吸引应聘者的一些特点来,从而找到自己招聘广告中的"卖点"。找到"卖点"之后,就可以具体地来草拟招聘广告了。

一、招聘广告设计的原则

好的招聘广告不仅能扩大宣传、吸引众多求职者前来应聘,还可极大地降低招聘成本。我们来看一则某房地产公司发布的招聘广告(图2-7):

招　　聘

明科地产有限公司因业务发展需要,特诚招精英人士加盟

招聘职位:土建主管

电子邮箱:hr@minke.com

发布日期:2014-10-22　　　工作在点:北京市

招聘人数:1　　　　　　　　学历:本科

工作年限:五年以上　　　　　薪水范围:面议

职位描述:

　　土木工程、建筑学等相关专业本科及以上学历,40岁以下,工程师及以上职称,五年以上相关工作经验。

图2-7　明科地产有限公司招聘广告

该广告发布两周,应聘的求职者却寥寥无几。那么,企业该如何设计招聘广告才能尽可能多地吸引求职者呢? 我们在设计招聘广告时应当遵循 AIDA 原则:

attention:注意——会不会引起别人注意、醒目?

interest: 兴趣——会不会产生兴趣?

desire: 渴望——会不会产生加入愿望?

action: 行动——会不会采取具体行动?

(1)引人注意。设计招聘广告要能抓住求职者的注意力,促使他们深入阅读。那么在铺天盖地的招聘广告中,如何能够在第一时间抓住眼球,尤其是目标人群的注意力? 首先看标题,好的标题能在浩如烟海的启事中脱颖而出,令人耳目一新。标题要反复推敲,而且要运用突出的字体,激发读者细读广告的兴趣,吸引视线,从而深入理解广告内容。其次设计与众不同的格式、色彩或图案,本案例中的无论标题和内容设计都平淡无奇,自然难以吸人眼球。而有一则招聘广告,刊有一幅雄鹰图案,上方配文"飞翔,需要更广阔的天空",下方配文:"××展翅飞翔,期待着您的加盟",这样的广告就非常有吸引力。

(2)产生兴趣。本案中平铺直叙、枯燥的广告词很难引起人们的兴趣,而生动、幽默、煽情、能引起人们共鸣的语言更可能让受众产生兴趣。例如,"有美女同事帅哥邻居,男女搭配干活不累!","选择重彩,零食饮料免费拿啊亲,选择重彩,成就辉煌人生啊亲"这样的语言能激起人们阅读的兴趣。

同时,要引起求职者的注意,激发他们的兴趣,主题广告词就是一种好方法。主题广告词可以有以下几种形式:

① 直入主题型,如"诚聘销售人员"。

② 强调企业型,如"请您加入××行列"。

③ 强调商品型,如"与您共创超群的××"。

④ 劳动条件强调型,如"月薪××元"。

⑤ 强调个性型,如"××企业为您搭起成功的舞台"。

⑥ 理由强调型,如"本企业最关注的是人才投资"。

(3)激发愿望。求职者看到了广告,但进而如何使他们产生申请的愿望?求职者申请工作的愿望是与他们的需求紧密联系在一起的。通过强调公司或职位中吸引人的一些因素,如成就、培训与发展的机会、挑战性的项目、优越的薪酬福利政策、充满合作氛围的团队等,激发求职者对工作的愿望。本案的招聘广告明确标注:需要45岁以下,五年以上相关工作经验者。一般来说,这部分人群对职位的选择是比较慎重的,一般不会随意投递简历,在应聘职位之前,他们非常关注职位的级别、职责内容、专业方向、公司前景、企业文化与知名度等环节,从而决定是否投递简历或与企业进行接触。对于有丰富经验的人来说,这则招聘广告对职位描述过于简单,无法了解到这个职位的具体职责范围,因此难以判断该职位是否与自己的兴趣与职业规划相吻合,基本不会感兴趣,除非公司在业界很知名。反之,工作经验较少的人群,更多关注任职资格,但从这则招聘广告的任职资格中他们看不到自己的"希望",因此也没有太强烈的应聘冲动。所以撰写招聘广告之前,要先对公司或职位要吸引的对象调查,了解所要吸引的对象群体的特点,更好地激发求职者申请工作的愿望。

(4)采取行动。招聘广告的最终目的是要具有让人看了之后立刻采取行动点。本案中只简单公布了电子邮箱,没有其他联系方式,求职者感受不到企业对人才的热情,自然不能激发求职者采取行动。如果在招聘广告中写明联系人与联系方式,包括电话、传真、电子信箱、通信地址等,以便让求职者利用他们习惯的方式与你联系,并配文:"如果您具备上述的任职资格,并且愿意接受挑战性的工作任务,那么请您在一周之内将简历以及其他应聘材料寄往如下地址:××市××路××大厦""想要了解最新职位空缺,欢迎点击 www.xxxx.com。"这样的语言都可以使对公司感兴趣的职位候选人看了之后采取行动。

读 一 读

最古老的招聘广告

三国初期,董卓占洛阳之时,十八路诸侯并起,一时间,人才辈出。然而与当今类似，唯有目标明确，管理有序，制度严明的企业才能真正留住人才。而事实上，这样的诸侯国并不多。大多诸侯国在历史舞台上消失，最后仅剩下了北魏、东吴、西蜀三大"财团"。

最早打出招聘广告的是曹操，预谋刺杀董卓没能成功，曹操回到老家"先发矫诏，驰报各道"，然后召集各方义兵，竖起招兵白旗一面，上面写着"忠义"二字。没等几天，前来应征的人络绎不绝。就在这短短的时间内引进了乐进、李典、夏侯惇、夏侯渊、曹仁、曹洪、荀彧、荀攸等人。这里，曹操采用的就是公开招聘方式，"忠义"旗就是他的招聘广告。

二、招聘广告的内容

一份好的招聘广告，最重要的就是要写出企业需要的是何种人才，对这种人才的能力要求，另外还要写出该职位大致的工作内容以及工作量，这样能够让求职者足够清晰地了解企业的需要，并对自己是否适合参与应聘做出准确的判断。一份有效的招聘广告，应该包括以下内容：

1. 企业基本情况

招聘广告首先必须传达给求职者的自然是企业的相关信息。在企业简介中，应大致描述出公司的情况发展趋势。企业介绍的文字不需多，否则会喧宾夺主，但是一定要全面并突出企业的特点。比如"××企业是省级高新技术企业，注册资金2 000万元，现有员工170人，主要从事网络安全产品的研发和销售"即可。通过这些描述，站在求职者的立场，是否也愿意在这家公司工作？在招聘网站上，也经常看到有些企业在公司简介方面显得非常的漫不经心，更有甚者，除了一个公司名称外，其他的公司信息也没有，一般来说，求职者对这类公司都不会有兴趣（当然，如果是非常有名的公司另当别论）。求职者和招聘企业之间就好比相亲，在一开始连对方的基本信息都无法得到，这个相亲显然很可能一开始就流产了。

在招聘广告中还应尽可能将企业的价值观或使命传递给求职者，尤其要体现企业对人才的态度，即用人理念。例如，"以人为本""本公司注重视员工的人品和能力""公司为每一位加盟人士提供充分实现自我价值的舞台和持续的发展空间"等，这都能有助于建立良好的企业第一印象，增强企业对人才的吸引力。

2. 招聘岗位信息

招聘广告中对岗位信息通常包括岗位名称、所属部门、主要工作职责、任职资格要求等。岗位名称一定要规范，即使用行业通用名称。例如，客户服务部经理、财务经理和软件开发工程师等；岗位职责要清晰，直接告诉应征者需要做什么，不适合的应征者自然不再打扰，适合的求职者可以自己做决策。清晰的岗位描述既方便求职者决策，也减少招聘方的不必要的麻烦，节省招聘时间和工作量；任职资格要体现该职位的特色，避免笼统化，否则难以引起求职者的兴趣。

3. 公司的薪资福利

公司能为员工提供什么水平的待遇？这是许多人求职者都非常关注的核心问题，

而我们大多数的招聘广告在这个问题上含糊其辞。其后果是：一方面许多优秀人才不知道可能获得多少报酬而不愿意应聘；另一方面许多求职者一旦了解企业真实报酬后不愿意被录用，浪费了企业和应聘者的时间、精力和金钱。同时要想吸引人才，福利政策也十分重要。假期、养老金、保险等对求职者来说极其重要，如果公司还有一些独具特色的福利政策那就更好了，如一些提高技术水平的培训或团队活动。因此，对于每个职位的薪资福利待遇，企业最好注明一个大概的范围，这有助于求职者做出决策，减少就职后出现问题的概率。

4. 应聘者需提供的信息

在招聘广告中应注明应聘者需准备的材料，一般包括简历、学历学位证书、资格证书、身份证复印件、照片等。

5. 应聘方式和联系方式

应聘方式大多采用将简历和应聘材料通过信件、电子邮件、传真等方式发送到公司，因此需要提供公司的通信地址、传真号码或者电子邮件地址，一般情况下不必提供电话号码。另外，还应该提供应聘的时间范围或截止日期。

总之，一份好的招聘信息，在追求专业性描述的基础上，要力求简洁，明确，主要目标是吸引更多更合适的目标人群，减少招聘成本，减少求职者的决定时间，在最短的时间内找到最合适的人才放在最合适的岗位上。

三、招聘广告的注意事项

对求职者来讲，招聘广告就是他对企业的第一印象，所以在编写招聘广告时一定要慎重，注意以下事项：

（1）信息客观真实。真实是招聘广告编写中需首要注意的问题。华而不实的广告，虚假的承诺给求职者太高的预期，而当企业不能实现时，员工就可能离职，这对双方都是损失。企业必须保证招聘广告的内容客观、真实，将晋升机会、挑战、责任等要诚实列出，不能言过其实，夸大其词，这样有助于员工形成真实的工作预览，减少离职，增强企业内部的凝聚力。

2005年2月，小李突然看到某外资企业登出了一则招聘广告，广告中写道："本单位录用的员工将送到国外培训半年至一年"。小李毅然辞去原来的工作，顺利地进了新单位。加入新单位的小李对工作充满希望，想通过积极的工作以得到重视，及早得到出国的机会。但是一年过去了，出国培训的事情依然没有动静，也没有听说哪位同事出国培训了。小李找到单位负责人理论，单位应当履行在招聘广告中的承诺。单位负责人当面答应小李一定会考虑。几天过去后，单位还是没有动静，小李觉得自己两次出国都没有成功，用人单位实在欺人太甚，明明写好的条件，单位却没有给予兑现，严重侵犯了自己的合法利益，最后向某区劳动争议仲裁委员会提出起诉。

资料来源：魏浩征，包文炯. 招聘广告设计的注意事项. 中国劳动保障报，2007年/6月/26日/第003版.

（2）歧视问题。招聘广告中的歧视问题还是比较明显的。目前在我国还没有一部反就业歧视的具体法规，而在成熟的市场经济国家，就业歧视是被法律明令禁止的。如美国 1967 年颁布的《雇佣年龄歧视法》，就把歧视 40—65 岁的雇员或求职者算作违法行为；1973 年颁布的《职业恢复法》则对包括艾滋病在内的疾病患者和残疾人实施保护，拒绝雇佣 HIV 阳性的人被视为违法。

歧视主要有这几方面：一是性别歧视，在许多工种中都注明要求应聘者是什么性别，如"只招男性"，其实绝大部分工种男女均可以；二是年龄歧视，许多广告都注明多少岁以下者应聘，这一方面使企业失去一部分有才华的但年龄稍大一点的人才，另一方面使上了一定年龄的人失去了公开竞争的机会；三是学历歧视，许多广告中盲目追求高学历，造成人才高消费，甚至写出"××学历以下者免谈、拒招"的字眼，以此突出招聘的档次；四是区域、籍贯歧视，如在广告中写出"不招××省人"等。我们在设计招聘广告时应注意这些问题，更应当把"尊重"看作是人力资源开发与管理的基本准则。

（3）语言措辞。招聘广告中的文字要简洁、清秀易读，用词必须小心谨慎。阿里巴巴曾在自己的官方网站发布一则招聘信息，拟招聘一名程序员鼓励师，招聘的语言低俗让不少人感到不悦。广告中提到的"苍老师"是日本著名的 AV 女优苍井空，而对其描述中的语句，明显带有性暗示，如"胸怀天下，近可欺身压海棠……"随后，阿里巴巴迅速删除了这条招聘信息，并做出公开道歉。这则招聘广告的初衷是用幽默化的方式吸引人才，但由于用词不当，给程序员群体带来不少的负面影响。

（4）合法性。招聘广告不能触犯相关的法律、法规和政策，出现的信息要符合国家和地方的法律、法规和政策。

读一读

报喜鸟集团有限公司 2015 校园招聘

报喜鸟集团有限公司组建于 1996 年，是一家以服装为主业，涉足地产和投资领域的综合性现代化企业集团。集团下属一家服饰上市公司、两家地产开发公司和两家创业投资公司，拥有 4 个自主服饰品牌、3 个国际代理品牌、3 个服装生产基地及 2 000 多家销售网点。目前，集团员工 10 000 多人，总资产 70 亿元，年销售收入 50 亿元，连续 17 年进入全国服装行业销售收入及利税双百强前列。

公司服装产业以弘扬民族服饰文化为己任，拥有高级商务装品牌报喜鸟（SAINT ANGELO）、高级职业装品牌 BONO、年轻时尚商务装圣捷罗（S. ANGELO）、时尚商务休闲服饰法兰诗顿（FRANSITION）。在稳健经营自有品牌、不断扩大品牌规模的基础上，公司积极寻求海外合作，成功代理意大利经典男装东博利尼（TOMBOLINI）、衬衫品牌恺米切（CAMICISSIMA）及韩国哈吉斯（HAZZYS）等国际知名服饰品牌。

集团核心子公司浙江报喜鸟服饰股份有限公司于 2007 年 8 月在深交所成功上市，成为温州地区第一家国内上市的鞋服企业。主打品牌报喜鸟在全国建立由 1 000

多家形象统一、价格统一、服务统一、管理统一的特许加盟店组成的销售网络,先后获得中国驰名商标、中国服装品牌成就大奖、中国服装品牌价值大奖、中国服装品牌品质大奖、中国青年最喜爱的服装品牌等殊荣。

【招聘岗位】

市场管理培训生 100 人;设计助理 10 人;平面设计 10 名;形象搭配助理 10 人;英语/韩语翻译 10 人;软件开发 5 人;行政助理 20 名;文秘 2 名;商务客服 2 名;量体培训生 20 名。

【培养方向】

高级店铺管理、零售扶持管理、区域运营管理、企业体系管理、人力资源管理、软件开发、商品计划、陈列培训师、服装色彩搭配师、终端培训师、买手、服装设计师等。

【应聘人员要求】

(1)大学专科、本科、研究生学历的应届毕业生。

(2)市场营销、服装设计与工程、视觉传达、旅游管理、涉外文秘、空乘服务、国际贸易、电子商务、物流管理、统计学、工商管理、企业管理、行政管理、汉语言文学、英语、韩语、法学、社会管理、经济学、软件开发、财务管理等专业,并可接受其他专业有潜力的应届毕业生。

【福利政策】

(1)房补:所有户籍在温州地区之外员工可享受100—550元不等的租房补贴以及20—160度不等的电费补贴。

(2)宿舍:公司为员工提供带有空调的宿舍,并优先为员工夫妻安排夫妻房。

(3)交通补贴:户籍在温州地区的员工转正后,每月每人补助一定的交通补贴。

(4)路费报销:工作满一年以上员工,每年均有一次回家的路费报销,员工本人当年未回去者,其亲属可享受一次探亲路费报销。

(5)旅游:公司为每位员工免费提供旅游的机会。

(6)体检:公司为每位员工免费提供体检。

(7)社会保险:公司为员工提供养老保险、工伤保险等。

(8)春节假:每年春节公司给员工 15 天左右的春节假,放假期间按公司标准发放工资。

(9)餐饮:公司给每位员工提供一定的餐饮补贴,伙食标准为 3 餐/天,2 荤1 素/餐。

(10)节假日福利:每年端午、中秋、"三八"妇女节公司都会发放相应的节日礼物。

(11)其他:所有车间配有中央空调,配备药箱,备不时之需。

【联系方式】

总部电话:0577 - 67317890　0577 - 67982925

联系人:胡女士、谢女士

E-mail:hr@baoxiniao.com

公司网址：http://www.baoxiniao.com

只要您热衷于关注时尚潮流，热爱服装行业，并且主动创新，勤奋好学，愿与报喜鸟一同成长，我们欢迎您加入报喜鸟这个大家庭！

资料来源：http://www.yingjiesheng.com/job-002-030-175.html.

思 考 题

1. 请结合实际，谈谈如何确定职位空缺？
2. 素质冰山模型基本观点是什么？
3. 招聘计划为什么重要？它一般包括哪些内容？请替某一组织设计一份完整而实用的招聘计划。
4. 招聘中人力资源部门与用人部门是如何进行分工的？
5. 招聘广告设计的原则是什么？
6. 招聘广告的设计包括哪些内容？应该注意哪些事项？

讨 论 案 例

招兵买马之误

NLC化学有限公司是一家跨国企业，主要以研制、生产、销售医药、农药为主，耐顿公司是NLC化学有限公司在中国的子公司，主要生产、销售医疗药品，随着生产业务的扩大，为了对生产部门的人力资源进行更为有效的管理开发，2000年初始，分公司总经理把生产部门的经理——于欣和人力资源部门经理——田建华叫到办公室，商量在生产部门设立一个处理人事事务的职位，工作主要是生产部与人力资源部的协调工作。最后，总经理说希望通过外部招聘的方式寻找人才。

在走出总经理的办公室后，人力资源部经理田建华开始一系列工作，在招聘渠道的选择上，人力资源部经理田建华设计两个方案：在本行业专业媒体中做专业人员招聘，费用为3 500元，好处是：对口的人才比例会高些，招聘成本低；不利条件：企业宣传力度小。另一个方案为在大众媒体上做招聘，费用为8 500元，好处是：企业影响力度很大；不利条件：非专业人才的比例很高，前期筛选工作量大，招聘成本高，初步选用第一种方案。总经理看过招聘计划后，认为公司在大陆地区处于初期发展阶段不应放过任何一个宣传企业的机会，于是选择了第二种方案。

其招聘广告刊登的内容如下：

您的就业机会在NLC化学有限公司下属的耐顿公司

1个职位：对于希望发展迅速的新行业的生产部人力资源主管

主管生产部和人力资源部两部门协调性工作

抓住机会！充满信心！

请把简历寄到：耐顿公司人力资源部收

在一周内的时间里,人力资源部收到了800多封简历。田建华和人力资源部的人员在800份简历中筛出70封有效简历,经筛选后,留下5人。于是他来到生产部门经理于欣的办公室,将此5人的交给简历了于欣,并让于欣直接约见面试。部门经理于欣经过筛选后认为可从两人中做选择——李楚和王智勇。他们将所了解的两人资料对比如下:

李楚,男,企业管理学士学位,32岁,有8年一般人事管理及生产经验,在此之前的两份工作均有良好的表现,可录用

王智勇,男,企业管理学士学位,32岁,7年人事管理和生产经验,以前曾在两个单位工作过,第一位主管评价很好,没有第二为主管的评价资料,可录用

从以上的资料可以看出,李楚和王智勇的基本资料相当。但值得注意的是:王智勇在招聘过程中,没有上一个公司主管的评价。公司通知俩人,一周后等待通知,在此期间,李楚在静待佳音;而王智勇打过几次电话给人力资源部经理田建华,第一次表示感谢,第二次表示非常想得到这份工作。

在生产部门经理于欣在反复考虑后,来到人力资源部经理室,与田建华商谈何人可录用,田建华说:"两位候选人看来似乎都不错,你认为哪一位更合适呢?"于欣:两位候选人的资格审查都合格了,唯一存在的问题是王智勇的第二家公司主管给的资料太少,但是虽然如此,我也看不出他有何不好的背景,你的意见呢?

田建华说:"很好,于经理,显然你我对王智勇的面谈表现都有很好的印象,人嘛,有点圆滑,但我想我会很容易与他共事,相信在以后的工作中不会出现大的问题。"

于欣:"既然他将与你共事,当然由你做出最后的决定。"于是,最后决定录用王智勇。

王智勇来到公司工作了六个月,在工作期间,经观察:发现王智勇的工作不如期望得好,指定的工作他经常不能按时完成,有时甚至表现出不胜任其工作的行为,所以引起了管理层的抱怨,显然他对此职位不适合,必须加以处理。

然而,王智勇也很委屈:在来公司工作了一段时间,招聘所描述的公司环境和各方面情况与实际情况并不一样。原来谈好的薪酬待遇在进入公司后又有所减少。工作的性质和面试时所描述的也有所不同,也没有正规的工作说明书作为岗位工作的基础依据。

那么,到底是谁的问题呢?

讨论题:

1. NLC公司在这次招聘的前期准备工作中存在哪些问题?
2. 谈谈如何解决这些问题?

参 考 文 献

1. 高日光,王碧英.企业员工素质模型的建构.中国人力资源开发,2006,(4).
2. 黄跃辉.人才招聘广告的设计原则及其他.人才开发,2001,(9).

3. 彭建锋．人力资源管理概论．上海：复旦大学出版社，2005 年．

4. 彭剑锋，荆小娟．员工素质模型设计．北京：中国人民大学出版社，2003 年．

5. 孔艺轩．阿里巴巴的人力资源管理．海天出版社，2010 年．

6. 王福明．招聘广告应该这样做．人才瞭望，2004，(4)．

7. 王丽娟．员工招聘与配置．复旦大学出版社，2012 年．

8. 王挺，寇建涛．员工招聘．北京大学出版社，2012 年．

9. 赵永乐，沈宗军，刘宇瑛，周希舫．招聘与面试．上海交通大学出版社，2006 年．

10. 周文，刘立明，方芳．员工招聘与选拔．湖南科学技术出版社，2005 年．

11. Dubois, D. D. (1993). Competency-based performance improvement：A strategy for organizational change Amherst, MA：HRD Press, Inc.

12. Spencer, L. M. Jr., and S. M. Spencer. (1993). Competence at Work：Models for Superior Performance. New York：John Wiley & Sons.

第三章　招聘渠道

夜光之珠,不必出于孟津之河;盈握之璧,不必采于昆仑之山。

——刘义庆

【学习目标】

- 理解内部招聘的概念、来源与方法
- 理解外部招聘的概念、来源与方法
- 掌握校园招聘的形式
- 理解校园招聘的流程
- 了解微招聘的概念与特征
- 了解猎头招聘的发展历史
- 理解猎头招聘的流程
- 掌握猎头招聘的搜寻技术

开篇案例

渠道搭配,招聘不累

有许多HR新人都是从招聘起步开始自己在人力资源管理领域内的征程的,但是,能够顺利成长并独当一面的并不多。如果你不幸在一家软件行业企业做招聘专员,更不幸的是你有一个并不精通招聘业务的上司,那么你很可能经常被搞得焦头烂额——企业员工流动率高达40%,每周有超过100个职位空缺,应聘人员的期望薪酬总是超过企业薪酬范围,用人部门的岗位要求每个月都变几变……很多从"火线"上撤退下来的HR新人都发誓不再涉足软件行业的招聘岗位。其实,招聘不必如此头疼,只要我们选择了正确的方法,就可以找到合适的人才。

高端人才找猎头

当接到成堆的用人需求后,不能简单地把它们录入招聘网站就万事大吉。很多职位是不适合通过网络招聘的,高端人才就是其中一种。一般情况下,要求有本科以上学历、有相关行业八年以上工作经验、相同岗位三年以上工作经验、英语熟练的岗位,就可以初步认定为高端岗位了。这种人年龄大致在35—40岁之间,在企业内已经具有一定地位,在行业内也具备一定的知名度。虽然目前的生活还很惬意,但是他们内心却始终有危机感。因此,他们会在某个网站注册一份简历,或者和某个猎头保持长期的联系,然后等待企业或者猎头主动联系他们。如果我们接到类似的用人需求,我们就需要首先了解这种人才的储备情况,然后评估一下招聘的难度有多大,最后确定是否申请聘请猎头。例如,在为技术部门招聘技术总监时,按照上级提供的职位说明书设定好搜索条件后,整个网络平台的人才库只有十几份简历。最后,当我把情况向上汇报后,公司立刻选择了一家猎头公司解决这个问题。

紧缺性人才找"替代品"

由于高校的教学总是落后于市场需求,因此一些新兴的技术岗位往往会出现几十家企业无从招聘的局面。例如,当 ASP. Net 刚刚流行的时候,即使是初级软件工程师都不能从校园招聘,因为高校没有设立相关课程,人才市场更是一片空白。这个时候,我们就需要寻找"替代品"——培训老师和软件工程应届生的搭配就是一种不错的解决方案。通过对公司技术骨干的内部筛选,我们内聘了一名熟悉 ASP. Net 的资深技术人员作为培训师,首先对他进行了一个月的"教师资格"培训,然后又从高校中招聘了一批软件工程或者计算机及其应用专业的应届毕业生作为培训生。利用详细的培训计划、考核方案和效果反馈机制,我们在两三个月的时间内迅速储备了一批 ASP. Net 人才,最终取得用人部门的满意。

优化组合招聘网络渠道

如果把各个招聘网站信息梳理一次,我们就会发现,同样是网络招聘渠道,每个渠道都有各自的特点。有综合性招聘平台,有地方性招聘平台,有专业性招聘平台……各个部门都会提交用人需求,各个部门的人才需要到不同的网络招聘平台上去寻找。比如,销售、财务、行政等岗位就需要"通才",它们的专业要求往往并不很高,这类岗位就适合选择综合性招聘平台;工程师、高级编辑、市场研究员等岗位则需要"专才",它们往往需要在某个专业的背景或者对某个行业内有较深入的研究,这类岗位就需要到专业性招聘平台刊登广告才能事半功倍。如果我们把几种渠道有效组合,收取的简历质量就会成倍提高。以我们公司为例,当单独开通综合性招聘平台时,往往一天能收取几百封"通用型"简历,而"专业型"的简历只有几封。当我们搭配一个专业招生招聘平台后,"专业型"的简历收取就增加到日均30份左右。

正如各个企业的培训课程所提倡:在做正确的事情之前,我们首先要保证正确地做事。这话虽然挺拗口,讲的却是一个道理。精通招聘并不需要我们学会一目十行地筛选简历,而要是学会正确地搭配各种渠道并高效率地满足用人部门的需求。

资料来源:王萍萍.渠道搭配,招聘不累.人力资源,2009,(6).

第一节 内部招聘

一、内部招聘的概念与来源

内部招聘方法是指在组织内公布空缺职位、发布招聘启事、在职位所需技能和现有员工的技能库进行搜索，从内部寻找聘用者并从内部招聘员工[①]。这种方式可以起到的作用就是给员工一种公平合理、公开竞争的感觉，激发员工的积极性，鼓舞士气。

内部招聘来源是指潜在的应聘者所存在的目标群体。内部招聘的来源主要包括内部晋升、工作调换、工作轮换、人员重聘、公开招聘等五种[②]。

1. 内部晋升

让企业内部符合条件的员工从一个较低级的岗位晋升到一个较高级岗位的过程就是内部晋升。内部晋升制度给员工提供更多的发展机会，从而使其对组织产生献身精神，而且，内部提拔的人员对企业的业务工作比较熟悉，能够较快地适应新的工作。然而内部提拔也有一定的不利之处，如内部提拔的不一定是最优秀的，还有可能在少部分员工心理上产生"他还不如我"的想法，因为任何人都不是十全十美的[③]。

2. 工作调换

工作调换是指当企业中需要招聘的岗位与员工原来的岗位层次相同或略有下降时，把员工调到同层次或下一层次岗位上去工作的过程。一方面有利于员工今后的提拔，另一方面可以使上级对下级的能力有更进一步的了解，也为今后的工作安排做好准备。在日本丰田公司的人事劳动管理制度中，把管理人员和工人的位置都放在同一待遇的体系中，公平竞争，在职务晋升、福利等一切待遇上完全一样。丰田公司把员工实践能力作为选拔的基本标准，并以工作调换的方式开发培养。对各级管理人员，丰田公司采取五年调换一次工作的方式进行重点人才培养，通过几年的调换，使其全面掌握各方面的知识，逐步成为一名全面的管理人才。

3. 工作轮换

工作轮换和工作调换有些相似，但又有些不同[④]。工作调换从时间上来讲往往较长，而工作轮换则通常是短期的，有时间界限的。另外，工作调换往往是单独的、临时的，而工作轮换往往是两个以上职位的、有计划进行的。工作轮换不仅可以使有潜力的员工在各方面积累经验，为晋升作准备，又可减少员工因长期从事某项工作而带来的枯燥、无聊感，在一定程度上消除了专业分工过细带来的弊端，同时，也有利于员工克服狭

---

① 万希. 内部招聘与外部招聘. 交通企业管理，2006，(12).

② 方庆岭. 招聘实战入门. http://blog. sina. com. cn/s/blog_7c233a000100r6j7. html.

③ 百度百科. 内部招聘. http://baike. baidu. com/.

④ 同上.

隘的部门观点,能培养员工在部门之间横向协调的能力,并逐步树立系统的全局观念。联合利华公司实行的储备干部计划、阶段性的岗位轮换,让他们在各部门的工作中积累经验,并且提高工作能力,这便于为他们安排适当的工作岗位。

4. 人员重聘

人员重聘指的是组织将解雇、提前退休、已退休或失业的员工再召回组织来工作。这些人大多熟悉组织工作,无须过多的培训且往往十分珍惜再次就业的机会。像在学校里许多有能力、有学识的老教师或老教授尽管已经退休,但是,由于他们经验丰富、学识广博或在某领域研究成果丰富而被学校返聘继续担任教师或从事某项科研工作。

5. 公开招聘

公开招聘是面向企业全体人员的,其做法通常是企业在内部公开空缺岗位,吸引员工来应聘。这种方法起到的另一个作用就是使员工有一种公平合理、公开竞争的平等感觉,会使员工更加努力奋斗,为自己的发展增加积极的因素。这无疑是人力资源开发与管理的目标之一。

读 一 读

索尼公司的内部招聘

有一天晚上,索尼董事长盛田昭夫按照惯例走进职工餐厅与职工一起就餐、聊天。他多年来一直保持着这个习惯,以培养员工的合作意识和与他们的良好关系。

这天,盛田昭夫忽然发现一位年轻职工郁郁寡欢,满腹心事,闷头吃饭,谁也不理。于是,盛田昭夫就主动坐在这名员工对面,与他攀谈。几杯酒下肚之后,这名员工终于开口了:"我毕业于东京大学,有一份待遇十分优厚的工作。进入索尼之前,对索尼公司崇拜得发狂。当时,我认为我进入索尼,是我一生的最佳选择。但是,现在才发现,我不是在为索尼工作,而是为课长干活。坦率地说,我这位课长是个无能之辈,更可悲的是,我所有的行动与建议都得课长批准。我自己的一些小发明与改进,课长不仅不支持,不理解,还挖苦我癞蛤蟆想吃天鹅肉,有野心。对我来说,这名课长就是索尼。我十分泄气,心灰意冷。这就是索尼? 这就是我梦想的索尼? 我居然放弃了那份优厚的工作来到这种地方!"

这番话令盛田昭夫十分震惊,他想,类似的问题在公司内部员工中恐怕不少,管理者应该关心他们的苦恼,了解他们的处境,不能堵塞他们的上进之路,于是产生了改革人事管理制度的想法。之后,索尼公司开始每周出版一次内部小报,刊登公司各部门的"求人广告",员工可以自由而秘密地前去应聘,他们的上司无权阻止。另外,索尼原则上每隔两年就让员工调换一次工作,特别是对于那些精力旺盛,干劲十足的人才,不是让他们被动地等待工作,而是主动地给他们施展才能的机会。在索尼公司实行内部招聘制度以后,有能力的人才大多能找到自己较中意的岗位,而且人力资源部门可以发现那些"流出"人才的上司所存在的问题。

资料来源:http://www.ceconlinebbs.com/.

二、内部招聘的主要方法

1. 推荐法①

推荐法可用于内部招聘,也可用于外部招聘。推荐法是根据企业的需要推荐其熟悉的合适人员,供用人部门和人力资源部门进行选择和考核。由于推荐人对用人部门与被推荐者比较了解,使得被推荐者更容易获得企业与职位的信息,便于作出录用决策,企业也更容易了解被推荐者,因而这种方法较为有效,成功的概率较大。调查显示,腾讯、渣打银行等知名企业近50%的员工都是通过内部推荐招聘到位的。在企业内部最常见的推荐法是主管推荐,其优点在于主管一般比较了解潜在候选人的能力,由主管提名的人选具有一定的可靠性,而且主管们也会觉得他们具有全部的决定权,满意度比较高。它的缺点在于这种推荐会比较主观,容易受个人因素的影响,主管们可能提拔的是自己的亲信而不是一个胜任的人选。有时候,主管们并不希望自己手下很得力的员工被调到其他部门,这样会影响本部门的工作实力。

2. 工作职位公告

工作职位公告是最常用的内部选拔方法,是一种向员工通报现有职位空缺的方法(表3-1),通过列出职位相关特征,如任职要求、工作描述、薪资等级等,并公告置于企业人员都可以看到的地方,如组织的布告栏、内部报刊、局域网,以及email等。通过工作职位公告这种途径发布信息,既可以为有才能的员工提供成长发展的机会,同时又能体现公平竞争原则。

表3-1 职位公告表

职 位 公 告

编号:_____

公告日期:_____
结束日期:_____
在_____部门中有一全日制职位_____可供申请。此职位对/不对外部候选人开放
薪资支付水平
最低　　　中间点　　　最高
所要求的技术或能力
(候选人必须具备此职位所要求的所有技术和能力,否则不予考虑)
1. 在现在/过去的工作岗位上表现出良好的工作绩效,其中包括:
　　——有能力完整、准备地完成任务
　　——能够及时地完成工作并能够坚持到底
　　——有同其他人合作共事的良好能力
　　——能进行有效的沟通
　　——诚实,有良好的出勤率
　　——较强的组织能力
　　——解决问题的态度与方法
　　——积极的工作态度:热心、自信、开放、乐于助人和献身精神

---

① 方庆岭. 招聘实战入门. http://blog. sina. com. cn/s/blog_7c233a000100r6j7. html.

（续表）

2. 可优先考虑的技术和能力 （这些技术和能力将使候选人更具有竞争力） 员工申请程序如下 1. 电话申请可打号码_____，每天下午 3:00 之前，_____除外 2. 确保在同一天将已经写好的内部工作申请表连同截止到目前的履历表一同寄至_____ 对于所有的申请人将首先根据上面的资格要求进行初步审查 甄选工作由_____负责

在西方，早期公布职位空缺主要用于蓝领阶层的工作，但近年来其应用范围正在扩大，它不仅在政府部门广泛使用，而且也被私人企业广泛应用。但是，这种方法也有不足：如果反馈得不到及时小心的处理，落选者的士气会受到很大影响；公告中有关薪酬和职位等级方面的信息，可能会引起一些员工的不满。

3. 人才储备库

人才储备库包括应聘、未聘、待聘、离职员工的详细资料信息，这些资料不是简单的综合储存，而是对每个人进行的评估分析与预测。这为企业的未来需求提供了丰富的人才储备，为企业的长期发展提供了保证。

组织可以利用人才储备库中的人事档案信息和相应技术技能信息进行招聘。人才储备库应将组织内员工的任何能测量的数据都应进行储备里，对人力资源信息进行量化处理。组织可以通过数据库查询功能快速挑选可能的候选人来填补空缺，这样不仅可以节省时间，而且提高了人力资源管理的效率。

人才储备库应定期进行更新，如对不合格人才进行淘汰，对于在行业内业绩不佳，或在商业活动中缺乏诚信的人都应及时从人才储备库中剔除，优秀人才及时入库。

4. 继任计划

人才继任计划是指在本岗位任职者正常任职的情况下，由企业着力发现并培养本岗位后备人选的行为。后备人选一般来自下一级岗位，它是作为本岗位的储备干部，并非取而代之。企业在发现并确认继任者的情况下，结合企业人才发展与培养计划，给予后备人选更多的业务辅导、重点管理沟通和培训机会，使后备人选得到更大的提升，从而具备担任上一级岗位的资质和能力。人才继任计划实施的直接成果是形成企业人才梯队，即形成企业不同层级现任岗位的后备人选名单，它既能保证企业人才队伍的连续性，又可满足企业业务持续发展和不断扩大时对人才的需求。据调查，目前国际上大型企业中约有 3/4 的企业有继任计划。通用电气的杰克·韦尔奇就是通过继任计划走上了 CEO 位置的。这些公司通过人才继任计划的实施，为他们输送了源源不断的人才，对组织战略目标的实现和业务增长提供了强有力的人力资本支持。

5. 临时人员转正

不少组织在核心员工或正式员工之外，为完成一些临时性的工作任务或因编制所限或因组织结构整合需要等原因，会雇用一些临时性员工或派遣员工。当人力资源派遣成为一种发展趋势、派遣员工或临时性员工队伍逐渐扩大的时候,组织应当特别重视这部分人力资源的价值。因此,当正式岗位出现空缺,而临时性员工的能力和资格又符合所需岗位的任职资格要求时,可以通过让临时人员转正的方式,既可填补空缺,满足组织用人需求,又能激励临时员工的工作积极性。

▶▶ 三、内部招聘的优缺点

1. 组织内部招聘的优点

(1) 激励组织员工。对于获得晋升的员工来说,由于自己的能力和表现得到组织认可,进而会产生强大的工作动力,其工作绩效和组织忠诚度随之提高。对于其他员工而言,由于获得晋升的员工为他们树立了榜样,他们感到在组织中晋升有望,工作也会更加努力。毋庸置疑,内部招聘把员工成长与组织发展联系紧密相连,形成积极进取追求成功的气氛,达成美好的远景。

(2) 甄选决策的有效性高。内部招聘中组织与员工相互均比较熟悉和了解,如组织拥有即将聘用员工的技能清单,工作绩效状况和直接主管对其的评价,从而获得准确的资料,减少错误决策的概率。同理,员工对组织也很了解,适应组织的运作、组织的价值观和文化,这样员工的预期不确定性和对组织不满意的可能性就降低了。

(3) 招聘成本低。内部招聘可以节约大量开支,如广告费用、招聘人员与应聘人员的差旅费等,同时还可以省去一些不必要的培训费用,减少了组织因岗位空缺和熟悉组织造成的间接损失①。

2. 内部招聘的缺点

(1) 容易造成"近亲繁殖"。同一组织内的员工有相同的文化背景,可能产生"团队思维"现象,抑制了个体创新。尤其是当组织内重要职位由基层员工提拔,进而僵化思维意识,不利于组织的长期发展,如通用电气 20 世纪 90 年代所面临的困境被认为与其长期实施"内部招聘"策略有关②。

(2) 易产生内部争斗。内部选拔需要竞争,而竞争的结果必然有成功与失败两种类型,并且失败者占绝大多数。在这种情况下,落选者难免会产生挫折感和失落感,进而会降低员工的工作积极性并产生疏远组织的情绪,甚至增加员工组织越轨行为。内部招聘还可能导致部门之间"挖墙脚"现象,不利于部门之间的协作。一项研究发现,被否决晋升的雇员会比获得晋升的对手表露出更强的愤愤不平情绪和表现出更高的旷工率。

(3) 选择范围有限。仅从内部招聘招人,可能失去寻找外部优秀人才的机会。虽然内部招聘到的人可能很适应组织,但未必称职。另外,一味寻求内部招聘,也降低了外部"新鲜血液"进入本组织的机会,看似节约了部分成本,但实际上浪费了巨大的机会成本。

---

① 万希. 内部招聘与外部招聘. 交通企业管理,2006,(12).
② 百度：http://zhidao.baidu.com/.

（4）难以避免"彼得原理"的效应。除非有很好的继任计划或者员工发展计划，内部提升仅因为其在职业绩优秀，提升之后的岗位未必产生高绩效，至少晋升者在短期内达到很难达到预期的目标。彼得指出，每一位员工由于在原有职位上工作成绩表现好（胜任），就将被提升到更高一级职位；其后，如果继续胜任则将进一步被提升，直至到达他所不能胜任的职位。即"每一个职位最终都将被一个不能胜任其工作的职工所占据。层级组织的工作任务多半是由尚未达到不胜任阶层的员工完成的"。因此，被提升的员工由于"彼得原理"可能很难适应工作，从而影响到组织整体的运作效率和绩效。

第二节　外部招聘

▮▶ 一、外部招聘的含义、来源

外部招聘是指从企业外部获取所需要的人员的过程。它是组织根据自身发展的需要，向外部发布招聘信息，并对应聘者进行有关的测试、考核、评定及一定时期的试用，综合考虑其各方面条件之后决定企业的聘用对象的常用方式。特别是当企业处于创业初期或快速发展时期，或是需要特殊人才时，仅依靠内部招聘是不够的，必须借助于企业外部的人才市场，采用外部招聘的方式来获取所需的人员。

外部招聘的来源主要有院校、竞争对手或其他公司、失业者（下岗者）、特殊人群、人才市场等。

1. 学校招聘[1]

这是招收应届毕业生的主要途径，学校是人才资源的重要来源，每年学校有几百万的毕业生走出校门，进入社会。通常又将学校分为中等职业技术学校、大专院校两类。中等职业技术院校是许多公司招聘办事员和其他初级操作性员工的主要渠道，而大专院校这是发现大批年轻、具有较高素质的潜在的专业人员、技术人员和管理人员的主要场所。一些公司为了不断地从学校获得所需人才，在学校设立奖学金，与学校横向联合，资助优秀或贫困学生，借此吸引学生毕业后去该企业工作，有的还为学生提供实习机会和暑假工作机会，以期日后确定长久的雇佣关系，并达到试用观察的目的，面对学生则提供了积累工作经验、评估在该企业中工作与发展的价值的机会。

2. 竞争对手或其他公司[2]

对于需要相关专业工作经验的岗位来说，用人单位可以考虑从同行业或同一地区的其他单位招聘人才，有时甚至可以从竞争对手岗位"挖"人。对于人力资源管理人员来说，通过正常合法的途径将外单位的合格应聘者吸引过来，这构成了外部招聘的重要来源；对于小企业来说，更要注重寻求那些有在大公司工作经验的人才，这些人在大公

---

① 方庆岭. 招聘实战入门. http://blog. sina. com. cn/s/blog_7c233a000100r6j7. html.

② 同上.

司的工作环境中经受了科学管理体制的熏陶,具有较高的素质,是小企业提高管理水平的有效方法。

3. 下岗失业者

由于我国经济体制改革与社会发展迅猛,早期一些人员由于不适应社会与企业发展要求,成为下岗失业者。在这些下岗失业者中,绝大部分都具有一定的工作经验和社会阅历,甚至有些还具有一定的专业特长。从下岗失业者中也可以招聘到单位所需要的人员。

4. 特殊群体人员

特殊群体人员是指谋求职业有困难或处境不利的人员的统称,包括残疾人、退伍军人、老年人。军队是个大熔炉,经过这个熔炉锤炼的军人具有坚强的意志、忠诚的品质、严明的组织性和纪律性,是招聘诸如行政保卫这样岗位的最佳人选[①];目前我国已经进入老龄化社会,包括退休者在内的老年人也构成企业的员工来源之一。虽然退休人员常被认为是行动迟缓、因循守旧的代名词,但在一些职业领域,如需要丰富的工作经验、协调能力和稳健的处事作风时,退休的老人常常是极佳的候选人[②]。我国高校采用返聘方式,重新录用退休人员,取得了很好的效果。

读一读

内部提拔与外部招聘

企业是一个由许多不同等级的工作岗位组成的组织,从下到上,每个等级的工作岗位数量依次递减,形成一个金字塔。比如,一个5 000人的企业,可能有4 000多员工处在最底层,处在最顶层的只有少数几个人,甚至只有一个人。通常,企业只在最底层的少数几个入口处从外部劳动力市场招人,其企业是一个由许多不同等级的工作岗位组成的组织,从下到上,每个等级的工作岗位数量依次递减,形成一个金字塔。比如,一个5 000人的企业,可能有4 000多员工处在最底层,处在最顶层的只有少数几个人,甚至只有一个人。通常,企业只在最底层的少数几个入口处从外部劳动力市场招人,其他较高层岗位需要的员工基本都是通过内部提拔来补位——如从普通员工中提拔部门经理,再从部门经理中提拔副总经理。这样,在外部劳动力市场与内部劳动力市场之间形成一个壁垒,一个人直接从外部进入企业的较高位置是很比较困难和少见的。出现这种现象的原因是什么?

一个员工的工作成就对企业业绩的影响,与其在企业中的位置正相关。越是高位置的员工,承担的责任也越大,失败的代价也高。比如,普通员工的行为可能只影响个人的业绩,部门经理的行为可能只影响他所管辖的部门的业绩,而总经理的决策在很大程度决定着企业的生死存亡。而且,越是处于高位的人,拥有的决策权越大,

---

① 方庆岭. 招聘实战入门. http://blog.sina.com.cn/s/blog_7c233a000100r6j7.html.
② 同上.

需要应付的随机事件也越多,所以对其知识水平、工作经验、决策能力和心理素质的要求也越高。因此,企业总是希望将拥有较高素质而又勤奋的人选拔在较重要的位置,将最能干而又最肯干的人安排在最高的岗位。

但是,人的能力特别难以观察。一个人刚到企业,你很难知道他的才能如何,素质怎样,适合干什么,不适合干什么。你要了解他,就需要时间去观察他的表现。与外部招聘相比,内部提拔的优越性就在于你可以拥有更多的信息。许多人一开始做同样的工作,在其他因素相同的情况下,能力强的人就做得好一些,就会崭露头角。这样,内部提拔比外部招聘犯错误的可能性就会小一些。特别地,如果企业有着非常独特的企业文化,较高岗位所需要的企业特质性人力资本只能通过在企业内的工作经历获得,并且熟悉内部环境和关系型资本非常重要,内部提拔可能是唯一可行的办法。

当然,这并不是说在任何情况下内部提拔一定优于外部招聘。事实上,有时候内部员工队伍中并不存在企业所需要的人才。此时,企业就需要从外部劳动力市场上招聘。对那些新成立或迅速扩张的企业来说,这一点是很明显的。但是,经验表明,一个企业,如果管理人员不能从外部招聘为主转向内部提拔为主,就不能算走上正轨的企业。

所以,我们看到,许多外国大公司刚开始进入中国市场时,到处挖人,除了母公司派来的总经理外,从普通员工到高层经理,几乎所有等级岗位都对外开放,但一旦进入稳定发展阶段后,就转向以内部提拔为主。有时,企业必须根据内部可提拔人才的数量决定其业务的扩张速度,而不是简单地由扩张速度决定招聘人才的数量。许多急剧扩张的企业后来失败的一个重要原因,就是过多地从外部招聘。外部招聘的另一个危险是吸纳了对企业不忠的人,因为跳槽的人有相当比例是属于对企业缺乏忠诚感的机会主义分子。

从根本上说,外部招聘和内部提拔的相对效率依赖于信息的不对称程度。对那些所需能力很容易观察和度量的工作岗位——如会计师、工程师等,外部招聘可能是非常有效的。事实上,这类工作岗位需要的主要是通用性人力资本,可以通过参加专业性培训获得,具有相应资格证书的候选人就可以胜任,用内部提拔的办法不仅没有必要,通常也没有可能。但是,对那些所需能力很难用专业资格证书表明且外部透明度很低的工作岗位,内部提拔可能更为有效。

资料来源:张维迎. 内部提拔与外部招聘. http://www. chinahrd. net/article/2010/09 - 02/13358 - 1. html.

二、外部招聘的主要方法

外部招聘的方法很多,主要有以下几种:

1. 员工举荐

员工举荐是一种组织内部员工举荐新员工的招聘方法,这种方法除了有些被动之外,企业之所以选择员工推荐的方法来招聘人员,这是因为,这种方法比较经济且有利于鼓舞员工的士气。员工举荐的基础是一旦职位出现空缺,要尽快传播消息。有空缺职位的领导要将信息告诉其他部门的领导,领导传至员工,员工传至家属、朋友和熟人。职位出现空缺,组织应该提供该职位的工作说明书以及任职资格要求公布于众。如果员工推荐符合要求的人被录用了,那么推荐人应该得到奖励。美国马里兰州洛克维尔市的联合微机系统公司拥有2 000万美元资产和400名员工,其中60%的员工都是通过内部员工举荐而受聘的。该企业规定,如果被举荐者受到雇用、并在该公司的工作时间达4个月以上时,举荐者将得到300—1 000美元的奖金;如果被举荐者是一位优秀的高级管理人员或技术骨干,举荐者除得到1 000美元奖金之外还将得到一台电脑的奖励。

员工举荐一般情况下都是比较有效的,员工对奖励也持欢迎态度,企业所花费的招聘成本也远远少于其他招聘来源。但是,员工举荐同样也存在着风险,例如某个员工引荐人数过多,容易在组织内形成"小团体"而不利于管理。

2. 广告招聘

广告招聘是一种应用比较比较广泛的招聘方法。该方法利用各种广告媒体和宣传媒介广泛向社会大众发布招聘信息,吸引社会上的优秀人才前来应聘,并对应聘者进行一系列的简历筛选、笔试、面试以及相应的能力与人格测试后,选拔出能够胜任该职位的人。最常见的广告媒体是报纸、电视、广播、专业期刊杂志等。要做好广告招聘,最关键的是需要精心设计招聘广告并选择合适的媒介。广告招聘的步骤一般是:由人力资源部门按照组织的人员招聘规划,选择合适的广告媒体或宣传媒介,通过发布由自己或专业部门制作的招聘广告来吸引外部人才前来应聘,经过考核筛选后确定合适人选,并通过一定的试用期来决定是否聘用该候选人[①]。

3. 中介机构

随着人才流动加剧,职业中介机构应运而生。这些职业机构承担双重角色:一方面,求职者通过这些机构获得组织招聘信息;另一方面,招聘单位亦可通过中介获得求职者的信息。当然,职业中介是营利机构,所有服务均会收费。另外,职业中介还会定期或不定期地举行招聘会,为供需双方提供信息分享,缩短招聘与应聘的时间。猎头公司是一种比较特殊的中介机构,这种机构是为适应组织对高层次人才的招聘需求与高级人才的求职需求而发展起来的,即猎头公司主要服务于高级人才。猎头公司往往对单位急需人力资源需求有较详细地了解,对求职者的信息掌握较为全面,猎头公司在供需匹配上较为慎重,其成功率比较高。

4. 校园招聘

招聘单位的招聘人员通过到学校、参加毕业生交流会等形式直接招聘应届毕业生。常见的校园招聘的形式是一年一度或两次的人才供需洽谈会,以及专场招聘会(如国有四大银行专场),供需双方直接面见面双向选择。除此之外,有的单位则自己在学校召开招聘会,在学校中散发招聘广告等。

---

① 佚名.外部招聘的方法和步骤. http://www.wenzhouglasses.com/html/news/338908.html.

读 一 读

企业在选择招聘方式时应遵循的几个原则

（1）高级管理人才选拔应遵循内部优先原则在人力资本成为企业核心竞争力重要组成部分的今天，高级管理人才对于任何企业的发展都是不可或缺的。企业在高级管理人才的选拔过程中应当遵循内部优先的原则。高级管理人才能够很好地为企业服务，一方面是依靠自身的专业技能、素质和经验，能够为企业服务；另一方面更重要的是对企业文化和价值观念的认同，愿意为企业贡献自己全部的能力和知识，而后者是无法在短期内完成和实现的。企业内部培养造就的人才，更能深刻理解和领会企业的核心价值观，由于长期受企业文化的熏陶，已经认同并成为企业文化的信徒，所以也更能坚持企业的核心价值观不变，而核心价值观的延续性对企业是至关重要的。同时企业的高层管理团队和技术骨干，都是以团队的方式进行工作，分工协作，密切配合，而核心价值理念相同的人一同工作更容易达成目标，如果观念存在较大差异，将直接影响到合力的发挥。

（2）外部环境剧烈变化时，企业必须采取内外结合的人才选拔方式当外部环境发生剧烈变化时，行业的经济技术基础、竞争态势和整体游戏规则发生根本性的变化，知识老化周期缩短，原有的特长、经验成为学习新事物新知识的一种包袱，企业受到直接的影响。这种情况下，从企业外部、行业外部吸纳人才和寻求新的资源，成为企业生存的必要条件之一。不仅因为企业内部缺乏所缺的专业人才，同时时间也不允许坐等企业内部人才的培养成熟，因此必须采取内部选拔与外部招聘相结合、内部培养与外部专业服务相结合的措施。

（3）快速成长期的企业，应当广开外部渠道对于处于成长期的企业，由于发展速度较快，仅仅依靠内部选拔与培养无法跟上企业的发展。同时企业人员规模的限制，选择余地相对较小，无法得到最佳的人选。这种情况下，企业应当采取更为灵活的措施，广开渠道，吸引和接纳需要的各类人才。

（4）企业文化类型的变化决定了选拔方式如果组织要维持现有的强势企业文化，不妨从内部选拔，因为内部的员工在思想、核心价值观念、行为方式等方面对于企业有更多的认同，而外部的人员要接受这些需要较长的时间，而且可能存在风险；如果企业想改善或重塑现有的企业文化，可以尝试从外部招聘，新的人员带来的新思想、新观念可以对企业原有的东西造成冲击，促进企业文化的变化和改进完善。

内部选拔优先还是外部招聘优先，对于不同层次的人才、不同环境和阶段的企业应采取不同的选择，必须视企业的实际情况来定。这就需要企业在既定的战略规划的前提下，在对企业现有的人力资源状况分析和未来情况预测的基础上制定详细的人力资源规划，明确企业的用人策略，建立内部的培养和选拔体系，同时有目的、有计划、分步骤地展开招聘选拔工作，给予企业内外部人才公平合理的竞争机会，以形成合理的人才梯队，保证企业未来的发展。

资料来源：http://www.hztbc.com/news/news_12320.html.

三、外部招聘的优缺点

1. 外部招聘的优点

(1) 有利于组织注入新鲜血液、激发组织创新。从外部招聘的新员工会带来不同的价值观和新观点、新思路、新方法，对组织有一种冲击力，不仅有利于完善企业管理和技术更新，而且有利于企业的发展和创新。组织的原有员工经过长时间的文化熏陶，已经逐步被组织文化同化，他们很难发现组织有待改进的地方，也没有进行改革和自我提高意识和冲动，从而使得整个组织缺乏竞争意识和氛围。因此，许多公司会有意地从组织外部招聘优秀的技术人才和管理专家，对组织原有员工产生一种无形的压力，从而激发他们的斗志，即"鲶鱼效应"。

(2) 有利于缓和组织内部矛盾、加强员工团结。采用内部晋升等办法招聘员工，会激发内部员工竞争，甚至相互揭短，进而造成同事关系紧张。通过外部招聘来的新员工在一定程度上可以避免内部矛盾，从而有利于平息与缓和内部竞争者之间的紧张关系。

(3) 有利于招聘到优秀人才、节约培训成本。通过在全社会范围内选拔人才，可以使得组织找到非常优秀的人才，不仅如此，从外部招聘也有利于节约组织的教育和培训成本。

(4) 有利于树立组织形象、扩大影响。外部招聘借助于各种媒体，以及与潜在的员工、客户和外界人士的沟通，树立企业良好的外部形象，从而间接扩大组织的影响力。

2. 外部招聘的缺点

(1) 难于客观评价应聘者，决策风险大。相对于内部招聘，外部招聘的员工仅是依靠组织有限的接触、考核及测试，对他们的知识、技能、能力、个性等方面作出全面评价难度非常高。因此，组织很可能因为一些外部的因素(例如应聘者为了得到这份工作而夸大自己的实际能力等)而作出不准确的判断，进而增加了决策的风险。

(2) 挫伤内部员工的积极性、破坏团结。组织一有空缺，就从外部引进，很容易挫伤企业有上进心、有事业心的内部员工的积极性和自信心，尤其是一批能胜任该岗位而未被选用或提拔的员工，更容易产生挫败感。由此可能导致内部员工极力排外情结，以及对外部员工故意拆台，造成组织内部关系紧张，不利于组织发展。

(3) 适应周期长。外部招聘的人员由于不熟悉组织流程，对组织和职位的了解也十分有限，因而需要很长的一段时间来适应，以逐步熟悉工作要求和组织情况。除此以外，新来的员工还有可能出现"水土不服"的现象，其个人价值观和个性特质很难融入企业文化之中，导致人际关系复杂，工作不顺，影响工作积极性和创造力的发挥。

(4) 成本高。相对于内部招聘，外部招聘的成本要高得多，如场地费、差旅费、广告费等显性成本，还有一些潜在成本，如由于甄选决策失误造成的成本、机会成本等。因此，外部招聘成本非常高。

第三节　校园招聘

一、校园招聘的概念与特征

校园招聘是指通过招聘应届生来满足业务发展和用人需求,因为大多数的招聘活动在校园举行,故称"校园招聘"。高校作为一个巨大的人才储备库,可谓"人才济济,藏龙卧虎"。学生们经过几年的专业学习,具备了系统的专业理论功底,尽管还缺乏丰富的工作经验,但其仍然具有很多就业优势,比如,富有热情;学习能力强;善于接受新事物,头脑中的条条框框少;对未来抱有憧憬,而且都是年轻人,没有家庭拖累;可以全身心地投入到工作中;更为重要的是,他们是"白纸"一样的"职场新鲜人",可塑性极强,更容易接受公司的管理理念和文化①。正是毕业生身上的这些特质,吸引了众多企业的眼球,校园招聘成为企业重要的招聘渠道之一。相对于其他招聘,校园招聘有如下特点②:

1. 招聘时间相对集中

企业进入校园开展招聘活动一般都集中在11月底至12月以及春节过后的3、4月份这两个时间段进行。为了避免撞车,越来越多的企业选择了"曲线救国"的方式,利用"宣讲会""介绍会"等其他形式"潜入"学校,将其校园招聘活动尽早推广开来,抢得获取优秀人才的先机。因为校园招聘的时间相对集中,而且也被往前一提再提,所以,用人单位必须拟定一个中长期的人力资源规划,以免出现"临渴掘井"而丧失招聘良机,或"临终突变"而无法安排事先已经招到的毕业生。

2. 招聘范围广、强度大

由于高校扩招等诸多方面的原因,大学毕业生就业压力大已成为不争的事实。为了找到理想工作,毕业生们一般都采取"全面撒网、重点培养"的策略。企业也逐年扩大自己的招聘范围。每逢进入金秋时节,学生们便开始奔波于各大公司宣讲会之间,行色匆匆,有些甚至不远千里跨省参加招聘会。简历更是通过网络从全国四面八方涌来,充斥着企业的招聘邮箱。据悉,广东移动校园招聘各种渠道累计接收有效简历超过50 000份。对于企业来说,这无疑加大了筛选、面试的工作量,而如何合理安排全国各地求职者的笔试、面试,如何从众多应聘者中挑选出适合企业的毕业生,就成为校园招聘团队的一大挑战。

3. 招聘对象具有特殊性

应届毕业生相对于社会人员有其自身的缺陷:首先,他们缺乏工作经验,而企业又很难仅凭其专业方向和专业成绩就确定其是否具备某项职位所要求的基本素质。其

---

① 王粒权,史怡.透视校园招聘.2007,(8).

② 同上.

次,他们缺乏明确的职位定位和规划。据调查,50%的大学生对于自己毕业后的发展前途感到迷茫,没有目标。"象牙塔"里的单调生活很难激发学生对自己的性格特征、职业倾向、人际交往模式等方面的全面了解,这就导致很多应聘者自己也不清楚自己能够胜任或者适合从事哪些类型的工作,更谈不上对于今后职业发展的长期规划。最后,当代大学生基本都是独生子女,往往存在着责任心不强、承受能力弱、团队意识较差等诸多问题。

4. 兼顾企业品牌营销

由于校园招聘的受众广泛,一次成功的校园招聘活动意味着不仅能够招募到优秀的人才,同时还可以在众多低年级学子心目中树立起良好的企业形象,从而在未来的人才争夺中打下基础。相当一部分进行校园招聘的公司都将其品牌的校园传播放在与校园招聘同等重要的战略地位,其策略与手段往往经过缜密整合,并制定有系统的校园传播与招聘计划。企业品牌主要包括雇主品牌和产品品牌两个方面:校园招聘作为展示企业形象的一种方式,相当于企业的一张名片,通过规范的招聘流程设计、招聘过程中对求职者的人性化关怀、企业高层的个人魅力、员工代表的责任心与活力等,能够让在校学生感受到企业文化,人才理念、管理水平等深层次的内容,从而树立起良好的雇主品牌形象,广泛吸引人才。这比大动干戈刻意的公关宣传来说,成本较低,而且给人的感觉更为亲切、自然。有些公司更是在校园中展现其产品品牌,将应聘学生变成公司的消费者或客户。比如雀巢公司在招聘会上会邀请到场的学生品尝自己品牌的咖啡。

5. 网络化趋势

网络已经成为大学生学习和生活中不可或缺的重要工具。网络招聘因其传播范围广,查询方便、速度快、信息量大、成本低而深得大学生喜爱。企业在校园招聘的各个环节中,从公司发布校园招聘计划、招聘职位信息开始,到学生在网上填写申请表或投递简历,到对简历进行初步筛选,再到企业通知学生笔试、面试时间、确定录用意向等整个招聘环节都可以通过网络进行。要想更好地受益于网络化的校园招聘,一方面,企业可以在学校的招生就业网站、各大校园 BBS 以及企业自己的网站上发布招聘信息;另一方面更可以利用专业的招聘网站,比如基本上所有毕业生都会登陆的中华英才网等进行校园招聘,甚至把初期的校园宣讲会的组织实施、简历接受、筛选、面试通知等环节外包给这些专业网站。

总体来讲,校园招聘以其集中、快捷、高效、针对性强等优点越来越受到企业雇主的青睐,并以此作为招聘年轻后备人才的首选渠道。

▮▶ 二、校园招聘的形式

企业为了吸引优秀的学生人才,各式各样的校园招聘形式已被众多求贤若渴的用人单位开发出来,总体来说,有以下几种形式①:

①　王粒权,史怡. 透视校园招聘. 2007,(8).

1. 专场招聘

在每年校园招聘的高峰时节，当地政府以及各高校都会组织一些大型的专场招聘会，来自全国各地的企业在指定的时间和场馆"摆摊设点"，为前来投递简历的学生提供面对面的交流机会，并及时进行选拔测试。这种方式一般适合于招聘对象明确，招聘人数不多的中小型企业。

2. 校园宣讲

校园宣讲会是企业在校园招聘伊始针对目标高校组织的专门的讲座，通过企业高层、人力资源负责人以及在本公司工作的该校校友的现身说法来传达公司基本概况，介绍企业文化、经营理念，发布职位空缺、招聘条件和招聘流程等，通过情绪的感召与互动引导学生全面地了解企业。在宣讲会前一般会通过在学校网站发布消息、在校园张贴海报等形式宣传企业形象及其产品，达到一定的营销目的。有些实力雄厚的企业甚至选择全国巡回宣讲，整个校园招聘历时数月，足迹遍布全国主要城市。

3. 实习生计划

实习生计划作为校园招聘的一个前奏，一般在应届毕业生正式求职以前，特别是毕业前的那个暑假中，为经过初步挑选的大学生提供一些实习岗位，那些表现优秀的实习生，将会作为下一步正式录用的备选人才。实习生计划至少有三个好处，首先是可以避开校园招聘的人才争夺高峰，将一些优秀毕业生提前纳入人才储备库，在人才争夺战中抢占先机。其次，通过实习，企业能够提前了解应届毕业生的个性特点、人品、价值观及在实际工作中的能力表现，有利于作出准确的录用决定；对于学生来说，也能通过实习充分了解企业，亲身体会自己是否喜欢这个行业，对今后的择业方向做出更客观理智的规划。最后，通过一段时间的实习，这些实习生已经对企业和工作有了较多了解，一旦被正式录用，将来上班后也能够很快上手。应该说实习生计划对于企业和毕业生来说是双赢的。国内外很多企业都在实行。包括 IBM 的蓝色之路实习生计划，广东移动的"领先100"暑期实习生项目等。

4. 管理培训生计划

高校中蕴藏着一大批极具领袖潜质的学生，从顶级的高校寻找精英人才，通过严格的选拔、系统的培训课程设计和定向的实践培养，定期安排在校学生实习和培训，最终从中挑选出优秀者进入公司的"管理培训生"制度在国外非常流行。世界 500 强企业，如中铁建电气化局、GE、汇丰、联合利华等都把"管理培训生"制度作为培养未来管理人才的战略措施来实施。南富士产业株式会社推出的全球化管理培训项目(GMC)就是以发现和培养具有国际化视野的外企中高级管理人才为目的，以突破外资企业在中国投资遇到的"人才本土化"瓶颈。招募拥有"良好基本素质，能够发挥主动性学习、改变、成长"的学生参加免费培训。GMC 管理培训生将有机会获得公司会员集团提供的中高层管理者职位。再如，拜耳与北大光华管理学院签署高级人才储备计划协议，赞助两名 MBA 学生完成北大和法国高等经济商业学院双学位课程，并为两名学生度身定制详尽的国内外培训计划，提前对拜耳集团及其业务运作有所了解，为将来在集团中的长期发展打好基础。

5. 发展俱乐部

一些公司为了和高校常年保持联系，在校园里面建立了俱乐部，不定期地组织一些活动。活动中,公司的中高层人员以及校友在学校组织专题讲座,通过俱乐部内部组织的郊游和聚餐等活动促进与学生的相互交流。帮助低年级的同学更好地了解企业,在校园内树立雇主品牌,为今后的校园招聘作好准备。比如德勤公司推出了面向北京名校会计、财务管理和法律专业的"德勤俱乐部",宝洁公司在各个知名高校建立的"宝洁学生职业发展俱乐部"等。

6. 拓展夏令营

有的企业由于地域限制等原因不大适合于大量的学生到企业实习,但又希望吸引优秀的大学毕业生,夏令营或参观计划就是一个不错的选择。通过组织目标院校及特定专业的大学生到企业所在城市参观旅游,并进入企业与员工座谈等活动,展示企业品牌,传递企业文化。有些企业还要求学生在回校后撰写报告,帮助其在学校进行宣传,推动今后校园招聘活动的开展。在这方面做得好的企业包括三星中国公司、中国广东核电集团以及塔里木石油公司等。

7. 选秀竞赛

"选秀大赛"作为近年来悄然兴起的一种校园招聘形式,发展趋势却是势不可挡。企业通过组织一些职业技能或者商业大赛,模拟实际商业项目的运作,吸引大批学生报名参与,让最优秀的人才在竞赛中脱颖而出。获胜者除了能够获得丰厚的奖品,更有机会赢得去企业实习或正式录用的机会。这类校园竞赛活动包括微软公司的"推荐就业之星大赛"、百度公司的"百度之星程序设计大赛"、Google 的"中国编程挑战赛",飞利浦公司推出的"短信创意大赛"等,其中最为著名的算是欧莱雅同时推出的"在线商业策略竞赛""校园市场策划大赛"和"工业大赛"三大赛事。

除了以上列举的校园招聘形式外,很多企业还在高校中设立了企业奖学金,更有一些企业和高校密切合作,开展了在学校"定制"人才的提前培养计划,学校会根据企业所需开设专业对口的课程,企业相关专业人员会到学校授课,学生也会有一定的时间到企业进行现场实习。海信集团、中国广东核电集团在这方面已经具有了较为成熟的经验。

校园招聘正如一轮朝阳,方兴未艾,而企业到底要不要进行校园招聘,采取什么形式的校园招聘,与其所从事的行业、企业类型、发展阶段、岗位设置要求以及企业文化息息相关,只有对自身有着明确清晰的定位,企业才能在校园招聘这场人才抢夺战抢得先机。

▶▶ 三、校园招聘的流程

校园招聘是一个系统工程,唯有厘清整体思路,才能避免陷入"一叶障目,不见泰山",协调好校园招聘中的各项工作,确保各环节发挥合力、有条不紊地开展。校园招聘工作可以分为三大类:规划准备、操作执行与后续跟进,每类中又包含了若干细化环节、工作流程以及时间要求。通过对校园招聘整体思路的梳理,人力资源经理能够明晰自身工作在整体环节中的地位与作用①。

---

① 马勇.成功校园招聘始于系统规划.人力资源,2011,(23).

首先,"规划准备"环节是基础,是校园招聘之前所必经环节,规划工作做得越充分,后续的各个环节才会顺畅,也更容易取得预期的目标与效果,本环节启动时间宜早不宜迟,最迟应在10月前完成。这个阶段要做的工作有确定招聘职位和人数;成立招聘小组;联系招聘学校;准备相关资料。

(1)确定招聘职位和人数:这是招聘应届生的前提,就是要招哪些职位的储备人才,要招多少名。只有明确了这两样,才能确定去哪些学校招聘,招聘哪些专业的学生。

(2)成立招聘小组:招聘小组最好由人力资源部经理负责,甚至主管人力资源的副总负责。不要以为招聘应届生相对比较容易而忽视,其实际不然,如前面我提到的,如果安排一个刚毕业两三年的招聘专员负责面试,学生们会以为企业不重视招聘工作,甚至他们会认为企业不重视人才,而对该企业打了负分。招聘小组主要职责是准备招聘前期资料、制定招聘计划和政策、招聘实施、面试等。

(3)联系招聘学校:招聘小组根据公司批准的招聘计划、历年各校的接收毕业生情况、本年度各校生源状况和各校往年毕业生在企业的表现等情况,选定相应的高校,在招聘工作具体实施前,招聘小组将招聘计划发送给各高校的毕业生分配办公室,并与学校保持联系。

(4)准备相关资料:包括制定招聘政策(包括招聘整体实施、招聘纪律、招聘经费等)、明确小组内部分工、准备面试相关的表格、准备企业宣传资料等。

其次,"操作执行"环节是具体组织与实施的程序与流程,如何选择高效而又合适的招聘工具、优化与完善招聘流程,确保筛选与甄选出企业所需要的人才,是这一环节的核心所在。本环节通常会持续1—2个月,一般12月底前完成。这个阶段要做的工作有发布招聘信息;收集和筛选应聘资料;测试与面试;录用。

(1)发布招聘信息。通常招聘信息的发布方式包括以下三种,供招聘人员选择:

在公司网站(包括各子公司网站)和校园网站上刊登招聘信息,介绍公司本年度应届毕业生的需求、用人标准、招聘程序、人力资源政策以及应聘方式等。

在校园内部张贴海报,宣传企业。

在校园举办招聘推介会,加强毕业生对公司的感性认识,并树立良好的公司形象,吸引潜在的应聘者(在校生)。招聘推介会所用资料,事先公司统一制订,并且在推介会演讲的人员必须事先经过培训。

(2)收集和筛选应聘资料。对应聘人员的资料进行初审和筛选是招聘工作重要的一个环节,他可以迅速从求职者信息库中排除明显不合格者,提高招聘效率。同时,也可将所有求职资料进行记录归档,为人力资源部的事后分析工作提供素材。应届毕业生自己提供的资料也许有虚假成分,招聘人员需要通过多种渠道证实其真实性,比如到所在院系核查分数、奖励情况等。

(3)甄选。测试既要准确有效,又要简便易行,建议以下几种测试方式,可根据具体情况选择:

专业知识测试:招聘小组需在出发之前准备好各专业的测试试卷。

分析能力测试:事先准备一些案例,要求几分钟以内答完。

无领导小组讨论:这是一种对应聘者集体面试的方法,对于应聘者较多,最适宜采用这种方法,每一次选5—7人为一组,每组20—30分钟的时间。通过让应聘者平等地集体讨论给定的问题,考察每个应试者的综合素质,主要包括:口头表达能力、处理人际关系技巧、灵活性、适应性、情绪控制、自信心、合作精神、性格特点等。

面试:有些职位人员可能通过测试能够判断,但是绝大多数职位还是需要借助面试来判断。面试前要准备好每个职位的面试考察要素、面试题目、评分标准、具体操作步骤等,并且统一培训面试人,提高评估的公平性,从而使面试结果更为客观、可靠,使不同应试者的评估结果具有可比性。由于应届毕业生没有工作经验,因此对他们的面试重点在于考察基本素质,即对潜质进行考察。比如第一位跟我打招呼的女学生灵活性很强,而后两位男女学生灵活性较差,他们没有意识到从接触招聘人员的第一时间起已进入了面试阶段。

4. 录用

面试合格的人员可以确定为录用对象,根据应届生招聘的相关规定签订协议。但是,不是签订协议后就万事大吉,还需要做好后期跟踪,因为优秀应届生很有可能被其他的企业相中,因此需要通过后期跟踪,打消他们另谋其他企业的念头。

最后,"后续跟进"环节是容易忽视与遗漏的部分,企业从完成与毕业生签约到学生报到有一个相当长的时间段,如何降低毕业生的毁约率,帮助他们尽快熟悉工作成为校园招聘巩固成果的重点。本环节是持续时间最长的一个环节,通常会持续到大学毕业正式到企业报到,一般在第二年的7月份前完成。这个阶段主要工作包括应届生接收与跟踪。

(1)应届生接收:人力资源部需要在网页上或者通过其他方式,通知毕业生公司位置,乘车路线;如有可能,需派人去车站出口设接待点。到企业后,要热情接待,安排好他们的食宿,毕竟他们对社会还有陌生感。同时,尽快安排入职培训,让他们了解企业,了解企业的运作,使他们更快地融入社会。

(2)跟踪:人力资源部要定期了解应届生的心态,听听他们的声音,及时给予帮助与引导。不能用对待社会招聘人员的方式对待应届生,他们需要更多的时间熟悉企业与本职工作,需要更多的理解与引导。企业始终要思考的一个问题是"如何让应届生在短期内完成从学校到企业的转变?"因为转变所花的时间越短,企业支付的培养成本越低,应届生也会越快为企业创造价值。

▌▌▶ 四、宝洁的校园招聘方案

宝洁公司完善的选拔制度得到商界人士的首肯。在2003年中华英才网首后"英才大学生心目中最佳雇主企业"评选活动中,宝洁名列综合排名的第五位和快速消费品行业的第一位[①]。

(一)校园招聘程序

1. 前期的广告宣传

派送招聘手册,招聘手册基本覆盖所有的应界毕业生,以达到吸引应界毕业生参加

[①] 该部分内容引自杨莹,魏国政. 宝洁公司的校园招聘. 经济管理,2003,(8).

其校园的招聘会的目的。

2. 邀请大学生参加其校园招聘介绍会

宝洁的校园招聘介绍会程序一般如下：校领导讲话，播放招聘专题片，宝洁公司招聘负责人详细介绍公司情况，招聘负责人答学生问，发放宝洁招聘介绍会介绍材料。

宝洁公司会请公司有关部门的副总监以上高级经理以及那些具有校友身份的公司员工来参加校园招聘会。通过双方面对面的直接沟通和介绍，向同学们展示企业的业务发展情况及其独特的企业文化、良好的薪酬福利待遇，并为应聘者勾画出新员工的职业发展前景。通过播放公司招聘专题片，公司高级经理的有关介绍及具有感召力的校友亲身感受介绍，使应聘学生在短时间内对宝洁公司有较为深入的了解和更多的信心。

3. 网上申请

从 2002 年开始，宝洁将原来的填写邮寄申请表改为网上申请。毕业生通过访问宝洁中国的网站，点击"网上申请"来填写自传式申请表及回答相关问题。这实际上是宝洁的一次筛选考试。宝洁的自传式申请表是由宝洁总部设计的，全球通用。宝洁在中国使用自传式申请表之前，先在中国宝洁的员工中及中国高校中分别调查取样，汇合其全球同类问卷调查的结果，从而确定了可以通过申请表选拔关的最低考核标准。同时也确保其申请表能针对不同文化背景的学生仍然保持筛选工作的相对有效性。申请表还附加一些开放式问题，供面试的经理参考。

因为每年参加宝洁应聘的同学很多，一般一个学校就有 1 000 多人申请，宝洁不可能直接去和上千名应聘者面谈，而借助于自传式申请表可以帮助其完成高质高效的招聘工作。自传式申请表用电脑扫描来进行自动筛选，一天可以检查上千份申请表。宝洁公司在中国曾做过这样一个测试，在公司的校园招聘过程中，公司让几十名并未通过履历申请表这一关的学生进入到了下一轮面试，面试经理也被告之"他们都已通过了申请表筛选这关"。结果，这几十名同学无人通过之后的面试，没有一个被公司录用。

4. 笔试

笔试主要包括 3 部分：解难能力测试、英文测试、专业技能测试。

(1) 解难能力测试。这是宝洁对人才素质考察的最基本的一关。在中国，使用的是宝洁全球通用试题的中文版本。试题分为 5 个部分，共 50 小题，限时 65 分钟，全为选择题，每题 5 个选项。第一部分：读图题(约 12 题)，第二和第五部分：阅读理解(约 15 题)，第三部分：计算题(约 12 题)，第四部分：读表题(约 12 题)。整套题主要考核申请者以下素质：自信心(对每个做过的题目有绝对的信心，几乎没有时间检查改正)；效率(题多时间少)；思维灵活(题目种类繁多，需立即转换思维)，承压能力(解题强度较大，65 分钟内不可有丝毫松懈)；迅速进入状态(考前无读题时间)；成功率(凡事可能只有一次机会)。考试结果采用电脑计分，如果没通过就被淘汰了。

(2) 英文测试。这个测试主要用于考核母语不是英语的人的英文能力。考试时间为 2 个小时。45 分钟的 100 道听力题，75 分钟的阅读题，以及用 1 个小时回答 3 道题，都是要用英文描述以往某个经历或者个人思想的变化。

(3) 专业技能测试。专业技能测试并不是申请任何部门的申请者都需经过该项测试，它主要是考核申请公司一些有专业限制的部门的同学。这些部门如研究开发部、信息技术部和财务部等。宝洁公司的研发部门招聘的程序之一是要求应聘者就某些专题进行学术报告,并请公司资深科研人员加以评审,用以考察其专业功底。对于申请公司其他部门的同学,则无须进行该项测试,如市场部、人力资源部等。

5. 面试

宝洁的面试分两轮。第一轮为初试,一位面试经理对一个求职者面试,一般都用中文进行。面试人通常是有一定经验并受过专门面试技能培训的公司部门高级经理。一般这个经理是被面试者所报部门的经理,面试时间大概在 30—45 分钟。通过第一轮面试的学生,宝洁公司将出资请应聘学生来广州宝洁中国公司总部参加第二轮面试,也是最后一轮面试。为了表示宝洁对应聘学生的诚意,除免费往返机票外,面试全过程在广州最好的酒店或宝洁中国总部进行。第二轮面试大约需要 60 分钟,面试官至少是 3 人,为确保招聘到的人才真正是用人单位(部门)所需要和经过亲自审核的,复试都是由各部门高层经理来亲自面试。如果面试官是外方经理,宝洁还会提供翻译。

(1) 宝洁的面试过程主要可以分为以下 4 大部分:

① 相互介绍并创造轻松交流气氛,为面试的实质阶段进行铺垫。

② 交流信息。这是面试中的核心部分。一般面试人会按照既定 8 个问题提问,要求每一位应试者能够对他们所提出的问题作出一个实例的分析,而实例必须是在过去亲自经历过的。这 8 个题由宝洁公司的高级人力资源专家设计,无论你如实或编造回答,都能反映你某一方面的能力。宝洁希望得到每个问题回答的细节,高度的细节要求让个别应聘者感到不能适应,没有丰富实践经验的应聘者很难很好地回答这些问题。

③ 讨论的问题逐步减少或合适的时间一到,面试就引向结尾。这时面试官会给应聘者一定时间,由应聘者向主考人员提几个自己关心的问题。

④ 面试评价。面试结束后,面试人立即整理记录,根据求职者回答问题的情况及总体印象作评定。

(2) 宝洁的面试评价体系。宝洁公司在中国高校招聘采用的面试评价测试方法主要是经历背景面谈法,即根据一些既定考察方面和问题来收集应聘者所提供的事例,从而来考核该应聘者的综合素质和能力。宝洁的面试由 8 个核心问题组成:

① 请你举 1 个具体的例子,说明你是如何设定 1 个目标然后达到它。

② 请举例说明你在 1 项团队活动中如何采取主动性,并且起到领导者的作用,最终获得你所希望的结果。

③ 请你描述 1 种情形,在这种情形中你必须去寻找相关的信息,发现关键的问题并且自己决定依照一些步骤来获得期望的结果。

④ 请你举 1 个例子说明你是怎样通过事实来履行你对他人的承诺的。

⑤ 请你举 1 个例子,说明在完成 1 项重要任务时,你是怎样和他人进行有效合作的。

⑥ 请你举 1 个例子,说明你的 1 个有创意的建议曾经对 1 项计划的成功起到了重要的作用。

⑦ 请你举 1 个具体的例子,说明你是怎样对你所处的环境进行 1 个评估,并且能将注意力集中于最重要的事情上以便获得你所期望的结果。

⑧ 请你举 1 个具体的例子,说明你是怎样学习 1 门技术并且怎样将它用于实际工

作中。

根据以上几个问题，面试时每一位面试官当场在各自的"面试评估表"上打分：打分分为3等：1—2(能力不足，不符合职位要求；缺乏技巧，能力及知识)，3—5(普通至超乎一般水准；符合职位要求；技巧、能力及知识水平良好)，6—8(杰出应聘者，超乎职位要求；技巧、能力及知识水平出众)。具体项目评分包括说服力/毅力评分、组织/计划能力评分、群体合作能力评分等项目评分。在"面试评估表"的最后1页有1项"是否推荐栏"，有3个结论供面试官选择：拒绝、待选、接纳。在宝洁公司的招聘体制下，聘用1个人，须经所有面试经理一致通过方可。若是几位面试经理一起面试应聘人，在集体讨论之后，最后的评估多采取1票否决制。任何1位面试官选择了"拒绝"，该生都将从面试程序中被淘汰。

6.公司发出录用通知书给本人及学校

通常，宝洁公司在校园的招聘时间大约持续两周左右，而从应聘者参加校园招聘会到最后被通知录用大约有1个月左右。

(二) 校园招聘的后续工作

发放录取通知后，宝洁的人力资源部还要确认应聘人被录用与否，并开始办理有关入职、离校手续。除此以外，宝洁校园招聘的后续工作还包括：

1.招聘后期的沟通

宝洁认为他们竞争的人才类型大致上是一样的，在物质待遇大致相当的情况下，"感情投资"便是竞争重点了。一旦成为宝洁决定录用的毕业生，人力资源部会专门派1名人力资源部的员工去跟踪服务，定期与录用人保持沟通和联系，把他当成自己的同事来关怀照顾。

2.招聘效果考核

在公司招聘结束后，公司也会对整个招聘过程进行一些可量化的考核和评估，考核的主要指标包括：是否按要求招聘一定数量的优秀人才；招聘时间是否及时或录用人是否准时上岗；招聘人员素质是否符合标准，即通过所有招聘程序并达到标准；因招聘录用新员工而支付的费用，即每位新员工人均因招聘而引起的费用分摊是否在原计划之内。

第四节　微招聘

▶ 一、什么是微招聘

"微招聘"目前还没有准确的定义，主要指用简洁的文字把招聘信息/求职信息第一时间发布到微博、微信等新传媒体上，通过"微信息"了解和选择应聘者从而达到顺利招录的过程(丁柯尹，2014)。不论是微博、微信还是其他社交性网站，都具有独特的信息动态交流互动机制，为用人单位和应聘者架起了一座"点对点"即时沟通的桥梁(高伯任，2013)。

在一大批有影响力和号召力的企业带领下，"微招聘"已然成为一种时尚，如联合利华、阿里巴巴、德勤等知名度比较高的大型企业，都已经运行着自己的招聘官方微博，并每天及时更新许多招聘信息，吸引了一大批有求职意向的人关注[①]。2014年5月23日，新浪"微招聘"正式上线，自此以后将凭借微博这一大众化和社会化的媒介，继续提供企业成本效益的解决方案，同时为求职者提供个性化建议、职位订阅等功能，从而帮助更多的求职者找到适合他们的工作机会[②]。

读 一 读

最热门微简历

周晓疯：＃微简历＃＃新浪新闻编辑实习生＃我非唐朝白居易，白居西安怎容易？只是应届专科生，天天忙着投简历。常看智联招聘，却想前程无忧。今欲迷途知返，不想再拖就业率。现居欧亚一隅，读了三年新闻系，最爱记者却做了编辑，常年混迹网络社区，爱文字偶有创意。到了毕业七月季，才发现求职工作真的不给力！

微博招聘信息：@枫树上的兔子：＃微简历＃本人09年毕业于燕山大学统计系，一直从事数据分析类的工作，熟练使用 excel。对于 sql 言语，VBA，spss 以及 sas 的一般操作也能胜任，性格外向，学习能力强，且愿意接受挑战，目前在北京，想到长沙、岳阳、广州、深圳从事数据相关工作，行业不限。

单久闲：＃微简历＃＃阳狮策划＃北方有女年十九，誓以广告为业，性韧不馁。常教自己：敏而善思，观而能察，听之不盲，言之礼信。旁人有叹，此乃璞玉！噫嘻，璞玉不琢，安知资质？欲知资质，详见面试。

青梅：＃微简历＃在双汇（瘦肉精事件主角）对面的皮鞋厂当了九年会计，网通征文大赛得过一等奖（网通品牌消失），给微软电视部门做过需求分析（三个月后该部门解散），给某乳业集团做过信息化可研（一年后该集团消失），在宣武区住了8年（宣武区被西城区吞并）。求入 party 介绍人！

崔小放：＃微简历＃＃阳狮策划＃精品四大单身怪蜀黍一枚，进可攻，退可受，爱生活爱八卦，也爱农广天地，很处女也很射手，大家都叫我小 cj，是艳星也是谐星，大叔控也是萝丽控，外号中老年妇女杀手，其实我是中老年妇女之友，最后一句，四大男也有春天，做审计的怪蜀黍，你伤阿伤啊伤啊，伤不起，有木有阿！有木有！

微博招聘信息：＃微简历＃山大大四，五年制国际政治与英语双学位。英语过专四，专八成绩等待中。历任班长团支书，任期内获校"十佳团支部""优秀班集体"。5次带队参与校立项社会实践，均获奖。获各类奖学金。代表山大参加2010重庆全国模联，获团队第四名。觅暑期外企实习，最好做人资助理，拜谢～。

资料来源：http://weibo.com/z/zhaopin.

---

① 赵毛毛.微招聘：招聘的小能手.人才资源开发，2014，(10).
② 焦丽莎.微招聘上线，微博正式进军招聘市场.中国经济新闻网，2014-5-24.

▌▌ 二、企业微招聘的对策

虽然微招聘求职方式越来越受关注,但并不是所有的"微招聘"都会引来"围观",许多小企业、单位在规模、影响力、品牌效应等方面不占优势。某证券所注册的新浪微博自去年底注册成功后,每条微博都是发布招聘信息,投资顾问、区域经理、营销经理、营业部员工、见习人员等都在其招聘范围内。不过,虽然连发了十几条微博,它的粉丝却依然只有3人、无人评论、信息转发率几乎为零(朱海涛,2011)。"微招聘"的确为一些企业的招聘带来了新的变革,但是如何加强规范,有效提高招聘效率,提高匹配的精准度,还有待改进和探讨。朱海涛(2011)提出若干对策,以提高企业微招聘的有效性[①]。

1. 借助名人力量

业内人士指出,对于不出名的小公司或个人来说,如果只在微博上自说自话,必然应者寥寥。在这种情况下,可以求助于微博"名人",比如某公司想招聘一批大学生,可以试着在微博中呼叫姚晨、潘石屹等名人,被呼叫者肯定会看到,一般情况下,如是好事,也会帮忙转发。借助名人的力量,微博的传播面一下子扩大数万倍,招聘成功率也会大大提升。

2. 新颖引人

微博字数有限,招聘内容必须少而精,吸引眼球。早在2010年7月,天涯营运总监梁树新先生就已尝试用微博招聘。在一张天涯前台照片下,写着"照片上的这个位置空着,不是要求高,而是缘分未到。理想中的她应该气质出众、笑容甜美、有让人舒服的亲和力……请博友转发!"梁树新后来证实,他通过微博为公司招来了相当满意的销售人员、网络工程师、财经主编和娱乐编辑等人才。

3. 准确定位

"我们已通过微博招聘招到了十多位员工。"一家网络公司的人力资源部经理认为,"微招聘"在某些特定行业内的招聘效果还是非常好的。"微博是运营、无线、技术等互联网潮人的聚集地,因此我有意将微招聘的行业圈锁定在IT互联网行业。"通过微博发布招聘信息,最重要的是找准目标群体,招聘企业希望得到哪些目标群体的关注,就要有意识地向前来应聘的这一群体宣传这一微博账户,通过他们的传播得到越来越多的关注。

4. 健全流程

微博招聘只是网络招聘的一个环节,企业人力资源管理者很难通过微博进行系统的招聘规划、面试安排,甚至是统计其招聘效益。因此,企业除了创建官方微博和招聘官网收集简历信息外,还要提供一个强大的人才甄选、面试、追踪、人才储备库等一系列完善招聘流程与加速招聘工作的管理平台,帮助企业整合人才招聘过程中的所有环节,从简历投递、筛选到最终安排面试,并通过专业的岗位和人才简历匹配系统,节省人力资源部门筛选简历的时间,从而将微博招聘纳入企业的整体招聘流程,实现微博招聘的规范化。

5. 加强监管

微博目前是个零门槛的媒介,缺乏规范、成熟的法律体系对微博招聘进行约束,想

---

①　朱海涛. 微招聘是否靠谱. 人力资源,2011,(10).

要核实信息比较困难，很难知道对方是否是骗子。要让这一新生事物健康成长，除了微博发布者加强自律以外，更重要的是相关网站和政府主管部门要主动介入，加强对信息的真实性监管和规范，才能确保其健康发展。

6. 快读回应[①]

企业在发了招聘广告后，对相关者提出的问题或者是有更多的进展需要及时做出回应。否则广告写得再好，求职者信息发过去后收不到回应，自然也就放弃了。对于求职者来说，不是说求职信息发出去后就结束了，会有企业看中信息而关注，那么求职者自身也要及时回应对方，抓住机遇。

三、求职者的应对策略

对于求职者而言，如何利用微博微信成功求职是一项值得研究的课题。张学亮(2013)指出如下若干对策，以提高成功求职概率[②]。

1. 用特色"微简历"吸引人

微博招聘求职要想吸引眼球，在 140 字的字数限制里，就得独具特色。微简历虽短，但一个人微博中的文字、风格甚至个性化签名，都能很全面地展现出此人的整体水平，相对跑招聘会、网投简历这些传统求职方式，在微博中用简短的 140 个字介绍自己、展示自己，试图吸引用人单位的注意，如此精炼的文字比正规的简历还要考究功力。因此，微时代下求职者要先了解自己感兴趣的用人单位并作为自己的目标，按照自己的职业方向，在简历里展示自己的核心竞争力，用词要谨慎，毕竟内容比形式重要。微博发简历虽然便捷而且紧跟流行，但毕竟每条微博信息量有限，因此求职者还是要对正式简历多加打磨，或做一个关于自己详细简历的链接，给应聘者一个进一步了解自己的渠道。

2. 关注职场信息增加人脉资源

微博本身是一个信息传播工具，同样一个微博，有的人粉丝多，有的人粉丝少，这就很考验一个人的自我营销能力，现在许多单位包括一些知名企业都有官方微博，所以，在简历发出之前和之后，在微博里对自己目标类的单位添加"关注"，这样，对方的招聘动态可随时掌握。一旦有招聘信息，就主动与对方沟通，占得先机。另外，就是通过微博寻找自己感兴趣的圈子，特别是"关注"那些带"V"字认证的用户，其中不乏企业的负责人。进入这个圈子后，就可以通过发表微博与他们探讨感兴趣的话题，一来二去就会和他们"熟络"起来，这些掌管录用权力的领导无疑会对求职者有利。其次，求职者也可以在微博群中发布自己的求职信息，让别人帮忙转发和评论。在发布、转发或留言时，内容里带上"♯找工作♯""♯求职♯"的字样，这样可以被系统认定为搜索量的一部分。在 140 个字的微博内容中，尽量做到简单、直观，能给在微博上招人的企业留下印象。

3. 重要信息发布要慎重

微博招聘求职作为新生事物，它拓宽了供求双方信息沟通的渠道，既有便捷、海量、

---

① 赵毛毛. 微招聘：招聘的小能手. 人才资源开发，2014，(10).
② 张学亮. 微博求职特点及启示. 中国社会科学网，2013－6－5.

成本低、传播快等优点,但求职者利用微博求职也存在一定的风险。微博目前并没有规范、成熟的法律法规约束,任何人都可以注册,难以保证信息的真实性,求职者进行微博求职时须谨慎。比如,如何考证信息的真实性是首要问题。某些不规范的公司,会在招聘信息中设下一些陷阱,利用微博求职时,最好不要泄露一些个人的重要信息,一些求职者在"微简历"里写上了自己的手机号、QQ 号、邮箱等联系方式,这无疑泄露了自己的个人信息;从而可能造成不必要的麻烦,在目前信息泛滥且缺乏监管的情况下,求职者和招聘单位都要当心骗局,验证信息的真实性很有必要。因此,随着微博招聘信息与日俱增,信息来源又缺少必要的监管,求职者筛选信息时应尽量选择有信誉的企业或者是微博里 V 字认证的大企业,避免掉进招聘陷阱。

4. 经营好个人微博

现在的微博求职,更像是一种"隐私"招聘,求职者在与招聘人力资源经理微博求职互动的过程中,企业的人力资源经理也会利用求职者提供的微博地址达到"识人"的效果,看一个人的微博里都发了些什么内容,由于微博记录的往往是个人的真实经历和感受,人力资源经理可以从侧面发现和了解候选人的兴趣、性格等,这对于判断候选人未来的个人能力和求职需求有较大的参考价值。如果应聘者的"微简历"和过往微博心语反差太大,都会对求职最终结果产生影响。在国外,通过互联网查看求职者的个人性格及职业素养等,已成为许多公司在招聘中一项制度,因此,作为年轻的求职者,平时要注意对个人微博的经营,从中透露出的信息应该是积极向上的。如果可能的话,可以建立一个专业博客,定期维护,写一些与自己工作和专业相关的经验和看法等,求职时甚至可以作为加分的筹码。

5. 根据专业合理利用微博求职

不可否认,企业通过微博招聘人才在国内属于新鲜事物,在关于"微招聘"这个新生事物上,出现了一边冷、一边热的状况。目前使用微博招聘的,基本上还是 IT、传媒、金融、房地产、娱乐和广告等行业。其中,受益于"微招聘"的相关工作人员不断大赞"微招聘"改变生活以及带来的人脉、资源、方便和快捷。而一些传统招聘网站、制造业、传统行业、国企、事业单位以及部分私企对"微招聘"并不看好。因此,不同岗位、不同人群应该有不同的求职渠道。目前微博是运营、无线、技术等互联网潮人的聚集地,微博招聘主要针对那些对网络、电子商务和时尚有较深了解的人。对于求职者来说,要根据自己的专业和定位,有选择地利用成熟的专业求职渠道仍是获取就业机会的保障,千万不要因为图热闹、追潮流而耽误了自己的求职最佳时机。

▶ 四、微招聘的优缺点

1. 微招聘的优势分析

(1) 便捷高效。企业进行"微招聘"只需要开通一个微博或微信账号,操作十分简单[①]:这一点不仅迎合了应聘者信息所需和快节奏生活,也使苦于连篇累牍创作的招录人员得到解放。此外,微博和微信上除了招聘信息之外,还有诸如"职场语录""职场规

---

① 丁柯尹.浅谈"微招聘".牡丹江大学学报,2014,(1).

则"等求职者需要的有用信息。求职者只需在微博上关注自己有兴趣的企业,就能很快知道该企业的招聘动态,不需要到每一家企业的网站去搜寻,也不必为寻找企业 HR 的联系方式而耗费时间。

(2) 快速覆盖。点对点传播,形成快速覆盖,是"微传播"的最大优势,这也是企业选择用"微招聘"的最主要原因。企业一般会有自己的粉丝,这些粉丝通常是对企业感兴趣才会进行"关注",招聘信息通过粉丝转发,便可快速传播出去,再被"粉丝的粉丝"层层转发……裂变式的传播可以在短时间内实现几何级数扩散(朱海涛,2011)。

(3) 零成本。对任何人而言,开通和使用微博、微信都是免费的,企业只需注册一个账号,便可以在微博、微信上发布招聘信息,且无须任何费用,成本几乎为零。"零成本"的特点是吸引众多企业加入的重要原因之一,特别是一些中小企业,公司招聘人数不多,传统的现场招聘需要企业承担场地、制作、人力等成本费用,而微博、微信的开通,则基本可以省去这部分费用。而且通常来说只有对相关招聘信息感兴趣的人才会主动传播,信息传播的针对性强,效果好。同样,求职者也只需开通一个账号,便可以发布相关的求职信息。

(4) 互动性强。互动性是微博、微信等平台的最显著的特点之一,通过及时、有效地与求职者沟通,无疑拉近了招聘企业与求职者之间的距离。招聘单位通过微博宣传和及时更新最新消息,可以为求职者解疑;而潜在的应聘者看到相关的招聘信息后,可及时发私信给招聘者,展开即时的互动。微博招聘采用即时的通信工具进行交流或视频面试,不仅促进了招聘双方的沟通,还节省了招聘双方的时间和成本(何洁,2013)。

(5) 有利于企业形象塑造,吸引人才。微招聘不单单只是一种招聘行为,它更多的是一种有效宣传公司的手段。企业通过微博发布招聘信息,其"粉丝"越多,则"广告"受众群就越广,从而使得企业的品牌形象得到大幅度提升和宣传(赵毛毛,2014)。

2. 微招聘劣势分析

尽管通过微博、微信进行招聘具有相当的优势,但也存在许多的缺陷。"微招聘"作为一种新的招聘渠道,还有许多问题亟待完善。总体而言,微招聘存在如下不足。

(1) 比较随意、生活化影子浓厚。对很多人来说,微博记录了个人的经历和感受,比较生活化,企业可以从中了解求职者的兴趣、性格、经历、价值观等,这对于判断候选人未来的能力和求职需求有较大的参考价值。但是,当微博也被用作招聘工具时,求职者也有可能因为过分随意化的信息而被企业淘汰。

(2) 隐性成本,增加 HR 的工作量。微博"袖珍"的特性使得无论是企业还是应聘者都很难将具体的情况完全表达清楚。企业 HR 为了解应聘者的具体情况,也不得不花费很多时间和精力在应聘者的简历、微博内容、在线互动上。而求职方对过于精简的招聘信息若有疑问,也会通过打电话、发邮件或在线问询的方式来询问招聘方具体的要求,这反而大大增加了工作量,不仅没有提高工作效率,反而存在相关的隐性成本(丁柯尹,2014)。

(3) 信息有限,难于评价。微博,由于有字数限制——不能超过 140 个字,这就使得企业在发布招聘信息时不得不对文字作压缩处理,只能简洁地列出招聘内容与任职要求等,简单精练的信息未必能满足应聘者对所需职位的了解,而且提供的信息会比较有限(赵毛毛,2014)。同理,求职者想要在 140 字的"方框"里成功推销自己,就不得不在文字描述和创意上煞费苦心。由于企业 HR 可能会受晕轮效应的影响,在文字方面擅长的应聘者就更容易脱颖而出,而一些具有真实技能的应聘者有可能因为不善表达而被忽视,这就造成了 HR 对应聘者认识的偏差(赵毛毛,2014)。

读 一 读

"金三银四"一年一度的招聘黄金季已经到来。在纷繁的招聘形式中,在本届迎接毕业生中逐渐流行的"微博招聘"格外吸引眼球。日前,某网站首次推出"微招聘大赛"吸引了近 150 家公司参与其中,超过两万人。

"金三银四",一年一度的招聘黄金季已经到来。在纷繁的招聘形式中,在本届迎接毕业生中逐渐流行的"微博招聘",格外吸引眼球。日前,某网站首次推出"微招聘"大赛,吸引了近 150 家公司参与其中,超过两万人投递简历。"微招聘"是否真的奏效?"微招聘"日后能否成为就业主渠道? 一场"微博招聘"缘何吸引数万求职者参与?

"北方有女年十九,誓以广告为业,性韧不馁。常教自己:敏而善思,观而能察,听之不盲,言之礼信。旁人有叹,此乃璞玉! 噫嘻,璞玉不琢,安知资质? 欲知资质,详见面试。"网友"单久闲"向某著名广告公司的策划职位递交了自己的"微简历"。

记者看到,各种类型和风格的"微简历"在"微招聘"的主页滚动更新。在某网站的活动页面上,如果求职者对相关公司提供的职位感兴趣,可以直接点击"我要投简历",随后织一条 140 字以内的微简历就有望获得该企业的实习机会。

截至记者发稿时,已有近 26 000 人投递简历,发起招聘的企业已近 150 家。据了解,此后各公司将在简历中选取部分求职者进行"在线面试"。

"现在正值招聘旺季,很多应届毕业生、甚至在校生,需要一个实习、展示自我的机会,而企业也需要新鲜的血液,于是我们就建立了这样一个平台。"该活动的相关负责人表示。

据了解,在 2010 年末,微博招聘就已"悄然兴起",不少人已习惯通过微博来搜寻相关就业信息并表达就业意向。

上海某高校的应届毕业生张光尧经常在微博上"关注"一些自己感兴趣的公司的主页,一旦有招聘信息更新,他就立马跟进,还时常给中意的公司留言或者发信。"微招聘已不是个新鲜事了,去年年底就已流行开来,在同学中已有不少人尝试应用起来。"张光尧说。

一位从事人力资源工作多年的资深人士表示,通过"微招聘",我们可以更加主动地了解应聘者。"我会去看看求职者的个人主页,根据职位的要求进行判断,比如文案职位的求职者,我们会参考他以前写的微博及与人沟通的方式。"

"微博招聘还能在一定程度上消除招聘双方的信息不对称性。"华东师范大学人口研究所副教授王大犇表示,"求职者可以通过企业主页了解企业文化,并可参考网友对其的评论来做选择。"因"微博"被录取,求职者自己也"没想到"。

投过多次"微简历"的张光尧目前还未通过微博获得过实习或就业的机会。"有些公司一直在微博招人,感觉更像作秀、打广告,页面上的提问也不予回复。"张光尧提出疑问,"这些企业是否只招不录?"但也有一些幸运儿通过微博找到了进入企业的机会。

"媒体艺术设计影像专业毕业,按理说会是个文学学士。office 不用说,photoshop 是自己的专业,从小玩 frontpage 应该对 html 语言略懂,只能说略懂,不是真的懂……"这是网友"慈皓苍"编写的"微简历",令他意外的是,正是这条不足 140 字的"别样简历"让他在近千名求职者中脱颖而出。

"慈皓苍"的真实姓名为郝洲,来自广西师范大学漓江学院艺术设计系,他通过"微招聘"进入了某公司的网上面试,并将在 48 小时后得知面试结果。"不经意间投了一份'微简历',第二天就收到了信,通知我准备网络面试。"郝洲说,"很意外,没想到会被选中,按照传统招聘的方式,我的竞争力不是太大。"

上海麦考林国际邮购有限公司也参加了此次"微招聘"大赛。该公司招聘人力资源总监马力表示,这是公司第一次尝试"微招聘",提供的是实习生的职位,但都不是暂时的职位,如果表现合格,他们将获得长期的岗位。

马力还表示,此次公司在微博上提供的招聘岗位主要有用户体验优化、服装搭配、修图、创意文案等,"需要对网络较熟悉且富有创意的人,在 140 字内能较好表达出创意、表现自我的求职者符合我们的应聘要求。此外,我们还要求应聘者上传自己的作品,按照转载量排名给予面试机会。"

"我们已通过微博招聘招到了十多位员工。"支付宝(中国网络技术有限公司)人力资源部的佳燕认为,利用微博的传播效应进行招聘往往会有事半功倍的效果,在某些行业内的招聘尤其有效。"微博是运营、无线、技术等互联网潮人的聚集地,因此我们将微招聘的行业圈锁定在 IT 互联网行业,在日常的招聘中会加大微博的比重。"

资料来源:佚名.网站微博招聘引数万人参与.http://www.sina.com.cn,2011-4-25.

第五节 猎头招聘

一、猎头的概念与起源

"猎头"系舶来品,其英文单词为"headhunting"或"headhunter"。相传在古老的原始部落时代,有一个美洲食人部落,每当战争结束,他们就会把敌人的头颅割下来,作为战利品带回部落,悬挂于本部落的高竿之上,既炫耀了自身实力,也可有效地威吓来犯敌人。在人才搜寻的过程中,首先寻找目标,继而采用各种手段将其"捕获",类似于丛林狩猎,"猎头"一词由此而来(刘贤文,2008)。因此,猎头的"猎"就是搜猎的意思,非常形象化地表示猎头采用的手段,要非常谨慎、周密、细致,而且要有耐性。猎头的"头",即头脑。一方面代表智慧、能力、专利、专业知识,指行业内具有丰富的理论知识、先进的管理经验、高超的技术水平、超前的意识和敏锐观察力的高级人才;另一方面代表组织管理和技术方面的领头人。综合而言，"猎头"是指寻访和搜罗高级人才的行为，即全面提供发现、追踪、评价、甄选和举荐高级人才的人力资源服务。

早期猎头的雏形，可追溯到二战期间的"阿尔索斯突击队"。战争结束前夕的1945年，美国科学研究与发展局（OSRD）局长万尼瓦尔·布什提交了《科学——无止境的前沿》的研究报告，提出了政府应大力搜罗战败国和竞争国（苏联、法国等）科技文化精英的建议。随后，美国政府制定代号"阿尔索斯"（Alsos）的计划，以1个伞兵师、2个装甲师和第6集团军的兵力，组成了一支近12万人的作战部队，掩护由25名特工组成的"阿尔索斯突击队"，把德国、意大利的几千名科学家、工程师带到了美国本土（刘贤文，2008）。"阿尔索斯突击队"是美国政府最早组建的一家"猎头公司"。

战后，"猎头"逐渐"军转民"，扎根于商业领域。美国由"战争猎头"逐渐转为"商业猎头"。一些大型企业纷纷效仿，在全球范围内寻找和搜猎人才。时至今日，为了满足企业单位的用人需求，一些专门从事顶尖人才中介业务的猎头公司开始形成，并演变成一种智力密集型的产业。

二、猎头在中国的发展

从1992年至今，中国猎头业经历了三个发展阶段。其间，国内猎头从"犹抱琵琶半遮面"的"地下生活"，过渡到现今国内"高级搜寻人才"正规军行列；"洋"猎头由昔日"暗度陈仓"，如今"大行其道"，直至携资本品牌优势，掀起猎头市场的并购整合大潮。刘贤文（2008）认为，我国猎头业的发展分为以下三个阶段[①]。

1. 第一阶段：国内猎头萌芽成长，国外猎头潜入阶段（1992—2000）

1992年，沈阳维用科技公司猎头部成立，猎头界一直把它的诞生，当成中国大陆猎头产业的萌芽。1993年3月，北京泰来猎头咨询事务所成立，是国内最早具备独立法人资格、公司化的猎头服务机构。此后，一些猎头机构纷纷成立，它们以公司化的运作方式，极大地推动了我国猎头业的产业化进程。

1996年1月人事部发布的《人才市场管理暂行规定》：境外公司、企业和其他经济组织或个人，不得在中国境内单独投资成立人才市场中介机构；同国内的公司、企业或其他经济组织合资、合作成立人才市场中介机构的，应当由省级以上政府人事部门审批并报人事部备案同意后，颁发许可证，同时按有关规定办理其他手续。经过短暂的阵痛期，及至1996年，基于政策方面的宽松环境，猎头业迎来了一轮新的发展高潮，全国范围内涌现出300多家猎头公司。

2. 第二阶段：国内猎头蓬勃发展，国外猎头合资入华阶段（2001—2005）

这期间，随着我国经济发展的持续增长和经济政策环境的改善，职业经理人市场日渐成熟，外资猎头公司陆续进入中国，行业单元数量激增。国内各大城市开始出现数以百计的猎头公司，猎头族的势力已从北京扩张到上海、广州、深圳，甚至连较偏远的西部等也有据点。

---

① 刘贤文.猎头的前世今生.人力资源，2008，(7).

2001 年 11 月 10 日,中国终于通过了加入世贸组织的法律文件。根据 WTO 协议,中国政府开始有条件、有计划和有步骤地开放人才市场。外资巨头蜂拥而至。2001 年 12 月 1 日起,劳动和社会保障部、国家工商行政管理总局联合颁布的《中外合资中外合作职业介绍机构设立管理暂行规定》正式实施。2002 年 4 月 2 日,上海市外资委、上海市人事局等单位又联合发布《关于本市设立中外合资或合作人才中介公司程序的通知》。2003 年 10 月 10 日,人事部、商务部、国家工商行政管理总局等三部门联合出台的《中外合资人才中介机构管理暂行规定》等。正是这些政策的相继出台,才真正地拉开了"洋"猎头由过去"犹抱琵琶半遮面"的"地下生活",过渡到现今国内"高级搜寻人才"正规军行列的序幕。2002 年,日本仕达富(Staff service)、美国加州皇家信息咨询公司、海德思哲(Heidrick & Struggles International)、光辉国际(Korn/Ferry International)、MRI Worldwide、亿康先达(Egon Zehnder)、欧洲 MPS、日本综合人才公司株式会社 Intelligence 纷纷与国内猎头公司合资。

3. 第三阶段:中外猎头业并购整合阶段(2006 年至今)

2005 年 4 月,全球最大招聘网站 Monster 公司斥资 5 000 万美元收购了中华英才 40% 股份。2006 年 4 月,日本 Recruit 以约 11 亿美元向 51job 公司股东收购 15% 的股份,并获得在未来 3 年内再收购 25% 股份的权利。2006 年 5 月,英国最大的人才招聘公司 Hays 通过收购一家名为 St. George's Harvey Nash 的人力招聘公司,正式进入中国内地市场。2006 年 5 月,荷兰 Randstad Holding NV 收购上海人才有限公司的 47% 股权,2007 年 5 月,收购了上海人才有限公司另外 23% 的股权,Randstad 共持有上海人才 70% 的股权。2006 年 9 月,澳大利亚 SeekL 公司宣布以 2 000 万美元的代价,收购了智联招聘公司 25% 的股权。

国外猎头公司往往喜欢采取手段更加直接、成本更加低廉的方式,那就是参股或者收购中国猎头公司。猎头产业内部的横向并购、重组开始出现,并呈现加速的态势。特别是在 WTO 框架下快速发展的网络招聘行业,外国资本开始实施并购行动。

为了在竞争日趋激烈的人才大战和中介大战中掌握主动权,尤其是与虎视眈眈的国外猎头公司争斗,国内猎头没有坐以待毙。2002 年,上海英达国际人才有限公司的总经理刘培森牵头,上海英达、北京赛思卓越、西安唯德、深圳鹰眼和成都的一家公司强强联手,开创了国内猎头行业合作的先河。2004 年 2 月上海人才有限公司走出国门,在美国加州硅谷设立分支机构,为本土企业挖猎人才。2004 年 3 月,人事部组建的"全国高级人才寻访中心",被业界视为猎头行业的"国家队"和"先锋舰队"。这些都是本土猎头发展史上的一个重要事件。

读 一 读

猎 头 在 行 动

1993 年,"蓝色巨人"IBM 公司经营不善、陷入困境。H&S 公司应邀出手,被从 RJR 纳贝斯克公司"猎取"的郭士纳(Lou Gerstner, Jr.),这位没有任何 IT 行业背景的新总裁,果然不负众望,掌舵 9 年便让 IBM 公司的股票价格上涨 10 倍,重新成为全球最赚钱的公司之一。新近让 H&S 公司感到自豪的是,通用公司的 CEO 韦尔奇选择 44 岁的杰夫·伊梅尔特成为他的接班人,而另外两位落选者罗伯特·纳达利和 W.詹姆斯·麦克罗尼则在一个星期内被 H&S 挖到 3M 公司和 Home Depet 公司,成为那里的董事局主席兼 CEO,这两家公司都是《财富》500 强的大公司,而且收入甚至超过伊梅尔特。麦克罗尼在 3M 公司大获成功后,现任波音公司的 CEO。现任美国电报电话公司首席执行官阿姆斯特朗,也是 2002 年被猎头公司挖取得。在他的大胆开拓之下,该公司的股票已由 1996 年低潮时的 33 美元一股升至现在的 60 美元一股。2005 年 3 月,微软总裁比尔·盖茨的重要助手李开复博士,突然出走微软,投奔 Google 公司,出任全球副总裁兼中国区总裁;而玉成此事的猎头公司,光佣金就赚了 1.3 亿美金。最有意思的是,2005 年 2 月,为尽快寻找到新 CEO,惠普已正式聘请一家纽约的猎头公司为其寻找卡莉顿·菲奥里纳的接班人。按照协议,在猎头公司为惠普找到合适的新 CEO 人选后,惠普将为此支付 300—400 万美元的费用。

　　2002 年 5 月,香港大学校长职位出现空缺。光辉国际猎头公司接受香港政府委托后,将重点锁定于全球华人精英领域,并立即动员公司各级单位和人员,采用一切搜罗和测评手段,很快圈定一个 50 多名候选人的名单。此后,在加拿大多伦多市一家病童医院里,找到了担任基因遗传学研究所主任的徐立之教授,极力说服了这位并没有什么行政经验的国际基因学权威,出任第十四任校长。2005 年,领导有方、成绩卓著的徐立之,被香港市民评为当年"最佳大学校长"。

　　资料来源:刘贤文.猎头的前世今生.人力资源,2008,(7).

▌▶ 三、猎头招聘流程

　　林春华(2013)提出,猎头招聘流程包括以下 7 个方面[①]:

　　1. 客户综合评估

　　首先与企业决策者进行沟通,对客户的行业、经营状况、战略发展思路、企业架构、企业文化、引进人才目的等进行分析,评估此项目是企业管理项目还是猎头项目,评估客户及项目难度。

　　2. 人才需求分析

　　对客户进行综合评估后,形成高层管理团队人才匹配模型,然后对所需人才进行分析,包括候选人能力特征、价值观、性格、管理风格、处事作风、权利职责等,定出最匹配的候选人标准。

　　3. 评估猎才范围

　　评估候选人会存在于哪些行业、哪些企业、哪些区域,制定出搜寻的目标与范围,及

---

　　① 林春华.国际猎头高校搜寻路径与方法.中国人力资源开发,2013,(3).

所要采取的行动方案,其中包括搜寻可能动用到的人力、物力、资金,及将采取的搜寻方式与技术方法等。

4. 选择搜寻方式

搜寻方式包括横向搜索、纵向搜索、圆形搜索和曲线搜索等多种方式。横向搜索指在客户的同行业特别是竞争对手中搜寻候选人。纵向搜索指在不同行业的相同职业中搜寻,也称垂直搜寻。圆形搜索主要是找到某一点(个人),再由这一点打开他的交际圈而进行搜索的方式,又称圈子搜索或顾问搜索。曲线搜索又称迂回搜索,是一种跨行业、跨职业的搜索。选择哪种搜寻方式,需要综合评估后确定。

5. 评估候选人能力特征及等级

搜寻到候选人后,对其进行能力特征及等级、价值观、个性、管理风格等的评估,与候选人标准进行对比,选择优秀的候选人。面试评估了 20 名候选人后根据实际情况调整标准,继续搜寻并对候选人进行定量和定性评估。

6. 决策最佳候选人

选出约 3 名最佳候选人,分别对他们进行背景调查,预测候选人潜力及未来表现。综合评估后出具推荐报告,选出最佳的 3 名候选人,推荐给客户。

7. 后期维护

在企业选定候选人后,猎头需要继续后续服务,时间从 6 个月—2 年不等。按照惯例,猎头公司在提供人才服务的时候,收取的服务报酬是被挖人才年薪的 30%。人才等级一般是这样的:年薪 10 万—20 万元的是中级人才,年薪 20 万—100 万元的为高级人才,100 万元以上的是顶级人才。企业通常是在请猎头公司的时候先付报酬的三分之一,交初选名单或评估报告时再付第二笔钱,人上班以后付清余款。也有的猎头公司会有个"保质期",就是找来的人上班 3 个月后再结清全部款项。

四、猎头搜寻技术

猎头对人才的搜寻关键在于其技术精通。林春华(2013)指出[1],猎头的搜寻技术主要有以下几个方面:

1. 网络搜寻法

该种方法包括搜索引擎和人工搜索两种方式。

(1) 搜索引擎。主要采用 Google、baidu、蚂蚁搜索、网络蜘蛛搜索、火车头采集器搜索等技术来搜索。Google 搜索功能很强大,比如要搜索与客户英特尔相关的企业,可在 Google 搜索框中输入"related:intel.com",搜索结果是 AMD,Nvidia,HP,MS,Asus,Dell 等,这是一种同行业搜索方法。又比如要在互联网上免费搜索到 SAS 程序员的简历,可在 Google 搜索框中输入:intitle:resume SAS (programmer OR engineer OR developer) education-intitle:jobs-sample-apply-resumes。这是一种纵向搜索方式。通过搜索指令的修改,可以搜索到许多我们想要的信息。蚂蚁搜索、网络蜘蛛搜

---

① 林春华.国际猎头高校搜寻路径与方法.中国人力资源开发,2013,(3).

索、火车头采集器搜索等技术是一种搜索引擎的优化,它们适用于对目标人才的相关信息进行搜索、分析,可从网站、博客、QQ、BBS等地方搜索、分析数据,并整理入库。搜索引擎法的优点是速度快,不足之处是搜索到的信息不一定有用,且需要进一步验证。

（2）人工搜寻。主要包括人肉搜寻和网上猎头推荐。人肉搜寻是一种模糊搜寻,在我国主要是通过在猫扑、人肉搜索网、百度提问、Google提问、天涯问答、新浪爱问、雅虎知识堂、奇虎问答等网站提出与目标人才的相关问题,发动网民人为的搜索。网上猎头推荐主要是在一些专业的猎头网站刊登猎头举荐广告,对举荐人有相应的奖励。人工搜寻法速度慢,但搜索范围广,搜索的前提是问题要能引起共鸣、好奇,并有奖励。

2. Cold Call 法

此法又称陌生电话法(俗称"打CC"),做法是锁定潜在候选人后,打电话给其服务的公司,通过各种方法绕过前台,获得潜在候选人电话,与其沟通。此法成功率并不高,但是本土猎头顾问的一种常用做法。

3. Referral 法

此法又称熟人举荐法,主要是猎头顾问通过自己的人脉关系,寻求熟人、相关专家、行业人士介绍、推荐潜在候选人的一种方法。这是一种圆形搜索方式。此法成功率较高,人脉关系广的猎头顾问通常使用此法并屡有成效。因此,猎头行业中要猎头顾问经营"三张网":人脉关系网、人才网、客户网,是非常有道理的。

4. Resources 法

此法又称资源法,主要是通过查找公司所建的全球共享人才库、专业网站、行业目录、专业报刊杂志,购买或共享招聘网站简历、List(公司通讯录)、人才数据等方式来获取潜在候选人信息。此法操作便捷,费用低廉,是平时经常使用的一种人才信息积累方法。

5. 行业活动法

主要是通过参加行业协会、展览会、研讨会、招聘会等行业活动,获取某行业的客户需求信息、人才信息、行业动态等。此法花费较大,但是一种较常用的积累潜在候选人信息的方法。

6. 高效的智能系统

一流的国际猎头公司并不是以猎头订单为基准确定经营计划和方向,而是为一个庞大、复杂的系统而工作。这项工作的中心,就是智能信息检索、分类和更新系统。智能系统储存、整理和更新来自每个猎头顾问的汇报、邮件和会议记录。例如,光辉国际公司的89个全球办事处和5 000多名顾问组成的猎头网络,密切关注所在国家或者地区的人才市场动向,定期向总部汇报工作进展、统计整理信息,从而能够建立起遍布全球的搜寻数据库。系统主机依据公司的既定程序,整合各系统的入口数据,实时或定期集成,形成猎头数据服务层。服务层数据经加工处理后,成为纵横分布的、网格型数据库。使用者依据所需要的基本要素,输入调出指令,系统就会自动生成简化的、多级差的候选人名单。公司决策层、管理层,则按照不同的级别、权责进行数据调用、后台维护和逐级管理。

7. 及时高效的"云服务"

一般地说,云计算(cloud computing)是一种基于互联网的计算方式;人们借助它,可以按各自的个性化需求获取共享的软硬件资源和信息。早在1997年,一些国际猎头公司就尝试建设基于云计算的云服务,并取得了一定的效果。这就好比遍布世界各地的办事处、分支机构和联络站,将已经证实的信息及时"蒸发"到总部,通过总部强大的数据库系统,动搜寻和匹配成千上万的合适候选人,形成一朵巨大的"云",飘移到全球任何一个系统内的需求地点上空,根据项目负责人及主管经理的申报,再以"下雨"形式发送候选人信息。

读 一 读

猎头最常问的15个问题

面谈是大多数猎头顾问评估CEO候选人的关键因素,是评鉴应征者是否胜任的最后测试。

由于大多数猎头顾问相信过去行为是未来表现的最佳预测,因此他们会在面谈中着重提出有关行为的问题。对于候选人来说针对一些常见的问题进行准备,能够使你从容应对。最常问的15个问题是:

1. 你最喜欢目前工作的哪些部分?最讨厌哪些部分?

提问目的:你目前岗位上的技能与经验将有多少可运用到新职务中,以及你想从新职务中获得那些经验、挑战或技能。

特别提醒:避免谈你不喜欢的事,批评目前或过去的雇主是很危险的行为。

2. 目前你工作上最大的挑战是什么?你是如何应付的?

提问目的:你如何把握在目前职务上的机会。

特别提醒:你应该说明为什么你的工作对公司盈利、节省成本或时间有重要意义。

3. 对新的职务你最想做怎样的贡献?

特别提醒:比较求才公司与你自己的专长、经验及兴趣。挑选有证据的一些项目来回答。

4. 你为什么现在想换工作?

特别提醒:你必须说明为什么你希望加入这个新公司,而不是为什么你要离开现在的公司。

5. 你认为你凭什么会令我的客户高兴地接受你成为高级主管?

特别提醒:事前详细研究求才企业的职务说明书,仔细准备好面谈脚本。

6. 你的职责、工作成就和你的职业生涯规划有何关系?

提问目的:你对自己目前发展状况的评估。

特别提醒:说明一下你的职业目标,分析你完成上述事业目标的方法,讨论你目前的进展,以及你目前的计划。

7. 你最突出的工作成就是什么?

特别提醒:尽可能根据求才职务说明书来举例。至少引举3项负责过的活动和计划。

8. 你下一阶段的事业目标是什么？

特别提醒：你要表明希望继续提升专业能力，扩展个人的能力，并愿意接受更多挑战。

9. 描述你曾经碰过的问题或危机，并说明你是如何处理的？

提问目的：你如何排除困难和面对挑战时的处理方式。

特别提醒：事先选定两到三个问题或危机，至少举一个失败的例子。

10. 描述你在工作上做过的最困难的决定，还有你从中学到了什么？

提问目的：你如何定义"困难"，如何处理这些情况，以及你是否从中学到东西。

特别提醒：事先准备好一两个事件，而且是真的很棘手、很困难。

11. 描述你曾参与的一个重要项目，曾为公司提出且产生重大影响的方法或计划的创意。请以一个活动为例，说明你如何管理领导能力，如何展现领导技巧。

提问目的：你是否确实做过你在履历表上宣称做过的事。同时让客户知道你的策略方式、管理风格，以及你如何调动各种资源完成工作

特别提醒：准备两个例子。每个例子要能点出一些职务说明书上所强调任职者具备的特质。

12. 你对以前的公司将产生怎样的后续影响？别人会如何记忆你？

提问目的：你对目前公司的贡献。

特别提醒：提供事例说明问题。

13. 如果我咨询你的上司，你认为他/她会怎么跟我谈你？

提问目的：了解你是否可以正确地看待自己的优缺点，还有你对与权威人物相处的看法。

特别提醒：用例证或事件来分析自己的长处与弱点。

14. 列举一个你向CEO或董事会建议的最棒的点子，并说明你怎样使他们相信这是个有价值的主意？

特别提醒：你需要说明你如何找出问题或机会，如何构想解决方案，如何向管理高层提出建议并取得支持，产生了怎样的结果与影响。

15. 请告诉我一个你在工作上失败或未达预期目标的例子。

特别提醒：不要"失败得太过头"。挑那种开始不顺利，但最后有好结果的例子。

资料来源：雪伦 佛若斯. 猎头最常问的15个问题. 企业研究，2002，(6).

思　考　题

1. 简述内外部招聘的概念、来源和方法。
2. 试对内外部招聘优缺点进行比较。
3. 试以大四毕业生为例，构建校园招聘流程。
4. 什么是微招聘，它有哪些优劣势？
5. 简述猎头招聘的基本流程。

6. 简述猎头人才搜寻技术。

在线招聘2.0：新浪潮运动兴起

对于国内的在线招聘市场，5月23日是充满火药味的一天。这一天，职业社交网站的鼻祖LinkedIn在北京举办了其进入中国后的第一场大型线下活动，向外界详细阐述了LinkedIn在中国的发展策略。而短短几个小时之后，新浪微博忽然宣布推出一款全新产品——"微招聘"，打算利用微博用户庞大的社交关系网络进军在线招聘市场。明眼人都能看出来，这多少借鉴了LinkedIn的模式。一边是拥有超过3亿用户、世界闻名的跨国巨头，另一边则是国内最具影响力的SNS平台，LinkedIn和新浪微博都在觊觎着国内在线招聘市场这块蛋糕。这两家公司的隔空交战其实正是过去一年在线招聘市场的缩影。从资本的角度可以让你更清楚了解这个行业当前的火爆情形。

过去3个月里，拉勾网、猎上网以及猎聘网先后拿到了百万甚至千万美元级别的融资，其中猎聘网的7 000万美元C融资更是最近5年国内在线招聘市场最大的一笔融资。而另外一边，老牌招聘网站智联招聘也不甘寂寞，于5月初向SEC提交了IPO材料，再次冲击上市。眼下，国内的在线招聘市场正在爆发一场轰轰烈烈的"新浪潮运动"。之所以将它称为"新浪潮"，是因为在过去的一年里，各种各样新的玩法迅速涌现，而且随着资本源源不断地输送弹药，这个过去十年一直缺乏变化的行业，正在进入一个群雄逐鹿的新时代。

生活在一线城市的上班族们一定不会对猎聘网CEO戴科彬感到陌生，在北京、上海的地铁里，总能看印着戴科彬招牌笑容的广告海报。从宝洁中国做营销出身的戴科彬深谙营销之道，猎聘的广告看上去"简单粗暴"，但是对用户绝对有过目不忘的效果。4月中旬，猎聘拿到了华平投资领投的7 000万美元C轮融资，此前两轮的投资方经纬中国继续跟投。投资人用手中的银子表明了对这家公司信心。事实上，猎聘已经是新一代的在线招聘网站中规模最大的一家了，根据猎聘官方公布的数据，目前它的注册用户已经超过1 100万，月独立访问量超过2 000万。

过去三年，当一大批互联网背景的创业者试图将代表"先进"的LinkedIn模式搬到中国的时候，戴科彬和他的猎聘网却一直不为所动，按照自己的节奏和剧本前进着。过去10年，由于商业模式的原因，前程无忧和智联这两大老牌招聘网站对中高端的职场人士一直不够重视。而戴科彬创立猎聘网的初衷就是想要打造一个服务中高端人群的招聘网站。

做一个定位中高端职场人士的网站，首先要想办法能够吸引到这些人，那么，这些人到底在哪呢？戴科彬很自然地想到了猎头。猎头手中有大量的高端人才，争取到猎头，那么网站就能够同时对企业和人才产生吸引力。于是，猎头被顺理成章地纳入到猎聘的业务模型当中。简单来说，猎聘就是在传统招聘网站的模型上引入了猎头这个群体,在猎聘的平台上,猎头实际上与企业的角色有些类似,能够面向求职者发布职位。戴科彬坦言,猎聘本身并不是对传统在线招聘网站做出了颠覆式的改变,而是在诸多细节方面对原有模式进行了改造和优化,以适应中高端人群的需求。中高端人群十分关注的隐私问题,猎聘有一套完备的机制确保用户的个人信息不会泄露,比如针对暂时不愿泄露联系方式的候选人,猎聘会提供号码转接服务,确保企业与候选人之间依旧能够通畅交流。站在行业的角度来看,猎聘能够在过去三年迅速崛起的原因就在于它顺应了整个社会的趋势。职场人的求职需求、企业的招聘需求在迅速发生变化,而传统招聘网站不再能够满足用户的全部需求,因而需要有更加专业的服务提供商来填补市场的空白。

相对于已经初具规模的猎聘,来自上海的猎上网则是势头正猛的后起之秀。在猎聘宣布C轮融资的前10天,猎上网已经拿到了来自IDG和华创资本的千万美元级别的A轮融资,实力不容小觑。同样是引入猎头,猎上网所打造的是一个针对企业和猎头之间的平台,它采取的是类似众包的模式,做一个猎头的聚合平台。企业在猎上网选择自己信任的猎头"下单",也就是派发任务,然后猎头再根据企业的需求提供人才。猎上网目前宣传的卖点是按照效果收费,即如果候选人无法通过企业的试用期,猎上会全额退款。

另外一家采取众包模式的企业是人人猎头,他们所瞄准的是传统猎头瞧不上的一些"小生意",所谓人人众包,是指他们并不专门针对猎头群体,任何人都可以参与。有招聘需求的企业可以指定赏金,调动用户的参与积极性。

面对猎聘们的来势汹汹,老牌的智联招聘也做出了应对,在2013年底推出了针对中高端职场人群的子品牌智联卓聘应对。简单来说,这是一个面向求职者与猎头的平台。智联卓聘总负责人王忠选告诉《商业价值》,智联卓聘借鉴了电商网站的诸多元素,是"用电商的思维做招聘",其中,最典型的例子就是引入了电商网站里普遍采用的评价体系,此外,智联招聘多年积累下来的庞大简历库则是卓聘最大的资本。

总体来看,猎头模式的玩家大都有着深厚的传统招聘行业背景,戴科彬和猎上网CEO辛小蝶都曾在传统招聘行业打拼多年。一方面,他们十分尊重传统招聘的游戏规则,另一方面,他们则试图借助互联网来完善和优化招聘的业务模型。这些新生代力量并不是要"打碎"什么,而是在原有的基础上做得更好。

"干掉"猎头

猎聘们在热情地拥抱猎头,但是另外一批创业者则走向了猎聘的对立面——他们的目标是"干掉"猎头。

拉勾网、内推网以及快简历都是"去猎头"模式的倡导者,而它们之间一个很重要的共同点就是创始人都出身互联网公司。拉勾网创始人许单单曾经就职于腾讯,他也是互联网圈知名的3W咖啡的创始人;内推网创始人黄小亮曾在阿里巴巴和盛大工作;快简历创始人陈理捷则出身新浪。虽然没有招聘行业的从业经验,但这也使得这一批玩家们不被传统的规则束缚,从而尝试一些更大胆的玩法。

拉勾们之所以竭力屏蔽猎头,主要原因就在于国内猎头市场的鱼龙混杂。一些低端猎头为了获取求职者的简历信息不惜发布虚假职位,扰乱市场秩序。而具体到互联网行业中的一些技术岗位,不少猎头的"外行"也让人无奈,陈理捷告诉记者,他自己就曾深受其扰。因为缺乏专业的互联网知识,猎头根本无法做到将岗位与候选人进行有效匹配。糟糕的体验和低下的效率让这批互联网公司出身的创业者毅然选择将猎头挡在门外。

在过去一年诞生的招聘网站里,拉勾网应该算是最大的黑马。据许单单透露,拉勾目前的注册用户数量已经超过20万。虽然绝对数量上并不算多,但是却已经在圈子里积累起了相当不错的口碑。今年3月,拉勾网宣布拿到了贝塔斯曼500万美元的A轮融资。拉勾网之所以能够脱颖而出,首先在于它选择扎根于一个垂直并且愿意尝试新事物的行业——互联网。在这个行业里,拉勾网有着先天优势。3W咖啡在互联网圈颇有影响力,每月都会承办数十场科技圈各种主题的沙龙,是一个汇聚行业内人才的重要节点。这也让拉勾天然拥有了相当数量的种子用户。其实从基本的业务模式上看,拉勾基本秉承了传统招聘网站的业务模式,不过,拉勾同样在用户体验方面做了大量的优化,符合当下互联网人群的审美和使用习惯。

不过,从商业模式上看,拉勾还是对传统招聘网站的模式做出了许多调整,比如并不向企业开放简历库,也就是说,企业的HR无法在拉勾上搜索简历,而简历库向来是传统招聘网站重要的盈利手段。所有这些举措的目的都是确保求职者的求职体验。拉勾的盈利模式参考了猎头的模式,会根据职位的薪酬水平,收取一定数量的佣金,按照许单单的说法,拉勾的收费几乎只有猎头的十分之一。许单单说,之所以制定这样的收费标准,其实是当初一拍脑门的决定,并没有太多的方法论可言。与拉勾网相比,创新工场投资的内推网和快简历选择的领域则更为细分——主要针对互联网企业中的技术人才。他们的特别之处在于,试图将"去中介化"做到极致,不仅要绕开猎头,甚至想要绕过企业的HR。他们追求的是,让求职者与企业用人部门的主管直接对接。不过,这种模式也存在瓶颈。陈理捷向记者坦承,快简历的模式很难规模化,他们正在尝试一条新的方向。其实,拉勾、内推和快简历还有一个共同点,那就是他们在起步的时候都是从用户的视角出发,试图解决互联网行业从业者的切身问题。反映到产品层面,就是用户体验比传统招聘网站有了质的提升,无论是网站的设计还是诸多服务环境的设置,都是站在求职者的角度去思考问题,这也是为什么它们能在很短的时间内就能在行业里做出口碑的原因。

虽然表面上看,猎聘和拉勾所代表的是两种截然对立的模式。但实际上,二者并不完全矛盾。许单单在接受《商业价值》采访时表示,未来猎头在互联网行业也不会消失,但会集中在很高端的市场,比如企业招聘CXO级别的高管,依然需要猎头的服务。戴科彬也有着类似的看法,他认为未来低端猎头一定会被互联网所取代,但是猎头的存在依旧是有价值的。因为对于中高端人才来说,从他们的求职心态的角度看,他们希望有一个"中介"来为自己去处理求职过程中的各种琐事。而从整体上看,猎聘一定会促进整个猎头行业更加健康的发展。究竟哪种模式能够成为主流?这一定会成为在线招聘行业未来很长一段时间里都需要讨论的问题。

LinkedIn 和它的学徒们

虽然猎聘和拉勾们风头正劲,但是开启在线招聘新时代的却另有其人,它就是 LinkedIn。2003 年上线的 LinkedIn 是全球商务社交网站的鼻祖,2011 年 5 月在纽交所上市,此后两年时间股价从 90 美元一路上涨,2013 年 9 月一度冲高至 250 美元左右,随后开始回落。目前 LinkedIn 股价维持在 155 美元左右,市值近 200 亿美元。随着 LinkedIn 的崛起,老牌招聘网站 Monster 开始节节败退,2012 年,LinkedIn 的营收达到 9.71 亿美元,首次超越 Monster,如今 Monster 的股价只为 LinkedIn 的 1/30,市值也仅为 5 亿美元。自从 LinkedIn 在美国走红,国内便涌现出大街网、优仕网、天际网等大批效仿者,然而这些 LinkedIn 的学徒们大都命运多舛,职业社交网站一直没有真正形成气候,更谈不上对在线招聘市场有任何实质性改变了。但即便如此,LinkedIn 仍然对中国市场给予厚望。

2012 年 4 月,LinkedIn 在北京设立办公室,表明了其进军中国市场的决心。为了解决跨国企业水土不服的问题,它采取了一种更加灵活的方式,与宽带资本以及红杉资本组成合资公司,LinkedIn 希望借助后两者优质的政府关系以及本土经验增添获胜的筹码。今年 2 月,LinkedIn 中文版的 Beta 版上线,并且公布中文译名"领英",据其官方公布的数据,目前 LinkedIn 在中国已经有近 500 万注册用户。

5 月 23 日的线下活动上,LinkedIn 中国区总裁、前糯米网 CEO 沈博洋对外表示,领英是一家具有创业气质的公司,目前已经有 20 多人的团队。此外,他还介绍了领英本地化工作的一些进展,比如推出了基于微信的"领英名片",通过绑定微信账号,可以生成一个经过设计的个人电子名片。不过,LinkedIn 是否真的能够克服跨国公司水土不服的通病还要打上一个问号。毕竟,此前另外一家明星公司 Groupon 的惨痛案例还历历在目。

事实上,中文版上线之后,"领英"这个名称就被外界广为诟病,许多人认为这个名字太过拗口,而且不够接地气。水土不服或许还不是 LinkedIn 的最应该头疼的问题,它更大的挑战来源于其赖以生存的"商务社交"模式本身。LinkedIn 想要扎根中国,就要让中国用户重新在互联网上搭建一套自己的社交关系网络,但在中国,微信和新浪微博已经帮助用户完成了这一任务。对此,沈博洋表示 LinkedIn 有足够的耐心去改变用户的习惯。

目前来看,微信显然没有对职业社交和在线招聘表现出兴趣,但是新浪微博却用实际行动表明了自己的态度——"微招聘"很像是新浪讲给投资者的一个新故事,而这个故事的原型正是 LinkedIn。事实上,企业在微博上发布招聘信息,已经是一件屡见不鲜的事情了。据新浪官方的说法,"微招聘将运用大数据技术,根据职位要求,自动匹配、推荐候选人"。而新浪方面公布的另一个颇有诱惑力的数据是,新浪微博上具有潜在求职需求的用户超过 1 亿,同时,经过认证的企业已经有 70 万家。当然,新浪微博想要转型成 LinkdIn 也存在诸多问题,比如它并非一个真正意义上的实名社区(仅后台实名,而且缺乏用户的职业信息)。而且,虽然财报上活跃用户数量依旧保持增长,但是其对高端人群的影响力在下降也是许多用户的切身感受,而这些高端用户才是招聘市场真正的香饽饽。

从整体上看,在线招聘市场正在朝着垂直化、细分化的方向发展,但未来的格局究竟会怎样,目前还不够明朗。在线招聘市场的新浪潮运动正在催生大量新的商业机会,但是它的意义还远不局限于此。从社会层面看,这些新的招聘模式的出现正在一点点改变人们对于换工作这件事情的心态。一般情况下,除非遭遇职业瓶颈或者其他负面因素,职场人士很少愿意主动寻求工作的转换,因为换工作是件相当麻烦的事情,而随着在线招聘网站的不断进化,招聘双方信息不对称的情况将大为改观,企业间人才流动的壁垒终将被打破,这也意味着人才的流动在未来会变得常态化。而站在企业的角度,人才流动的常态化也意味着企业要从薪酬、福利以及企业文化等多个层面提升自己的实力,只有这样才能在未来的人才争夺战中占据有利位置,因为说到底,企业间的竞争还是人的竞争。总之,概括起来一句话:各位老板,以后要对员工好一点啦!

资料来源:杨钊.在线招聘2.0:新浪潮运动兴起.商业价值.http://www.hr.com.cn/.

讨论题:

1. 招聘渠道正在发生哪些变化?
2. 作为企业及个人,针对上述变化,应如何应对?

参 考 文 献

1. 万希.内部招聘与外部招聘.交通企业管理,2006,(12).

2. 方庆岭.招聘实战入门.http://blog.sina.com.cn/s/blog_7c233a000100r6j7.html.

3. 佚名.外部招聘的方法和步骤.http://www.wenzhouglasses.com/html/news/338908.html.

4. 王粒权,史怡.透视校园招聘.2007,(8).

5. 林春华.国际猎头高校搜寻路径与方法.中国人力资源开发,2013,(3).

6. 刘贤文.猎头的前世今生.人力资源,2008,(7).

7. 丁柯尹.浅谈"微招聘".牡丹江大学学报,2014,(1).

8. 张学亮.微博求职特点及启示.中国社会科学网,2013-6-5.

9. 杨莹,魏国政.宝洁公司的校园招聘.经济管理,2003,(8).

10. 马勇.成功校园招聘始于系统规划.人力资源,2011,(23).

11. 朱海涛.微招聘是否靠谱.人力资源,2011,(10).

12. 赵毛毛.微招聘:招聘的小能手.人才资源开发,2014,(10).

13. 焦丽莎.微招聘上线,微博正式进军招聘市场.中国经济新闻网,2014-5-24.

14. 何洁.社交网络招聘——企业招聘的新方式.经营与管理.2013,(4).

第四章 员工甄选

试玉要烧三日满,辨材须待七年期。
　　　　　　　　　　　　　　　　　——白居易

【学习目标】

- 了解甄选的一般流程和复杂流程
- 了解履历分析的流程
- 掌握面试技术的操作方法
- 掌握心理测验的操作方法
- 掌握评价中心的操作流程
- 了解投射技术的应用
- 理解甄选的信度与效度

开 篇 案 例

探秘世界名企的人才甄选策略

人才甄选是招聘工作的重要环节。在这方面,世界名企存在着一些共性与规律,值得借鉴。

测评方法种类与层次多样化

在人才甄选过程中,测评方法是技术保证,世界500强企业在人才测评方法的选择使用上呈以下特征。

第一,综合使用面试、笔试、管理评价中心技术、心理测验、实习考察等多种测评方式,主张对应聘者进行全方位、多角度的考察。值得指出的是,这些企业重视人才测评工具与手段,但不唯工具,主张全面评估应聘者的综合素质与能力。这也是众多世界500强采取实习考察的主要原因。

典型案例:丰田公司的"全面招聘体系"。丰田公司的"全面招聘体系"大体上可以分成6大阶段,前5个阶段招聘大约要持续5—6天,应聘者要经历简历筛选、基本能力测试、职业态度的心理测试、实际操作、小组讨论、集体面试等。在最后一个阶段,新员工需要接受6个月的工作表现和发展潜能评估。最后,由公司对其进行全方位的评估,并作出最终的雇用决定。

第二,测评方法以面试为主。

研究发现,对于人才的选拔测评,世界500强企业都不约而同地把面试作为主要手段。世界500强的面试通常要进行两轮,第一轮由人力资源部或者用人部门进行面试,第二轮由各职能部门进行。

典型案例:宝洁公司的面试。宝洁的面试分两轮。第一轮为初试,采用面试经理与求职者一对一的方式进行。面试人通常是有一定经验并受过专门面试技能培训的公司部门高级经理,面试时间大约半小时左右。第二轮面试大约需要一小时,面试官通常是三个人,由各部门高层经理亲自面试。其面试问题可以归纳为以下几个方面:行为化或情景性的问题、角色扮演性的问题、行业相关问题、时事问题和忠诚度问题。

人才甄选标准侧重综合素质

世界500强企业都推行战略性招聘,重点在于从多样化背景(包括文化、教育、经济环境等)的候选人中甄选与吸引那些能够帮助企业达成战略意图的高素质人才。

第一,要求具备人才"团队精神"。

中国青年报社会调查中心曾围绕人才招聘过程对惠普、西门子、IBM等30家世界500强公司的在华人力资源主管进行了调查。调查结果显示:"团队精神、忠诚度、创新能力和沟通表达能力"是跨国公司在选才时"非常重视"的。其中,"团队精神"可谓是重中之重,有8成的被调查者选择"非常重视",其次是"创新能力""忠诚度"和"沟通能力"。

第二,人才甄选重能力与品德。

重能力、重综合素质、轻学历、轻资历。虽然在世界500强企业的职位要求中,硕士学历和本科学历所占比例达50%左右,大专学历要求所占比例不足5%,但是相对而言,世界名企更偏重应聘者的能力和综合素质。

典型案例:索尼公司反对"唯文凭是用"。索尼创始人盛田昭夫曾开玩笑地说过,他真想把公司所有的人事档案全都烧掉,以使整个公司杜绝学历上的任何歧视。他在20世纪60年代写过《学校成绩别在意》一书,强烈斥责了"唯文凭是用"的做法,而强调企业应注重个人能力而非学术背景。此外,世界500强企业在人才甄选过程中,通常将品德列为人才甄选的首要条件。

典型案例:在面对所有应聘者时,松下把"人格"放在了首位。松下幸之助曾说:"一个人要达到道德上的圆满是非常艰难的。但是,它的修炼比才能、经验重要得多。当道德与才能、知识、经验产生冲突,需要作出选择时,松下公司一定会选择前者。"松下幸之助强调,如果仅有知识而不懂得做人,那么,这个人的知识就很容易成为"恶智慧"。学历、知识好比商品上的标签,论才用人要看品质,不要只注重标签价码。

资料来源:赵艳丰.中国劳动保障报/2013年/7月/6日/第004版.

第一节　甄选流程简介

一、甄选的概念与意义

人力资源甄选（human resource selection），通常又被称为人才选拔或人员甄选（personnel selection），是人力资源工作中重要的基础环节[1]。彭剑锋（2005）认为，人员甄选是指组织通过一定的手段，对应聘者进行区分、评估并最终选择哪些人将被允许加入组织哪些将被淘汰的一个过程[2]。而网络上引用最广泛的定义是，人员甄选是指从应聘者的资格审查开始，经过用人部门与人力资源部门共同初选、面试、测试、体检、个人资料核实到人员录用的过程，是整个招聘工作中关键，也是整个招聘工作中技术性最强，因而难度也是最大的一个环节[3]。

就中国的文字而言，甄试和遴选的意义分别为"甄试：别也、察也"。遴是相比而选之也。甄试是考察人才而荐举之，遴选是慎选人才而荐举之。其最终的目的都是在于选拔真正优秀的人才，但程序、作法与方式则依不同情况，例如企业精神、目标、环境等而有所不同。所以，任何一个组织，甚至到机关团体、国家，沿用真正人才的方法，到目前为止，普遍认为公平、公正、公开与客观的方法，就是甄试与遴选[4]。

由上述可知，甄选乃根据组织的人力需求，运用可靠而适切的甄选方式或程序，选择最具资格人才之过程。此外，对组织而言，选择"合适的"员工比选择"优秀的"员工更为重要，虽然对组织来说合适的员工就是优秀的员工，但实际上二者的概念还是有所不同的。因为个体之间的差异产生彼此不同的特性，如何将其正确地与工作配合，对组织产生极大的效用，是人力资源管理上的重点，这也是甄选的核心概念[5]。

二、甄选的目的与原则

中国学者廖昌荫曾经对甄选的目的和原则进行过总结，认为甄选的目的要解决的是通过甄选工作要得到什么结果的问题，甄选的原则要解决的是甄选工作实施的基本要求问题[6]：

（1）甄选的目的要解决的是通过甄选工作要得到什么结果的问题。甄选的目的与企业人力资源规划、招聘的目的是一致的，从根本上说都是为了使企业获得竞争优势，

---

① 杜冰. 基于支持向量机的人力资源甄选方法研究. 合肥工业大学硕士论文, 2007 年.
② 彭剑锋. 人力资源管理概论. 复旦大学出版社, 2005 年.
③ 袁湛楠. 安联集团高管甄选方法设计与应用研究. 西北大学硕士论文, 2012 年.
④ 林伟修. OCB 导入系统办公家具业营销人员甄选之研究. 昆明理工大学博士论文, 2010 年.
⑤ 同上.
⑥ 廖昌荫. 企业人员选拔方案设计及实施要点. 人才资源开发, 2007, (3): 47 - 49.

从而提升企业的核心竞争力。具体来说,人员甄选的目的在于从招聘到的候选人中选择最适合企业要求的人员,以实现企业人力资源规划,有效地执行企业人力资源战略。不同企业的人力资源战略与规划各不相同,其所能招聘到的候选人也不一样,在确定甄选的目的时,企业要根据自己的实际情况,对甄选的目的进行具体的描述。例如,中国人寿是世界五百强企业,要在全球市场获取和保持竞争优势,采取了关注市场开发、产品开发、创新或者合资等内容的内部成长战略。这种战略提出了一个独特的雇员配备问题,要求企业必须持续不断地招聘、调动和提升员工,因此该企业制定了包括短期和长期的完整的人力资源规划,并根据规划每年都从高校招聘一流的人才,其每年都进行的甄选工作,就要从所招聘到的来自全国各地名牌高校的应届毕业生候选人中选出符合这一战略要求的最优秀的人才。

(2)甄选的原则要解决的是甄选工作实施的基本要求问题,这对于甄选工作是极其重要的。近年来,在国家机关领导干部甄选中非常重视公开、公正、公平的"三公"原则,这对于企业的甄选工作也是适用的。此外,不同企业由于其使命、愿景和战略的不同,有其特殊的甄选要求,也应在甄选方案中确定并清晰描述。这些特殊的要求往往体现着不同企业对于一些要素的判断和选择。例如,在甄选中,是否要求清晰地鉴别候选人在年龄、性别、民族、户籍、婚姻、家庭、政治背景、教育程度、专业类别、外语水平、工作经验、价值观、团队精神等方面的差异。不同企业由于在战略、人才观念及企业文化等方面的差异,他们对这些因素的判断和选择往往也有很大的不同。例如,国内多数企业都非常重视候选人是否具有相关工作经验,把没有经验的应届大学毕业生拒之门外,而宝洁公司则正好相反,只接收刚从大学毕业的学生,该公司在中国的管理级员工有90%是从各大学应届毕业生中招聘来的。此外,该公司对候选人的外语没有任何要求,对候选人的专业也几乎没有什么限制。中国人寿每年也都从高校应届毕业生中招聘新员工,但对候选人是否有相关经验仍非常重视,对专业、外语水平、有关职业资格证书要求也较高,从甄选的结果看,主要定位于硕士研究生这个学历层次。确定这些方面的要求往往会涉及法律和伦理方面的问题并与"三公"原则直接关联,企业需要谨慎地进行判断和选择,并在甄选方案中清晰地描述。甄选工作涉及有关的法律、政策、伦理问题以及企业的秘密和候选人的隐私,因此,所有企业的甄选原则都会涉及保密事项及其相应的措施。

■▶三、甄选的内容

人员的甄选包括两方面的内容:一是甄选的客观标准和依据;二是人员甄选技术的选择和使用。首先要确定甄选什么,再设计相应的甄选方法。可以说,一个人所掌握的知识和技能,以及他的性格特点、行为方式、价值观等都会影响他对工作的胜任程度。因此,人才甄选从以下几方面对候选人进行测评[1]。

(一)专业素质

专业素质体现一个人对于完成该岗位工作职责所要求具备的对专业方面的能力和

---

[1] 袁湛楠.安联集团高管甄选方法设计与应用研究.西北大学硕士论文,2012年.

水平。对于一个任职者而言，只有达到一定的专业水准才能发挥该职位价值，并在这个领域中得到发展。专业素质在人才甄选中的作用，在于作为一个门槛，通常在初选的环节就选掉一大批不符合要求的人员。

专业能力由三个部分组成：专业知识、专业技能、专业经验。专业知识指从事本岗位必须具有的该领域的通用知识，如金融知识、人力资源知识等；专业技能一般指完成本岗位工作或任务所需要的动手或实际操作能力，如计算、谈判、面试等；专业经验指在公司内或公司外从事本行业的工作经验及在专业领域取得的工作业绩。

（二）行为素质

行为素质是指管理人员对于该职位上所必须具备的业务管理以及人员管理方面行为能力的表现。由于行为素质直接影响当前的工作情况，因此对该素质进行评价，可以了解该候选人过往在管理各个方面的经验和能力是否达到目标企业和岗位的要求。通常来说，在甄选的过程中，面试官会通过候选人详细地复述过往实际操作过的案例，在什么样的条件环境下，采取了什么样的行为措施、方式方法去实施管理活动或者解决问题。

一般来说，我们将行为胜任素质分为管理业务、管理人员、解决问题三个方面来进行分述。管理业务指对整体业务进行规划、对业务开展进行统筹性的安排或者业务活动的监控。管理人员指带领下属和协调内外部联系人完成既定目标，善于发挥每个人的长处，鼓励士气、协调关系。解决问题指善于通过现象找到问题的本质，在遇到困境的前提下找出问题的关键并能找出解决的方法，清除障碍，达成目标。

（三）心理素质

心理素质指一个人内心的属性或特征，它一定程度上影响或决定人的方式，一般来说，它具有潜在性，也不会在正常的情况短时间发生改变。因此，心理素质对管理行为的影响是间接而长期的，它不像业绩指标一样精确，也不直接反映某一阶段的业绩状况，而主要用来评估一个人员的行为风格或者职业发展方向等。因此，在招聘题选的环节，心理测评将作为录用与否的一个参考维度。

心理素质包含几个方面：智力、个性、动机、自我认知。智力指人的逻辑思维能力、创造性思维能力，对于成人来说，已处于稳定期；个性指一个人的私下、情感及行为的统合，如固执、外向等；动机指决定行为的自然而稳定的思想（如总想把事情办好、控制影响别人、让别人喜欢自己等）；自我认知指对自己身份的认识或直觉（如将自己视为权威或教练）。

（四）职业操守素质

作为一个客观存在的社会，某一个人的行为必定受到当前主流的社会道德规范或职业操的约束，并遵守社会大环境和特定组织的价值观要求，这就是职业人员需要遵守的职业操守素质，我们俗称"道德品质"。职业操守素质具体有几个方面：职业作风指廉洁奉公、严谨务实、勤政爱岗；职业情感指责任感和荣誉感；职业观念指企业价值观和企业认同。

四、甄选方法

甄选方法涉及的是具体的技术问题，这方面既有比较简单的履历分析、面试，也有比较复杂的心理测验、评价中心等,在实践中使用的比较多的甄选技术的效度及其可用性、成本等方面的比较见下表4-1。本章的第二节、第三节将主要介绍这几种方法。

表4-1　各甄选方法的效度、公平度、可用性及成本比较

方　法	效　度	公　平　度	可　用　性	成　本
智力测验	中	中	高	低
性向和能力测验	中	高	中	低
个性和兴趣测验	中	高	中	低
面谈	低	中	高	中
工作样本	高	高	低	高
试用体验	中		低	中
个人履历资料	高	中	高	低
同行评价	高	中	低	低
自我评价	低	高	中	低
推荐信	低		高	低
评价中心	高	高	低	高

资料来源:杜纳德.工业组织心理学国际评论,1996.

五、传统甄选流程与基于胜任力特征的甄选流程

(一)传统甄选流程

甄选的流程通常都有一定的标准模式,每一个步骤均代表一个决策点,需要持续地对整个过程加以回馈。企业在甄选的流程普遍都有一些差异性的存在,其主要原因系由于工作职务性质不同所致。企业吸引来应征的人员之后,会通过甄选的方法或工具来衡量应征者,筛选并雇用符合条件的员工。通常甄选过程会分成数个阶段,每个阶段使用不同工具来衡量应征者,这一过程中每一个步骤均在扩大组织对于工作应征者的背景、能力和动机的了解,同样也在增加决策制定者在做预测和最后选择之相关信息[1]。

国外学者如 De CenZo 等(1999)提出典型的甄选过程如下[2]:

(1)初次筛选。当完成招募活动后,会吸引来许多应征者进行甄选,在此阶段有两个重要目的,一是向应征者说明工作的相关细节,让其有机会了解工作性质并思考是否符合自己的期望;另一目的为说明薪资范围,以吸引应征者继续进行下阶段的测试,如果薪资不符合应征者期望,则可省下其接下来参与甄选所产生的费用。

---

[1] 林伟修. OCB 导入系统办公家具业营销人员甄选之研究. 昆明理工大学博士论文,2010 年.

[2] De Cenzo, D. A. , & Robbins, s. P. Human Resource Management (6th ed.). New York: John Wiley. 1999.

(2) 完成申请表。通过初次筛选后，应征者会被要求完成组织的工作申请表，里头可能包含员工基本资料与公司所希望知道的信息，如果应征者无法完成此表或缺乏某些资料，则可借此再删去部分应征者。

(3) 雇用测试。大部分组织在此阶段会使用如智力、态度、能力等测试以了解应征者。目前相当重视工作测验，许多组织相信测验有助于预测谁是最适任工作之人，因此如何使用测验来正确地预测工作绩效，是此阶段的重点。

(4) 广泛面谈。面谈是被设计用来探测一些不容易由申请表或测验所看得出的问题，如动机、压力适应能力或与组织文化是否兼容的问题。要注意的是，问题应着重在与工作有关的部分，避免由主试者个人的好恶来决定。

(5) 背景调查。

(6) 药物/身体检查。这2项调查是为了确认应征者是否真实的符合工作要求，通常不是所有组织都会采取，即使有采取也不一定是对所有应征者皆进行调查，端视组织调查的目的来决定。当上述所有过程皆通过后，应征者即有资格取得该工作机会，此时组织将会提供工作予合格者。

我国台湾学者黄英忠（1999）指出，一般甄选之流程如下[①]：

(1) 刊登人事求才广告。大致上归纳下列几种：报纸；专业杂志；网际网路；人力中介公司；校园征才；军中求才；建教合作等管道。

(2) 利用关系寻求技术或管理中高阶人才。

(3) 初次面谈及填写申请表。初次审查面试，通常时间较短，可依一般性资料作为判定，但对应征者是否具备应征职位必备的基本知识，是此一阶段的主要课题。

(4) 雇用测验。大致上包含：专业知识测验；能力与性向测验。目前企业界常用的能力与性向测验有下列几种版本：心智与性向测验；一般性智力测验；人格心理测验（一般性人格心理测验；争议性心理测验）。

(5) 第二次面谈（复试），并在申请表上予以评分。面谈的类型有下列：结构式面试；非结构式面试；压力面试；小组面试；团体面试。

(6) 调查应征者的履历。对应征者进行信用调查，尤其是主管级及从事财务部门的职位。

(7) 需求单位决定人选。在众多应征者当中，选择最符合工作条件者。

(8) 需求单位主管批示任用。

(9) 身体检查。

(10) 正式任用。

（二）传统人员甄选流程存在的问题[②]

传统的人员甄选所关注的是一般工作行为标准要求，所以在开展甄选活动时，很大程度上忽视了素质能力和行为特征方面的差异性。传统甄选的不足主要表现在以下四个方面：

(1) 忽视基本素质能力的差异性。人的胜任特征正如海面上的冰山模型一样，海

---

① 黄英忠. 人力资源管理. 台北：三民书局, 1999 年.

② 王鹏. 岗位胜任特征模型为基础的营销人员甄选体系研究. 兰州商学院商学院硕士论文, 2009 年.

面以下的部分其体积和能量不知是海面以上的多少倍。但是,海平面以下的素质部分很少被看到,往往是这部分素质在很大程度上引导和控制着外在的行为特征。所以,员工工作行为的好与坏,员工绩效的优异与一般,其决定性的差别,就在于海平面以下的部分,也就是基本素质能力的差别。然而,传统的人力资源管理人员甄选仅仅关注于海平面以上的部分,而对海平面以下的部分了解得比较少。

(2) 忽视个性行为特征的差异性。以营销人员的甄选为例,其缺点主要表现在以下几个方面:① 关注话题的差异,如优秀的营销人员关注的是与客户建立长期稳定的服务关系,而一般营销人员则关注于营销知识和技巧本身,关注于眼前的业绩;② 待人接物方式的差异,如优秀的营销人员对客户表现出积极的关注与期望,而一般的营销人员则通常表现出相反的态度,对客户及问题都不乐观;③ 处理相同行为的方式与关注行为结果的差异,如优秀的营销人员通常都不依照惯例行事,适时抓住机会采取行动,而一般的营销人员则往往无法敏锐地捕捉机会,不能适时地采取行动;④ 在自信心方面的差异,如优秀的营销人员会以一种积极乐观的态度对待失败与拒绝,并制定相应的积极改进计划,而一般的营销人员则往往会因为遭到失败与拒绝而失去斗志,或者找出许多理由为自己辩护。传统的营销人员甄选期望能够甄选出优秀的营销人员,但由于其甄选的基础在于一般的行为规范,因而所得到的结果往往不能达到预期的要求。

(3) 忽视针对能力评价标准的差异性。传统的甄选同时也会关注一些与完成工作有关的能力,但是在对能力评价标准的层级上会有所不同。从而会产生只是选择了那些具备了这种技能或经验背景但却不具备能在工作职位上产生高工作绩效的胜任特征的人,甚至有时连基本的技能标准都不考虑而去选择那些他们看起来很胜任工作的人。

(4) 未能有效进行或利用背景审查。传统的面试过程无法考察候选人在既定职位上的实际能力,而只是通过候选人谈论与执行该工作相关的内容来估计候选人在工作中取得成功的可能性。其实,通过向那些了解候选人过去经历的证明人或推荐人调查候选人的有关情况,是一种非常有效的甄选手段。

(三) 基于胜任特征的甄选流程

丽利·史宾赛和幸格·史宾赛(2003)给出了发展基于胜任特征的招聘甄选流程的七个步骤[1](表4-2):

表4-2 基于胜任特征的招聘甄选流程

1	选择目标工作职位层级和类别,建立胜任特征模型
2	挑选或发展测评技术方法和工具,招聘甄选中常用的方法和工具有面试、测验、传记式问卷、评价中心等
3	培训评分员,即培训组织内部可能会使用此种方法的人员,使其掌握个体评价行为技术
4	评估工作应征者候选人的胜任特征
5	为人才招聘、安置与甄选做出决定

---

[1] 丽利·史宾赛,幸格·史宾赛. 才能评鉴法. 魏梅金译. 汕头大学出版社,2003 年.

（续表）

6	跟踪员工绩效，以确认此种方法的效用与投资报酬率
7	发展基于胜任特征选人的资料库及招聘甄选系统，记录职位与胜任特征要求、员工胜任特征以及职位/员工匹配资料

国际人力资源管理研究院目前也已经建立起了一整套的基于胜任素质的招聘与甄选认证体系，具体步骤如下[①]：

（1）明确职位要求。在准备某个职位招聘时，要考虑到组织战略的需求，使其绩效任务与战略方向保持一致。从职位本身必须对职位的特征和要求进行全面的了解和分析。

（2）根据已建立的并经过验证的胜任素质模型来完成或修正职位说明书。完整的职位说明书中必须包括完整的胜任素质模型和行为指标，同时还包括职位特征与取向等基本要素。

（3）确定招聘来源，根据招聘职位的复杂性和重要程度的不同而定，职位较低或一般的可选择广告招聘或一般就业服务机构等渠道；招聘重要职位，可考虑专业人才服务机构来提供帮助。无论哪种招聘来源，都要把重心放在职位所需的胜任素质上。

（4）建立甄选标准并对申请表进行审核。根据胜任素质模型的要求和职位说明书中的其他具体规定和要求，制定出详细的甄选标准，这些标准将作为整个甄选过程中的统一标准。

（5）进行行为面试。它是基于胜任素质模型的招聘与甄选中的主要工具。

（6）采用其他辅助和强化工具对候选人进行测量和评估。

（7）进行基于胜任能力的背景调查。

（8）做出招募决策。

基于胜任素质模型的甄选大致可分为初步甄选和深度甄选两个阶段[②]。其中初步甄选主要是进行简历筛选和知识技能测试。深度甄选可以界定为基于胜任素质的测验型甄选，也就是结合上述建立的胜任素质模型，对应聘者从素质模型中的内隐性特征进行测验，借此发掘出应聘者深层次的胜任素质。然后，从甄选内容、甄选标准、甄选形式三个维度对应聘者的胜任素质做出判断。经过基于胜任素质模型的初步甄选和深度甄选两个阶段，最后就可以科学地对应聘者做出甄选决策。

第二节　简单甄选技术

一、履历分析

（一）履历的起源与发展

履历一词起源很早，从古代到近代，再到现代社会一直沿用不衰。该词有多重语

[①] 国际人力资源管理研究院（IHRI）编委会. 人力资源经理胜任素质模型. 机械工业出版社，2005 年.

[②] 余芒. 人力资源专业人员胜任素质及甄选体系研究. 天津理工大学硕士论文，2012 年.

义,其中,作为人事文书这一意义使用最为广泛,在社会发展的过程中起着举足轻重的作用①。

履,据《说文解字》记载,意为"足所依也"。段玉裁注:"古曰屦,今曰履;古曰履,今曰鞮。名之随时不同者也。引伸之训践。""鞮"与"鞋"是异体字,因而,履的本意就是鞋子,进而由本意推出"踩、踏"的引申义。履历意指人的经历就是由此进一步引申而来的。

据《现代汉语词典》所释,履历为名词,有两个方面的含义:一是指个人的经历;二是指记载履历的文件。作为人事文书的履历是个人在向机关单位或部门领导介绍自己经历时使用的资料。履历一般不作为单独向外发送的文书,而是作为介绍自己表格中的一页,或者作为自我介绍、自我推荐文书的某的段落或者附件材料。从格式上来说,可分为表格式履历和散文式履历。表格式履历通常作为个人资料表格中的一页,在"个人履历"栏中按照时间、地点、任何工作、有何人作证逐项填写即可。散文式履历则要求按标题、主题、结尾的要求写。

比履历使用更为广泛的是简历,据《现代汉语词典》所释:简历即简要的履历。简历主要是对个人学习、经历、特长、爱好以及其他相关情况作简明扼要的书面介绍,是个人的形象、资历和能力的书面表述,在求职过程中必不可少。一般情况下,简历包括四部分内容,第一部分是个人的基本情况,第二部分为学历情况,第三部分为工作资历情况,第四部分为求职意向。

(二) 履历分析技术发展历程及类型

履历分析又称资历评价技术,是通过对评价者的个人背景、工作与生活经历进行分析,来判断其对未来岗位适应性的一种人才评估方法,是相对独立于心理测试技术、评价中心技术的一种独立的人才评估技术②。

履历分析技术的雏形是个人经历分析,它诞生于第二次世界大战期间。著名心理学家 J. P. 吉尔福特及其同事在开发军队征兵用的阿尔法测验的同时,开始根据个人经历来预测军事训练的成功率,这一方法取得了相当的成功。第二次世界大战后,经历调查的方法被转移应用到民用部门,在大量研究和应用的基础上,逐步发展成为人事测评和预测的一项重要方法技术。国际上通用的资历评价方法一般是以选择题的形式要求被评价对象填写经历调查表。这方面的代表可推美国人事总署研究开发的经历调查表(IAR,又称个人成就信息表)。该表自 1983 年起沿用至今。它从学习经历、工作经历、工作能力和人际关系等方面编制了 148 道选择题,每个选择题有五个选项。目前经历调查表已经成为美国公务员选拔的一种重要手段。我国辽宁等省也开始将这种方法引入到公开选拔领导干部考试中,并取得了一定经验。

履历分析技术早已在欧美发达国家得到了广泛的应用,很多大公司开发了适合自己特点的履历分析测评系统。应用较广的主要有权重申请表 WAB(weighed application blank)和传记式申请表 BIB(biographical information blank)两种形式。这两种申请表的主要不同之处是它们收集信息的多少和信息的类型,WAB 一般包含

---

① 钱仪婷."履历"类文书源流考.文教资料,2013,(32):175 - 177.
② 杨鹏.胡月星.履历分析技术在领导人才选拔中的应用.新东方,2006,(4):20 - 24.

10—20个左右，主要是一些能够确定和证实的信息，即客观性信息。BIB，可以包括50—200个问题，这些问题，有些是不能确定或不能被证实的问题，即主观性信息，如态度、观念等方面的问题。但二者的原理和计算方法基本是一致的[①]。

（三）履历分析技术的主要方法

履历分析技术的关键点在以下几个方面[②]：

1. 履历分析项目的筛选和权重确定

履历表项目的个数从现有的调查情况来看，15—800个不等。但均包括两部分的内容，一部分是测评者能够核实的项目，例如家庭住址、家庭情况、工龄、学历、年龄等等，另一部分则是不能核实的项目，例如述职报告、自我工作小结等。

履历分析项目的筛选依据是职务分析及岗位描述。在确定履历分析项目和权重前必须对被评价对象的拟任岗位进行认真、细致的分析，以系统、全面地确定该工作岗位对人员各方面的能力和素质（如学历、技能、资历、品质等）的基本要求。

权重确定依据是项目内容与未来岗位要求及工作绩效的相关程度。相关越高，权重越大；反之则越小。履历分析项目的筛选应该依所要填充的工作岗位的不同而变化。

在确定履历分析的项目内容时，还要注意评价项目的可检验性。不同检验的项目或可检验程度低的项目对于履历分析来说，其效用将大打折扣。

2. 设计加权履历表

履历分析的主要工具是加权履历表。履历表的项目数量需要根据拟任岗位的特点和评价需要而定。用于国家主要安全部门的履历分析表可能会包括数百个项目，而一般的简单劳动岗位则可能只需要几个或十几个项目。

在履历表的项目中，与拟任岗位有关的项目应赋予较大的权重。例如，通过调查发现大专以上学历的人80%有优秀的工作表现，而低学历的人只有40%的人有优秀的工作表现。在履历表的加权设计中，就可以为高学历的人记80分，为低学历的人记40分。

3. 设计加权经历调查表

加权经历调查表除了包括履历表中通常所包括的项目内容之外，还包括对一些特殊项目的调查问题，要求被评价者书面或口头地给出明确的答复。根据被评价者的大体情况和评价标准给出评价意见。

传记式项目检核记录表，一般包括工作情况、嗜好、健康、社会关系、态度、兴趣、价值观、自我观等项目的检核。其设计的依据是，目前的素质与工作绩效及过去各种环境中的行为是相联系的，同时也与态度、嗜好、价值观相关联。但是具体要列出的问题与选项，则必须进行大量的实证研究与理论分析，从中找出关键性的因素。例如，一家制药公司研究发现，富有创造性的科学家，除其他一些品质外，还具有以下特点：有主见，埋头工作，希望担任有挑战性的工作，父母亲比较宽容。虽然这些素质特征可以通过面试与心理测验来完成，但用传记式项目检核记录表既省钱省事又更有效。

经历调查表吸收了加权履历表和心理学问卷的编制形式。从形式上看，经历调查

---

① 许铎. 履历分析测评技术在选拔招聘人才中的应用. 中国人力资源开发，2002，(10)：31 - 34.

② 杨鹏，胡月星. 履历分析技术在领导人才选拔中的应用. 新东方，2006，(4)：20 - 24.

表与心理学问卷有相似之处，都是要求被评价者按规定的形式回答一些特定的问题。但两者的本质区别在于，心理学问卷的测查内容主要是人的心理现象及其本质规律，这些现象和规律遵从的不是决定论的简单规律而是或然的统计规律，其编制和使用的过程要求严格遵守心理测量学的技术原理和心理统计学的规范。心理学问卷有严密的内在结构、标准化的常模和解释方法，严格的信效度检验要求，主试须有相应的资格。而经历调查表在编制技术和使用规范上则比心理学问卷宽松得多，灵活得多。经历调查表可以只就评价者关心的问题或是与拟任职位有关的问题进行调查。所涉及的问题大多是客观的情况或事实，而较少或不涉及被评价者的主观感受与心理活动过程。因而用经历调查表得到的结果往往比较准确和客观。

（四）履历分析评价技术实施过程

履历分析评价在实际操作中可以简化为 4 个主要步骤，分别为岗位工作分析、测评要素和权重确定、履历登记审核以及工作人员实测统计[①]。具体过程见图 4-1。

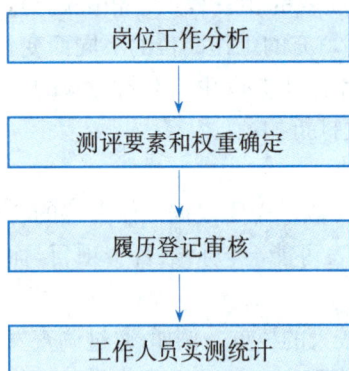

岗位工作分析是这一测评方法的重要基础工作，在实际中也很容易被忽略。工作分析应围绕岗位职责权限、任职资格条件、历史任职情况等方面进行信息收集分析。

测评要素和权重确定是关键环节，在工作分析的基础上，找出最重要、最关键的测评要素，这些要素是拟任岗位对拟任者的素质、能力要求中比较典型、具有普遍性的内容。要做到这一点，可以采用经验法，从现任优秀任职者的经历中提炼出与其成功有直接关系的因素，以此作为履历分析内容设计的内容。通过大量的调查研究，履历分析评价的总体结构可大致分为三个方面：受教育程度、工作经历、工作业绩。在实际的履历分析评价过程中还需要对前述三方面进行进一步的细分，分别确定具体测评指标和权重。权重确定依据是项目内容与拟任岗位要求及工作绩效的相关程度，相关越高，权重越大，反之则越小。

图 4-1 履历分析评价简易实施过程

在完成履历表格设计后，一般结合竞争性选拔的报名接收工作开展应聘人员的履历登记审核，必须对履历表上重要的内容进行相关原件审核，以避免出现虚假履历的现象。最后，工作人员根据履历登记情况，对照履历评分表，加权计算应聘人员的履历得分，并根据履历分析评价在整体测评中的比重进行折算。

读 一 读

履历深度分析法

履历深度分析法是通过对求职者履历中的蛛丝马迹和跳槽经历进行有效的分析

---

① 王涛.履历分析评价技术在干部竞争性选拔工作中的应用.华东电力，2013，(4)：866-868.

比对,发现其中的隐情,从而达到去伪存真的目的。较之仅仅通过面试或者其他测评手段,该法可以起到成本低廉事半功倍的效果。

履历深度分析的三种常见方法:

(1)关键词分析法,即先将某一职位招聘的胜任资格中的关键词罗列出来,按照招聘要求的刚性程度进行排列。如,招聘一位总经理秘书和一位人力资源经理的胜任资格要求可以如表4-3罗列,并使用四种符号对履历进行分析和界定。如果用"○"代表"完全符合";"△"代表部分符合;"X"代表完全不符合;等等,经过履历审读,可以得到一定数量代表了求职者与某一职位的吻合度的符号。其中,"○"和"△"越多,代表求职者与某一职位的吻合度越高。通过这样的方法可以使履历的审读更加具有针对性,也不至于以偏概全发生偏差。

表4-3 秘书和人力资源经理的胜任资格要求

总经理秘书	人力资源经理
成熟女性,40岁以下	男女不限,50周岁以下
文史类、经济类或者法学类本科学历	管理类、经济类、法学类本科及以上学历
英语CET-6,电脑Word、Excel操作熟练	英语良好,电脑操作熟练,具有人力资源管理方面的任职资格证书
3年以上大型企业总经理秘书工作经验	5年以上大型企业人力资源经理任职经验
个性良好,偏外向,擅长沟通	个性良好,偏外向,擅长沟通

(2)职位晋升分析法,即对履历中求职者的职位晋升方向进行分析。借鉴社会学理论,求职者无论在组织内部或者外部流动,都可以分为垂直流动和水平流动。前者是指求职者的职位向上或者向下变动,后者是职位没有发生变动的流动。假如一个求职者跳槽很多次,其职位没有任何提升,就可以判断出该求职者的跳槽很大程度上是注重薪酬或者其他因素,而不是特别注重职位的跃迁;假如某个求职者的职位变动都是向上的跃迁行为,就可发现该求职者对个人的职位晋升尤为重视,初步可以断定该求职者的价值观注重个人职业生涯的发展。

(3)关键诱因分析法,即通过求职者跳槽前后的收益分析来判断求职者跳槽的诱因是否足够使得跳槽者发生有效稳定的跳槽行为。从人追求价值收益最大化的角度分析,只要能够分析出求职者每次跳槽所获利益最大者体现在何处,便可知晓他的价值观和追求目标,从而判断求职者的意图。跳槽本身是一种风险极大的行为,如果没有足够的诱因,求职者是不会轻易跳槽的。这些诱因包括企业规模的扩大和稳定性的增强、职位提升、收入增加、上下班路途缩短或者更为便捷、工作强度下降等。如果跳槽后的利益全部小于跳槽前,尤其是收入这一重要诱因有所减弱的情形下,可以推断跳槽是不得已而为之,极有可能是被动跳槽(被解雇)。

资料来源:刘大卫.履历深度分析法在高管人员甄选中的运用.中国人力资源开发,2010,(4):22-24.

（五）履历分析测评技术的特点和适用范围

履历分析测评技术除具有一般申请表的功能和特点外,还有以下特点[①]:

（1）将传统的履历模糊评价改为定量评价,使其普通的经历情况变得易于比较、分析和评判。

（2）区别于其他对知识、能力的横向截面测评,即从人的纵向截面,从一个全新的视觉和维度,对一个人实际工作经历,包括成功与失败的经历,工作业绩等,进行历史的、全面的评价,弥补了其他测评技术和方法在测评维度上的不足,减少或避免了测试中一些高分低能现象的影响,突出了对人的既定行为和实绩的评价,从而更有利于对人才素质的全面把握。

（3）测评内容涉及面广,凡是与职位相关的因素都可以作为测评要素,如家庭、社会关系,人际关系及其他测评方法无法考察的因素,甚至一些负相关的因素也可以根据需要进行设计。

（4）客观性强,由于人的履历是过去发生的历史情况,这些情况是无法改变的客观事实,因此,一旦测评系统结构设计确定后,测评结果也就随之确定,这就有效地避免一些人为的因素。不会像面试那样,由于评委的组成和评委本身素质的不同,而显示出较大的评分误差,从而保证了测评的公正性和准确性。

（5）直观、简单、易于操作,对测评要素比较多的应用系统应实现计算机化测试。

履历分析测评技术适用范围[②]:

（1）适用范围较广,几乎适用于所有部门。尤其适用于一些高级经营管理人员、营销人员或从事实践性较强工作的人员。在实践中可以看到,对这些人员单纯地进行知识性考试效果并不好。有些人的学历并不高,但能做出很好的业绩,主要是在实践中学到了真知,掌握了一些书本上学不到的知识和技能。

（2）适用于一些职业层次较高、年龄较大、经历丰富的人员。这些人员强调实际工作经验,因此,工作经历和阅历对他们来说相对更重要。

▶▶ 二、面试技术

（一）面试的概念、历史与趋势

厦门大学孙武博士曾在其博士论文《结构化面试研究》中对面试的概念、历史与发展趋势进行过详细的梳理[③]:

面试的历史源远流长,但时至今日尚无统一的面试概念。人们基于自身的理解给面试下了不同的定义。但大体上可以认为,面试是在特定情景下,通过面试双方交互式的交流过程,了解应试者素质的一项测评技术。所谓特定情景也正是面试本身测试性目的所决定的。而交互式交流是面试的本质所在,不论是面对面的交流,还是电话交

---

① 许铎. 履历分析测评技术在选拔招聘人才中的应用. 中国人力资源开发,2002,(10):31-34.

② 同上.

③ 孙武. 结构化面试研究. 厦门大学博士学位论文,2008 年.

流,或者是其他媒介,双向沟通和交互影响是面试的本质特点。面试的每一方都是一个特定的文化、环境、教育、培训、经历等背景下的产物;每一方都是不同个性特征的有趣结合物:乐观或是悲观,信任或是怀疑,灵活或是顽固,友善或是不善,有同情心或是爱挑剔;每一方都信守某一特定的信仰、观点、价值观;每一方都被一系列千变万化的期望、愿望、需要、利益所驱动。

面试产生和发展的历史可以追溯到先秦时期的孔子甚至更远。孔子"弟子三千",多属慕名而来拜孔子为师。孔子虽一贯坚持"有教无类"的思想,但犹恐失人,故对远道而来的学子们亦要"面试"一番,"听其言而观其行"再决定取舍。

而对于面试的具体操作则散见于浩渺的古代著作之中,虽然颇有哲理,但却零乱而不系统。其中代表性的著作包括《逸周书》《管子》《庄子》《吕氏春秋》《人物志》《将苑》《冰鉴》等。而尤以《吕氏春秋》的"八观六验"之法、刘劭《人物志》的"八观五验"法和诸葛亮《将苑》的"知人七法"涉及面试考察的素质及与之相对应的面试题设计方向。

人类进入工业文明时代,经济生产方式的变革使得社会对人才的需求呈现多样化的特征。尤其在人事考试领域,由于具有其他考试方法无法替代的测评功能,几乎所有的企事业单位在招聘活动中都采用了面试的方法。随着西方管理学、心理学、统计学、组织行为学的兴起,传统的面试方法有了科学理论的指导并逐渐被改良和优化。

从近些年来的面试实践来看,面试呈现出以下几个发展趋势:(1)形式丰富化。面试早已突破那种两个人面对面一问一答的模式,而呈现出丰富多彩的形式。从单独面试到集体面试,从一次性面试到分阶段面试,从非结构化面试到结构化面试,从常规面试到引入了演讲、角色扮演、案例分析、无领导小组讨论等情景性面试。(2)程序规范化。从职位分析、题本设计、面试指导、考场布置、考官选择及培训、评分表格准备、面试指导评语等事先一般都有一个具体方案和指导操作细节,以提高对面试过程和面试结果的可控性。(3)面试类型丰富化。根据设计原则及主要考察的素质类型区分,面试题的类型逐渐发展到行为性面试、情景性面试、压力面试、基于预期业绩的面试、特质面试等。

读一读

Intel 的最后一轮面试题

上个星期我参加 Intel 的面试,一路过关斩将,其实到了最后一轮面试也就 90% 能进了,所以问的问题不再是技术上的,而且问得比较随意,但是绝对出乎我的预料。面试我的是一个部门经理,年龄大概 35 岁左右。我坐在一间小房间里,进来一个中年男子,看上去很随和,很友好。他进来时两手空空,开口说某某某你好,然后笑了笑。他说:"我们前面的考官对你印象不错,这是最后一轮了,我简单地了解一下。"

第一题

他问:"一台电脑,没有网络,不能用鼠标和键盘,不能拆机箱,也不能直接拔电源,不能对电脑有任何损坏,我要你关机,你怎么做到?"

我说:"我做不到,除非电脑没有开机。"

第二题

他说:"你为什么不去参加我型我秀。"

我差点没听错,真奇怪问题。我跟他开玩笑地说:"参加过,被淘汰了。"

他说:"呵呵,你对这个节目有什么看法?"

我说:"如果只是为了出名那是没有必要,但是这个节目可以锻炼一个人的舞台表演和演讲,上这个节目的人需要很灵活,反应要很快。至于这个节目嘛,我实在是不敢恭维,建议你到 MOP 和天涯上看看评论。"他顿时大笑。

第三题

这题我真的很难回答。

他说:"如果明天你被告知要离开 Intel,今天你会跟我说什么?"

真是出乎我的意料啊,我既然还在面试你就跟我说这个。我说:"不一定'裁'掉的就不是人才,大公司都不缺人才,也都缺人才。"

"好男儿,站出来,恭喜你,跟我来吧。"他对我说。

资料来源:落叶无声.Intel 的最后一轮面试题.现代计算机,2008,(4):58.

(二)结构化面试的概念

结构化面试又称规范化面试,是当前使用较为广泛的一种人才测评方法,已成为目前面试的主流形式。一般的理解认为:结构化面试是根据特定职位的胜任特征要求,遵循固定程序,采用专门的问题(题目)设计、评价标准和方法,通过考官小组与受测者面对面的言语沟通等方式,评价受测者的胜任素质的人才测评过程和方法[1]。

结构化面试具有如下特征:根据工作分析的结构设计面试问题,问题的内容及其顺序都是事先确定的;依照预先确定的题目、程序和评分标准进行面试,要求做到程序的结构化、题目的结构化和评分标准的结构化;采用系统化的评分程序。另外,结构化面试一般实行限时,评价按要素打分。

(三)面试的准备阶段

面试准备阶段的内容主要包括制定面试指南、准备面试试题、确定评估方式、培训面试考官等几个方面[2]。

1.制定面试指南

面试指南是促使面试顺利进行的指导方针,一般以书面形式呈现,主要包括如下内容:① 面试团队的组建。规定面试团队的人数、成员来源、具体负责人等内容。② 面试内容准备。在面试之前,应该规定面试的内容,以及要达到的目的。一般可以按照结构完整的面试的步骤加以准备,准备面试题目及答案、面试的评分标准,以及面试的地

---

① 杨强荣,张华,朱维勇.结构化面试程序及其应用.广西大学学报(哲学社会科学版),2010,32(1):196-197.

② 同上.

点等内容。③ 面试提问分工和顺序。规定面试员工的提问内容和顺序。如面试开始后,主考官负责对面试过程进行组织,并针对综合能力的考察进行提问,专业知识和技能方面的问题由熟悉业务的副考官、考官发问。④ 面试提问技巧。规定面试提问的方式,如面试提问可考虑两种方式:第一,针对应聘者答辩的内容随机提问,不事先准备;第二,分别由熟悉业务的考官出题,讨论后列入面试问题提纲。⑤ 面试评分办法。制定面试评分标准,给所有考官以参考答案,避免失去面试打分的公正性。如面试过程中,评价小组分别打分,评价结束后进行汇总,求出加权平均分,以加权平均分作为面试成绩,并排列应聘者面试成绩的名次。

2. 准备面试问题

准备面试问题,可以帮助招聘考官获得求职者是否具备合格的岗位才能方面的信息。① 确定岗位才能的构成和比重。首先,分析该空缺岗位所需要的才能有哪些;其次,分析专业技能与综合能力各占多少比重;再次,分析综合能力包括哪些内容,各自占多少比重等;最后,用图表的方式将面试才能项目以及相应的权重列出。② 提出面试问题。根据才能分析和评价要素权重,准备问题形式和数量,可以将所提问题列表给出。

3. 评估方式确定

完整的评估方式,是对面试中所收集到的信息按工作岗位需要的标准进行评估的体系。① 确定面试问题的评估方式和标准。在面试问题准备的基础上,还必须确定相应的评价标准,尽可能给出统一的答案或者参考答案,以客观评价应聘者。② 确定面试评分表。面试评分表是考官对应聘者表现的评价记录,以便尽可能客观公正地评估应聘者的每一项才能,做出综合评价。需要强调的是最好给出评价标准,以免不同考官对同一应聘者的评分出现过大的差异。

4. 培训面试考官

面试是一项复杂的工作,面试考官必须掌握一定的面试技术,才能保证面试过程的有效实施,保证面试结果的科学性和客观性,因此需要对面试考官进行培训。培训内容包括提问的技巧、追问的技巧、评价标准的掌握等。

读 一 读

结构化面试试题的类型

目前,全国普遍采用的面试方法是结构化面试,它的主要试题类型有:

1. 背景性问题

目的:背景性问题用于了解考生个人基本情况的信息。

例题:请简要介绍一下你的简历和特长。功能:自然进入面试,消除考生紧张心理。验证简历上的个人信息,便于后续提问。

2. 意愿性问题

目的:意愿性问题通常了解考生在择业方面的考虑。

例题：你认为在什么样的环境里，你能发挥最大潜力。

功能：此类题目多用于测评考生的求职动机与拟任职位的匹配性。

3. 压力性问题

目的：压力性问题是故意给考生施加一定压力，看看在压力情况下考生的反应。

例题：深夜你一个人在单位值班，突然发生火灾，这时候你怎么办？（连接一系列追问）功能：通过给考生创设一定的压力情境，考察其情绪稳定性和应变能力。

4. 智能性问题

目的：智能性问题主要考察考生对一些事物和现象的理解和分析判断能力。

例题：克隆技术的发明推动了科技革命，但为什么许多国家都反对"克隆人"。

功能：该类问题主要考察考生思维的逻辑性、严密性，思维的广度和深度，综合概括能力、分析比较能力、推理判断能力、洞察力和知识面。

5. 情境性问题

目的：情境性问题是提出一种假设情境，考察考生将会怎么做。

例题：假如领导安排你和另一名同志一起完成一项任务，这个同志平时和你有矛盾，你怎样和他一道工作。

功能：情境性问题基于这样的假设：一个人说他会做什么与他在这个情境中将会做什么是联系着的。

6. 行为性问题

目的：行为性问题关注的是考生的过去行为，所问的是考生实际上做了些什么、怎么做的、效果如何。

例题：请你介绍一下你在原单位或学校干的最漂亮的一件事。

功能：此类问题基于这样的观察结论：过去表现是对未来表现的最好预测。例如：一个优秀的喜剧演员很可能将来也是一个优秀的小品演员。通过让考生确认在过去某种情境、任务或背景中他们实际做了什么，从而取得考生过去行为中与一种或数种能力要素相关的信息。

资料来源：才尚库.面试试题的开发命制技巧.才智,2004,(12)：45-46.

（四）面试的实施阶段

面试的实施过程一般包括5个阶段：关系建立阶段、导入阶段、核心阶段、确认阶段和结束阶段。每个阶段都有各自不同的任务，在不同的阶段中，采用的面试题目类型也有所不同[1]。

（1）关系建立阶段。在这一阶段，面试考官应从应聘者可以预料到的问题开始发问，如工作经历、文化程度等，以消除应聘者的紧张情绪，创造轻松、友好的氛围，为下一步的面试沟通做好准备。

---

[1] 杨强荣,张华,朱维勇.结构化面试程序及其应用.广西大学学报（哲学社会科学版）.2010,32（1）：196-197.

（2）导入阶段。在这一阶段，面试考官应提问一些应聘者一般有所准备的、比较熟悉的题目，如让应聘者介绍一下自己的经历、自己过去的工作等，以进一步缓解应聘者的紧张情绪，为进一步的面试做准备。

（3）核心阶段。在这一阶段，面试考官通常要求应聘者讲述一些关于"核心胜任力"的事例，面试考官将基于这些事实做出基本的判断，对应聘者的各项核心胜任能力做出评价，为最终的录用决策提供重要的依据。在这个阶段主要采用的是一些行为性问题，但通常与其他问题配合使用。例如，可以用一个开放性问题引出一个话题，然后用行为性的问题将该话题聚焦在一个关键的行为事件上，接下去可以不断使用探索性问题进行追问，也可以使用一些假设性的问题，提问那些在应聘者的过去经历中找不到合适的实例的问题。

（4）确认阶段。在这一阶段，面试考官应进一步对核心阶段所获得的信息进行确认。在本阶段常用的是一些开放性问题，尽量避免使用封闭性问题，因为封闭性问题会对应聘者的回答产生导向性，应聘者会倾向于给出面试考官希望听到的答案。

（5）结束阶段。在面试结束之前，面试考官完成了所有预计的提问之后，应该给应聘者一个机会，询问应聘者是否还有问题要问，是否还有什么事情需要加以补充说明。不管录用还是不录用，均应在友好的气氛中结束面试。如果对某一对象是否录用有分歧意见时，不必急于下结论，还可安排第二次面试。同时，整理好面试记录表。

（五）面试的总结阶段

面试结束后，应根据每位考官的评价结果对应聘者的面试表现进行综合分析与评价，形成对应聘者的总体看法，以便决定是否录用。面试结果的处理工作包括三个方面：综合面试结果、面试结果的反馈以及面试结果的存档[①]。

1. 综合面试结果

（1）综合评价。面试中，每位考官对每位应聘者在面试评价表中都有一个独立的评价结果，现在需要做的是将多位考官的评价结果进行综合，形成对应聘者的统一认识。这个工作可以在综合评价表上完成。综合评价表是将多位主考官的评价结果汇总得出的。

（2）面试结论。面试结束后，主考官和面试小组还要给出一个面试结论。具体步骤如下：首先，根据面试评价汇总表的平均分，对应聘者进行综合评价；其次，对全部应聘者进行比较；最后，将岗位条件和应聘者的实际情况作比较，应特别重视那些和应征岗位最为密切的评价项目。总之，面试考官衡量应聘者的素质时，应以公司岗位需求为前提，着眼于应聘者的长期发展潜力，判定其是否符合公司的需要。

2. 面试结果的反馈

面试结果的反馈是指将面试的评价建议通知给用人部门，经协商后做出录用决策，并通知应聘者的过程。有时还要进行一次"录用面试"，解释录用的各相关事项，解答应聘者的各种疑问。

（1）了解双方更具体要求。在录用面谈中应商谈更具体的条件和要求，如待遇和福利事项、录用的体检条件和证明材料、录用期限和报到日期的规定等，以及一些特殊

---

①　杨强荣，张华，朱维勇. 结构化面试程序及其应用. 广西大学学报（哲学社会科学版），2010，32（1）：196－197.

问题,如是否需要经常出差,是否在公休节假日值班、加班等,要在面谈时向对方说明。

(2) 关于合同的签订。企业录用员工以后,一定要严格按照相关的法律法规,与劳动者正式签订劳动合同。

(3) 对未被录用者的信息反馈。在面试结果反馈阶段,应同时发送聘用(或试聘)或辞谢通知书。辞谢通知书的内容必须顾及应聘者的自尊,要表明应聘者未获企业录用,并不是能力不足,而是企业目前不需要而已。

3. 面试结果的存档

以上工作全部结束后,应将有关面试的资料备案。对公司而言,这些资料是企业人力资源档案管理系统的基础资料。这些资料体现了公司对新员工的首次全面性的评价,是公司对新进员工系统考评的开始。

(六) 面试的评价阶段

面试结束后,应回顾整个面试过程,总结经验,为下一次面试设计做准备[1]。

当然,关于结构化面试还要采用一些技巧,包括对面试程序设计、时间进度、与受测者建立信任、规避评分误差技巧等技巧,譬如:在结构化面试中,可以贯穿开放式提问、封闭式提问、清单式提问等语言沟通技巧,而且还有一系列的非语言沟通技巧;非语言沟通不仅包括面部表情、身体动作和手势,还包括说话中的停顿、语速、声调和清晰程度对应聘者的心理进行了解的过程,在整个面试过程中能比较真实地反映应聘者的心理活动情况。

三、笔试技术

(一) 笔试的内涵

笔试又称作纸笔测试,是人才测评中常见的考核方法,它是指被测者按要求统一时间、统一地点、统一要求,通过纸笔的形式完成测评试题,评判者按统一评分标准对被测者所掌握的知识数量、知识结构与知识程度进行考查和评估的一种方法。

笔试作为一种人才测评的方法,在中国自古就有之,尤其是科举制度的出现,标志着我国古代考试开始步入标准化和制度化的阶段。到了现代社会,随着各类考试制度的建立和完善,笔试的内容、形式以及功能都发生了很大的变化,在人类社会生活中的应用范围越来越广,逐步成为鉴别和选拔人才的主要手段。

标准化的笔试一般有事前确定好的测验题目、答卷以及详细的答题说明,测验题目往往以客观题居多,但也有不少是主观评价题。有的测验限定时间,有的则不限定时间。

(二) 笔试的分类

笔试的种类很多,根据笔试的性质、目的和功能等指标可以将笔试划分成不同的类型。

根据笔试的目的,可将其分为知识测试和能力测试,其中知识测试又可以划分为百科知识测试、专业知识测试和相关知识测试,能力测试则可以划分为综合分析能力测试、文字表达能力测试、文书能力测试、行政职业能力测试和申论测试[2]。

---

① 杨强荣,张华,朱维勇. 结构化面试程序及其应用. 广西大学学报(哲学社会科学版),2010,32(1):196-197.

② 王淑红,赵琛徽,周新军. 人员素质测评. 北京大学出版社,2012年.

根据笔试的功能,可以将其划分为选拔考试、资格考试。选拔考试的主要功能是区分和选拔,例如,高考、企业招聘考试等,通常是常模参照测验;资格考试也称为水平考试,其主要功能是鉴别应试者是否达到某一规定的标准,例如,高中会考、各类从业人员资格证考试等,这类考试属于目标性参照测验。

(三) 笔试的测评目标层次

1956 年美国教育心理学家本杰明·布鲁姆(B. Bloom)提出了著名的"教育认知目标分类",将知识测评的目标由低到高分为六个层次:知识(知道)、理解(领会)、应用、分析、综合、评价(表 4-4)。同样地,笔试测评的目标也可以划分为六个层次。

表 4-4 布鲁姆目标分类系统①

类 别	说 明	示 例
知识(知道)	对具体知识的记忆,被试者是否记牢,能否进行识别	请列举笔试的主要特点
理解(领会)	对事物目的或意义的理解	请解释某次笔试信度低的含义
应用	运用所学的概念、法则或者原理去解决问题,去理解事物的本质	阅读上述绩效管理方案,分析存在的问题,并提出解决方案
分析	对知识进行分解,并理解各部分之间的联系,解释其因果关系	分析笔试和面试之间的区别
综合	以分析为基础,将各个部分或元素组成一个整体,以便创造性地解决问题	请设计一个招聘方案
评价	综合内部与外部的资料和信息,做出符合客观事实的推断	请评价人员素质测评在人员招聘中的地位

以上六个层次在测试题中所占的比值是不同的,应该根据测试的目的和要求确定具体的考查层次。如果测试是选拔性质的,考查重点应放在理解、应用、分析和综合四个层次上,机械记忆部分所占的比重较小。大部分测试试题的目标层次都呈正态分布,中间大,两头小,即考查应试者应用、分析、综合等能力的试题比重比较大,机械记忆和难度大的评价层次的试题比重较小②。

(四) 双向细目表在笔试试题设计中的应用

1. 什么是双向细目表

命题需要一定的分析工具,双向细目表就是其中最常用的一种。双向细目表是由考查内容和考查目标组成的列联表。一般而言,双向细目表包含三个要素:① 考查目标,亦称考查能力层次,如前面所述的布鲁姆目标分类系统中的六个目标层次,它具体回答了考试是"考什么"的问题。② 考查内容,亦称考查的知识块,它反映了考试的基

① 王胜会等. 人才测评——理论、方法、工具、实务. 人民邮电出版社,2014 年.

② 王淑红,赵琛徽,周新军. 人员素质测评. 北京大学出版社,2012 年.

本素材。③ 考查目标与考查内容的比例,亦称权重,它反映了考查目标和考查内容各项目之间的相对重要性。①

编制双向细目表的目的是为了恰当地把内容范围和目标层次的考核要求较好地结合起来,是考试中命题规范化的重要步骤之一。

2. 双向细目表的常见格式

(1) 反映测评内容与测评目标关系的双向细目表,如表4-5所示。

表4-5 反映测评内容与测评目标关系的双向细目表

测量目标 考试内容	识记	理解	分析综合	鉴赏评价	表达应用	探究	合计
古诗文阅读	6	15		6			27
现代文阅读							
……							
合　计							

(2) 反映测评内容、测评目标与题型之间关系的双向细目表,如表4-6所示。

表4-6 反映考试内容与测量目标、题型、难度关系的双向细目表

考　试　内　容		测　量　目　标						题　型		难　　度		
		识记	理解	分析综合	鉴赏评价	表达应用	探究	客观	主观	易	中	难
古诗文阅读	名　句	6						√		√		
	文言阅读		9					√		√		
	翻　译		6						√		√	
	古　诗				6				√			√
现代文阅读												
……												
合　计												

3. 双向细目表的作用

在编制试题的过程中使用双向细目表有如下作用:① 可以克服命题的主观随意性和盲目性,增强了命题的客观性和科学性。② 使命题者明确测验的目标,把握试题的比例与分量,提高命题的效率和质量。③ 对于审查试题的效度具有重要的指导意义。

4. 双向细目表的编制②

编制双向细目表的程序如下,见图4-2:

---

① 李煌祥.应用"命题双向细目表"的体会.华南师范大学学报(社会科学版),1999,(5):102-105.

② 王淑红,赵琛徽,周新军.人员素质测评.北京大学出版社,2012年.

| 列出大纲的细目表 | → | 列出各部分内容的权重 | → | 列出各认知能力(学习水平)目标的权重 | → | 列出各考查点的"三个参数" | → | 审查各考查点的分配是否合理 |

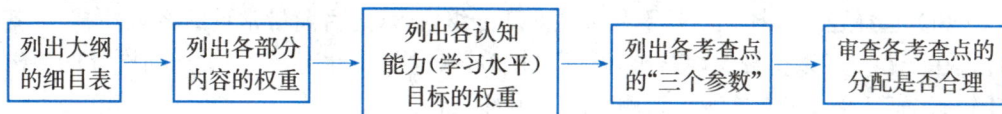

图 4-2 双向明细表的编制程序

(1) 列出大纲的细目表。任何测验,都是针对具体的学科内容进行的。命题者应明确哪些知识内容是应试者需要掌握的,不同知识内容的相对重要性有多大,不同知识内容所应实现的认知目标是什么。这些都是测验设计中必须解决的问题。所以在编制细目表时,应先列出大纲的细目表。

(2) 列出各部分内容的权重。应根据各部分内容在整体中的相对重要性,分配相应的比重,比重多以百分比表示。这个分配的百分比例是测验试题数量、考试时间、分数分配的依据。这个比例,就是说的"权重"。

(3) 列出各种认知能力(学习水平)目标的权重。笔试试题不仅要对学科领域或者专业知识具有足够的覆盖率,也要涵盖所确定的学习水平目标,即识记、理解、应用、分析、综合、评价六级目标,应根据考查内容的特点,对不同目标合理权重。确定目标权重时,应适当强调高级目标的相对重要性,通过对这类目标分配以较大的权重。

(4) 确定各考查点的"三个参数"。在每个考查内容和考查目标所对应的格子内,分配各考查点的得分点和题型,再根据相应权重算出的各得分点的实际分数值。如,第一大题第 4 题 2 分,用"一、4(2 分)"表示。其实我们现在常用的赋分方法都是实际中经过检验和经过加权后的,如填空题每空 1 分,单选题每题 2 分等。

(5) 审查各考查点的分配是否合理。审查包括两个方面:审查各级认知水平所占百分比的分配是否合理;审查各知识内容及各个子单元内容所占百分比是否合理。

通过以上的工作,就使试卷的内容效度有了可靠的保证,从表中就可以看出内容分布和认知水平分布的情况(易、中、难分数分布情况)。这样,就可以避免出现由于主观随意性产生的覆盖面过狭、过偏,试题过难、过易的状况。

总之,制定命题双向细目表是一项非常复杂的工作,应严格遵循有关工作程序开展,以防止出错及疏忽。

(五) 笔试试题中常见的题型

题型就是呈现考试要求的形式,题型和学习目标之间的关系实质上属于形式和内容的关系。笔试试题的题型有很多,这里介绍几种常见的题型①②。

1. 客观性试题

客观性试题是指有标准化答案、能够进行客观判分的试题。客观性试题的特点是,评分标准统一、客观、准确,不受评卷人主观因素的影响,易于采用计算机阅卷,提高评价速度,节省人力和物力。但无法考核应试者的组织能力、表达能力及写作能力。客观性试题常用的有选择、填空题、判断题、匹配题等形式。

---

① 刘远我.人才测评——方法与应用.电子工业出版社,2011 年.
② 王胜会等.人才测评——理论、方法、工具、实务.人民邮电出版社,2014 年.

（1）选择题。选择题由题干和选项两部分组成，这是目前最常见的客观性试题，其优点在于题量可以比较大，考查知识点比较多，采样代表性高，但是对选项设计的要求比较高，而且应试者在答题中猜测的因素很难控制。

选择题又可以分为单项选择题和多项选择题，前者只有一个正确选项，例如：

帕森斯是从哪个角度来划分组织类型的？　　　　　　　　　　　　（　　）

A. 社会功能　　　B. 成员人数　　　C. 对成员的控制方式　　　D. 成员的受益程度

多项选择题一般由两个或两个以上的正确选项，要求应试者把所有的正确选项都找出来，例如：

常见的气质类型有哪些？　　　　　　　　　　　　　　　　　　　（　　）

A. 多血质　　　　B. 胆汁质　　　　C. 黏液质　　　　　　D. 抑郁质

选择题编制的注意事项：① 设置合适的选项数目，一般是4—6个；② 待选答案字数应该相当，不要差别太大；③ 错误答案不能过于明显，要与题干有逻辑联系；④ 答案避免重叠现象，少用"以上都对"等作为备选答案。

（2）填空题。填空题要求应试者在一个未完成句子的空白处提供一个正确的答案。填空题容易编制，答案具有唯一性，又能够排除猜测的因素，但是考点比较少，不适合考查较为复杂的知识和能力。例如：

① 列宁称（　　　　）为"现实主义最伟大的胜利"？

② 现存九千三百多首，在我国文学史上首屈一指的多产诗人是（　　　　）。

填空题编制的注意事项：① 一般用陈述句，需要填充处尽量放句末；② 需要填充的句子一定要是关键字句；③ 要填充的内容不宜太多；④ 不要直接摘抄句子，以免被试者机械记忆；⑤ 每空最好只有一个答案。

（3）判断题。判断题又称是非题，只有两种答案，对或者错，判断题的命题通常是一些比较重要的或有意义的概念、事实、原理或结论。判断题的特点是命题容易，评分简单，答题方便，题量可以较大，但很难控制应试者猜对答案的可能性，而且只适合于测查较为简单的知识。例如：

判断下面的句子是否正确，正确的打√，错误的打×。

① 打呵欠是一种深呼吸动作，它会让人比平常更多地吸进氧气和排出二氧化碳。

　　　　　　　　　　　　　　　　　　　　　　　　　　　　　　（　　）

② 南极大陆被厚厚的冰雪覆盖，那里的降水是很大的。　　　　　　（　　）

判断题编制的注意事项：① 避免使用似是而非的描述，例如"可能""有时候"等词语；② 题目内容应以有意义的概念、知识点和原理为基础，避免无关紧要的细节命题；③ 题目的答案应随机排列，数量相当。

（4）匹配题。匹配题属于选择题的一种变式，一般包括多个反应项和多个刺激项，用反应项来匹配刺激项。通常有两种形式：完全匹配（刺激项和反应项数目相等）和不完全匹配（反应项目多于刺激项目）。匹配题目容易编制，覆盖面广，但是只适合测查简单的事实材料。例如：

完全匹配型：

刺激项

① 对比（　　）
② 适应（　　）
③ 后像（　　）
④ 错觉（　　）
⑤ 幻觉（　　）
⑥ 联觉（　　）
⑦ 补偿（　　）

反应项

A. 月明星稀
B. 入芝兰之室，久而不闻其香
C. 杯弓蛇影
D. 夜间看舞动的香是个火圈
E. 酸溜溜的话
F. 我听见死去多年的姥姥叫我
G. 眼瞎耳聪

不完全匹配型：

刺激项

① 孙敬（　　）
② 苏秦（　　）
③ 车胤（　　）
④ 孙康（　　）

反应项

A. 映雪
B. 囊萤
C. 悬梁
D. 刺股
E. 凿壁偷光

编制匹配题的注意事项：① 将刺激项和反应项分成两列或者两行，这样便于应试者理解；② 同一个匹配题目应安排在同一页面，避免刺激项与反应项分开，便于作答；③ 应清楚地规定匹配方法，同时说明反应项可以被选择的次数。

2. 主观性试题

主观性试题又称非客观性试题，试题的答案不是固定的、唯一的，没有标准的作答模式，评分标准也会因人而异。客观性试题可以对应试者的知识、能力等素质进行综合考查，能够反映出应试者的解题思路，提高测查的深度，但主观题作答时间较长，题量少，覆盖面较窄，代表性不足。

笔试中常用的主观性试题有简答题、论述题、案例分析题、写作题等。

（1）简答题。简答题要求应试者用简短的语言对问题进行解释、说明的题型。例如：

① 心理测验可以分为哪几类？
② 评价中心技术的主要特点是什么？

编制简答题的注意事项：① 问题要叙述明确；② 把问题与实际情景结合起来；③ 题目不要太多；④ 问题不要用判断式叙述形式；⑤ 避免答案的复杂性。

（2）论述题。论述题要求应试者以论述作答的方式对某个问题用较多的文章进行分析、评价，并表明自己的观点和主张等。相对于其他类型的题目，论述题更能够测查出应试者的综合能力。例如：

① 论述人员素质测评的流程和步骤有哪些？
② 试论述如何提高面试的质量？

编制论述题的注意事项：① 避免出现含糊的问题；② 试题数量不宜太多，以免被测者求速度；③ 要将一个大题分成几个小题目；④ 应有答案标准和可接受答案说明。

（3）案例分析题。案例分析题要求应试者对所给案例或材料发表自己的见解，进行分析和说明论证。案例分析题的题量较少，但在试卷中属于难度较高的题目，它可以有效地测查应试者理解、分析和解决实际问题的能力，但对于题目编写者的素质要求非常高。例如：

2010年初，某县农业局年仅33岁的综合计划科科长张帆被任命为副局长，分管综合计划科、特产园艺科和科技科。张帆非常感谢组织上对他的提拔使用，暗下决心，一定要加倍努力工作，不辜负组织的信任。上任后，张帆经常召集分管三个科室的全体人员开会，研究工作，布置任务，明确要求，并多次强调所有同志可随时向他汇报工作，沟通情况，提供工作信息，以便提高工作效率。虽然张帆升任副局长了，但毕竟长期在综合计划科工作，对科里的感情很深，县里研究评优指标、奖金发放、安排进修培训等事项上他更是对所分管的三个科室照顾有加。张帆在工作中经常强调要集中优势兵力打漂亮仗，诸如综合计划科的调研安排、文稿起草、规划制定，科技科的农业项目推广、农业技术推广奖评定等工作，都抽调三个科室骨干力量参加，他亲自坐镇。一段时间之后，局里的同志逐渐对张帆有了一些评价。所分管的三个科室的同志说他没架子，肯听大家的意见，和他沟通没有障碍；综合科的同志说他讲感情不忘本；其他科的同志说他抓哪个科的工作，哪个科就重要；但是所分管三个科室的科长都认为他管事太具体，让科长在科内同志面前没权威，经常临时抽调人手，参加别的科的工作是"种了别人的田，荒了自己的地"。

问题：请对张帆的领导行为进行简要评价。

编制案例分析题的注意事项：① 数量不宜过多，一般一套试题有1—2个；② 案例选取应该具有典型代表性；③ 要求回答的问题一般设2—4个为宜，题目之间不要有交叉点；④ 背景材料的语言描述尽量简洁，但信息量要充分，以满足案例分析的需要。

第三节　复杂甄选技术

▶▶ 一、心理测验

（一）心理测验简介

心理测验起源于对个体差异的研究。人们发现在人的心理和行为的各个方面都存在着广泛的差异。心理学家用能力、个性和智力等不同概念说明人的心理能力和个性特点的差异。心理测验就是通过对一部分人的有代表性的行为的分析，对人的某些心理特征进行数量化的推论，从而区分出不同的人的心理特点的相似性和差异性[①]。

需要区分心理测验和心理测量这两个关系密切但又有所不同的概念。心理测量的概念有广义和狭义之分，从广义上来讲，所有测量人的心理特征的方法都可以称作心理测量，如实验法、调查法、观察法、访谈法、测验法等。因此，心理测验属于心理测量的一

---

① 林仲贤，丁锦红. 心理测验的含义及其应用. 中国临床康复，2004，(3)：522 - 523.

种具体方法和手段。而狭义上的心理测量主要是指用测验法作为工具对人的心理与行为特征进行量化。因此,心理测验与狭义上的心理测量是等同的,二者经常会被交替使用。

读 一 读

默多克的心理测验

10月初,新闻集团董事长兼首席执行官鲁伯特·默多克进行了其低调的中国之行。默多克的最后一站是香港,不少人认为,他的目的有二:视察他的小儿子詹姆斯经营的星空卫视、挑选接班人。

9月,新闻集团旗下的英国天空广播公司(BSkyB)的 CEO 鲍尔宣布退位。31岁的詹姆斯·默多克被外界广泛认为是接任人选,但英国天空广播公司的持股人担心他过于年轻及缺乏经验。

问题由此而生,小默多克必须先通过一套心理测验。在人力资源管理上,有越来越多的企业采用心理测验来淘汰不适合的职位申请人,心理测验着重在解决问题的技巧,可以测出一个人的性情和能力。由于默多克家族的地位影响,使这一事件演绎成了一则商业八卦。

老默多克可以讲,我做老板的资格是我的行动和业绩。但对小默多克而言,要想做老板,必须先通过心理测验。

职场测验已屡见不鲜,中国第一名进入太空的宇航员杨利伟在候选名单中胜出,也跟他在心理测验中的优秀表现有关。但如何对一个人的领导力进行测验?

从翰威特公司的领导力发展模型上看,一个领导者,首先是一个有力沟通者,然后根据发展方向,他们需要具备以下素质:远见、激励、领导魅力、重视程序和系统、推崇持续的发展等。

如果这些只是纸上谈兵的话,不妨听听实战派的经验。在近3年时间里,笔者接触了几十位跨国公司 CEO,都会问他们同一个问题:你认为一个成功领导者的素质是什么?尽管回答千奇百怪,但还是有几个相同的元素被共同提及,那就是:远见、执行和沟通。

在所有对领导力的测验中,最重要的莫过于"远见"。对老默多克而言,你可以把它换成"野心"。鲁伯特·默多克一生都在进行购并征战,不断设立新目标,并以极大的热情去实现,似乎永不言退休。

以培养领导者著称的 GE,对领导力的培养有四个要求:活力、激励、执行和锋芒。而且搭配以严格繁杂的问卷及心理测验进行测验。飞利浦也设有专门的评估部门对一些经理人进行测验。

心理测验正在成为一个重要工具,在企业人才甄选、内部升迁调动等,都可以利用心理测验以达事半功倍的效果。

资料来源:金错刀.默多克的心理测验.财经时报/2003年/10月/25日.

（二）心理测验的种类

心理测验的种类极其丰富。分类的标准不同,类型也不同。常见的分类方法如下[①]:

（1）根据测验的内容和目的不同,可分为能力测验、人格测验和职业测验。能力测验又可进一步分为普通能力测验与特殊能力测验。前者即通常说的智力测验,后者多用于测量个人在音乐、美术、体育、机械、飞行等方面的特殊才能。人格测验用来测定人们的性格、气质、态度、情绪、动机、兴趣等个性方面的特性。职业测验测定在职员工的工作态度、知识和技能。现广泛使用在人事管理方面。

（2）根据被测者的数量不同,可分为个别心理测验和团体心理测验。个别心理测验是指主试者在同一时间里只对一个被测者进行心理测验。这种测验的优点有:对被测者观察详细,易控制施测条件,结论较准确。其缺点是费时费力。群体心理测验是主试者在同一地点同时对若干被测者进行测验。团体心理测验的优点是:省时、效率高。其缺点是不易控制,结论的准确程度逊于个体心理测验。

（3）根据测验所用的信息载体不同,可分为文字测验和非文字测验。文字测验又称纸笔测验。它是指传播心理测验的项目信息的载体是文字,被测者也须用文字回答。其优点是方便易测,应用广泛,能测量高层次的心理品质。然而,它易受被测者文化程度影响。非文字测验又称作业测验或操作测验。它是指测验的内容以图画、仪器、模型、工具、实物为材料。被测者可通过操作或辨认来回答。其优点是不受文化程度限制,缺点是费时。

（4）根据测验功能的不同,可分为成就测验、预测测验、难度测验、速度测验、普通测验、诊断测验。主要用于测量个人或团体经过某种正式教育或训练之后对知识和技能掌握的程度。因为所测得的主要是学习成就,最常见的是学校中的学科测验。预测测验推测人在某方面成功的可能性。难度测验测验被测者解答难题的能力。速度测验测验人的反应能力,如在规定时间内解答题目的数量等。普通测验考察被测者的一般情况。诊断测验用于诊断被测者患病情况。

（5）根据测验的解释方法,可以分为常模参照测验和标准参照测验。常模参照测验是将一个人的分数与其他人比较,看其在某一团体中所处的位置,如高考。而标准参照测验是将被试的分数与某种标准进行比较来解释,如CET考试。

以上几种分类都是相对的,从不同的角度进行分类,同一个测验可以归为不同的类别。

（三）心理测验是甄别人才的有效尺度[②]

在人才选拔时,最难的就是对不同个体的判断和甄别。"尺度就是标准"。为了避免主观性,特别强调在心理测验三个基本要素(行为样本、标准化、难度的客观测量)中,标准化的问题尤其值得重视。标准化是指测验编制、实施、记分以及测验分数解释程序

---

① 佚名. 心理测验的种类. 中国心理学家网 http://www. cnpsy. net/ReadNews. asp? NewsID=7463., 2010.

② 王信琳. 心理测验在人才选择中的应用价值. 探求,2002,(6):52－53.

的一致性,测验的条件对所有的被试者都必须是相同的,并建立有代表性的常模。也就是说,这个标准必须是事前制定的;其结果虽然是从行为模式中推论出来,但它的测验实施、评分、解释必须是客观的;测验或整个测验的难度水平的确定必须是客观的。包括:测验用的项目、作业、施测说明、施测者的言语、物理环境都必须是经过标准化的,测验的有效性在一定程度上要经过实践检验等。由于以上内容都强调要经过实践的检验,因此,依据这些资料所形成的推论,自然较为客观可靠。美国的电话电报公司曾对企业员工进行了心理测验,8年后其预测的升迁者竟占了中层主管的64%。事实上,传统的人才价值尺度—学历、职称、工作经验等,只能说明受教育的程度或其他一些问题,并不能客观地反映出人才的真正价值,至于特殊能力、管理能力、领导能力等就更加无法推知。现代人力资源观强调能力为本,认为人才的关键要素是良好的内在素质、能力素质。心理测验通过把测验的结果与常模进行比较,不仅可以反映出个体在体能和心能(智能)方面的倾向性,在知、情、意方面的特点,在个性方面的差异性,在内在素质方面的潜势、优势和劣势等,而且可以了解到个体处于常模的什么位置,从而客观、准确地反映出个体的差异以及人才的真正价值。人才判断、评价借助心理测验这把尺子,就可以在更加规范化、标准化的基础上进行,其判断、评价的客观性和准确性就可以增强。

读一读

心理测验常模在企业人才选拔中的应用

一个心理测验的选择,常模的适合性亦是重要考量。常模是指一群人测验的分布情形,这一群人是指哪一群人就很重要了。因为一个人做完测验后,它的分数是经过常模比较才得到分数的意义。例如一个人做100道数学题时做对70题,是属于优良、普通还是差,就要看答对70题是与谁比较,与小学生还是大学生比较,其结果意义截然不同。又例如性向测验的社交性方面20题中某人有10题选择高社交的回答,另10题选择低社交的回答,那么,此人的社交性属中度吗?非也,要看与哪一群人比较,与日本人比较,此人属高社交性,而与美国人比较,此人则属低社交性。因此常模来自哪一群人就非常重要了。

企业常模

一个人的才能在企业中是否能有效发挥,除了看此人的专业能力之外,还要看他的特质与该企业文化是否符合"匹配"。例如一个思考周密而行事较缓慢的人,进入一个快捷、讲求效率的公司,原本该员工思考周详的特点会对该公司发展有所助益,但由于作风落差太大,很可能在该员工思考力尚未发挥之前,就被周遭同事认定为不积极、没有执行力。以致产生适应不良现象而无法发挥其才能。因此,一个企业,尤其是大型企业或拥有明显文化的企业,在心理测验上若能建立自己的常模,则在寻找人才时,就能避免前述弊端的发生,寻得与企业文化"匹配"的人进入企业,发挥其专长,开创企业未来。

心理测验常模案例:打字员招聘测验

对于打字员(机械、电脑)的招聘,传统的做法是逐个操作考试,看每小时打字的速度。然而打字速度不单纯是个技术问题,它会受到打印材料内容、文字、图表、符号等的影响。缺乏外文知识的打字员打外文特别费劲,但他中文可能打得特别快。缺乏数理知识的打字员,可能打一般文字材料很快,但打数字表格等内容就慢。由此可见,传统的考试招聘,不但效果不好而且效率也很低。

　　如果某外企公司各部门要招聘 100 个打字员,报名有 200 人,要求一天内完成招聘录用工作,怎么办呢?按照老办法,每人试一小时或半小时,显然行不通。这时我们可以采取心理测验方式,首先对打字员素质要求进行工作分析,假设我们发现,影响打字效率效果的因素主要有知识广度、知觉广度、手指灵活性以及反映速度,其中知识因素又具体划分为语文、算术与一般常识。其次,针对每个因素、素质,编制、选择一个分测验。再次,测试建立效标参照量表。其具体程序如下:① 选择一些有代表性的老打字员(因为老打字员的打字速度是已知的),试测新编选测验。② 把试测后 6 个分测验的原始分数等值化,并求和,每个老打字员即有一个测验总分数。③ 以测验总分为自变量,以打字速度为因变量建立回归方程。④ 让每个应聘的打字员同时参加测验,并把测验分数代入回归方程就可以知道其打字速度,决定能否录用。例如!已知测验与打字速度如下所示:

　　测验分数:19,20,21,22,23,24…

　　打字速度:1 538,1 553,1 568,1 568,1 600,1 615…

　　由上述数据所得到的回归方程如下:

$$Y = 1\ 245 + 15.4x$$

　　有了这个回归方程,把其他任何一个同类人的测验分数代入方程,即可知道他打字的速度。

　　假设某人测验分数是 20,则他打字的速度可能是:

$$Y = 1\ 245 + 15.4 * 20 = 1\ 533(字每小时)$$

　　如果录用标准为 1 500 字每小时,则该人可以录用。

　　资料来源:李方.心理测验常模在企业人才选拔中的应用.人才资源开发,2004,(9):32.

(四) 人员甄选中的心理特点评估

　　不同的组织由于其结构、性质、规模等不同,自然其所要求的职位、工作也不一样,要使组织和谐、高效地运转,除了管理等因素外,选拔或安置合适的工作人员也十分重要。由于工作不同,其对人的心理特点的要求也就不一样。

　　评估人的心理特点可以有效地提高人岗适配度。对人的心理特点的测量主要涉及两个方面:一是一般心理品质测量,主要指智力、个性等;二是专业知识和特殊能力测量。这些心理特点的测量都要借助一些经典的心理测验[①]。

　　1. 智力测验

　　智力测验是衡量智力高低的参考,它对于企业评价员工的能力水平,给以安排恰当

---

　　①　刘云芳.心理测验在人才测评中的应用.市场周刊,2006,(3):144-145.

的工作有重要的作用。例如,某项工作要求智商120,那么,智商低于或高于它的人都值得用人部门考虑。前者会由于能力低而无法胜任,后者则可能由于智商超出该项工作性质要求而不安于现状,甚至轻视这项工作,造成不良后果。因此,人事部门在选用和安排人员时,应当尽可能做到每个人的智力水平与其工作性质相适应。目前比较权威的智力测验有韦克斯勒智力量表和瑞文标准推理能力测验。

2. 个性测验

不同工作对个性的要求是不同的,有些工作单调重复,要有耐心;有些工作需要与人打交道,需要外向的人;有的工作在整个生产中十分关键,要求严格,压力大,要求人能忍受压力;有的工作有很大的风险,要求人有冒险性。

评价人的个性,使用个性测验是一种较好的评价方法。例如目前比较流行的性格评估指标MBTI、霍兰德职业兴趣测验等都是比较经典的。

3. 能力倾向测验

能力倾向测验主要用于测量被试的潜在成就或预测将来的作为水平,也就是预测个体在将来的学习或工作中可能达到的成功程度。能力倾向测验一般可以分为:① 一般能力倾向测验:测量一个人的多方面的特殊潜能。其测量结果通常是职业咨询、分类和安置决策中最有效的信息。如一般能力倾向成套测验(GATB)、BEC职业能力倾向测验。② 特殊能力倾向测验,即能够判断一个人具有什么样的能力以及测定在所从事的活动中适应和成功的可能性,如音乐能力倾向测验、机械能力倾向测验。

(五)心理测验的科学应用

在多数人心中,心理测验被描述为选用心理测验、解释指导语、施测、评分、结果解释。这样的限定过于简单、机械。其实心理测验的使用远不是这样一个浅显的过程,在实践中运用测验解决我们期待的问题时,情况要复杂得多[①]。

1. 测验的主试资格

主试在整个测评使用过程中承担着选择测验、施测、评分、解释分数及结果反馈等方面的工作。因此作为从事心理测试的专业人员,需要进行相应的系统专业训练,并恪守测验工作者的职业道德。

然而,目前的现状反映出,许多企业的人力资源管理队伍中,不仅自身缺乏具有心理测评专业知识的人员,对人才测评技术的认识肤浅,而且缺乏寻求专业测评机构和人员协助的意识,从而降低了心理测验的科学性和准确性。

2. 心理测验的过程

(1)根据测评目标选择合适的测验工具。在确定选用何种心理测验进行施测之前,我们首先要了解测评的目的。同时,我们必须了解测试对象的年龄、文化程度等,每一个心理测验都对这些问题有明确的规定,即对测试对象进行了限定。

另外,我们要根据各类测验工具的性质与特点选择合适的量表。因此,就要求主试必须是从事心理测试的专业人员。与之不和谐的现象是,现在很多人才测评公司,在测验工具的选择上并不谨慎,不顾条件限定同时使用好几种测验工具,得出的结果甚至前

---

① 孙黎.人才测评中心理测验的科学应用.现代企业教育,2008,(12):241-242.

后相悖。这样的做法不仅影响人们对心理测评的信任,也损害了现代测评技术的声誉。

（2）测验的实施。主试在测试前应做好充分的准备,熟悉材料的结构、内容及使用方法,熟记指导语。在具体施测的过程中,注意时间的控制、材料的呈现方式、回答和记录的方法以及与被试形成良好的协调关系。主试要按照指导手册中说明的程序进行。就目前心理测验的现状来看,心理测验的实施这一环节是比较令人满意的。

（3）测验的评分和解释。评分是为测试结果的解释和报告作准备。待全部测试结束后,主试要认真批阅并按照评分标准对被试者在答案纸上的回答进行计分,并对计算过程进行核对。评分过程在心理测验中十分重要,必须严格遵照编制者的指导进行。同时,测验的解释环节需要格外慎重。

值得一提的是,现在的人才测评机构多采用心理测评软件。一方面,心理测评软件的使用,为目前人才交流和人才招聘选拔工作提供了极大的便利。另一方面,心理测评软件的"一条龙"服务,尤其是对测验结果的解释,也给心理测验的准确性及科学性带来了一定的干扰。对于结果的解释,我们遵循的原则是"实事求是"的原则,因此我们不能仅根据测评软件提供的模式化的结果进行解释。结合受测者的实际情况及个体差异,进行全面的分析,尽量使结果的解释科学、准确并有利于受测者的发展和身心健康。

相比面试和评价中心而言,心理测评在年龄上是老大哥,然而,在商业化测评中,是发展的最不成熟的。无论是商业界还是学术界对于心理测验的应用都进行了大量的尝试,使得心理测评有了更进一步的发展。与此同时,我们必须正确看待和使用心理测验,维护它的科学性和严肃性,从而保证它不断朝着健康的方向发展。

▶▶ 二、评价中心

（一）评价中心的概念

评价中心（assessment center）是近几十年来人事心理学的热门领域之一。关于评价中心的概念,不同的学者从不同的角度提出了各自的定义描述。在 1989 年举行的第17 届评价中心技术国际学术大会上通过的《关于评价中心的实施标准和道德准则》这样描述界定评价中心：评价中心由多种标准化的行为评估技术组成,由多名经过培训的观察员观察记录被试在行为模拟练习中的行为表现并进行初步的判断归类,然后把观察记录结果交由专家评委组成的委员会进行讨论或通过统计综合分析程序产生整合的行为分析结果,在专家讨论过程中,对每一受测被试就评价中心所要评价的特质维度或其他待测评的变量作出等级评估[①]。

可以看出评价中心具有这样一些特点：① 评价中心特别强调测试的情景模拟性,尽可能地营造出一种接近真实工作场景的情形,使被测试者展示自己的实际素质。② 评价中心强调的是多种测评技术的组合,从而全方位、系统地考察被测试者的各项素质。③ 强调多个评委的参与,这就避免了单个评委评估时可能存在的误差。因此,可以将评价中心定义为,一种通过模拟情景,采用多种评估技术对被试进行测评的综合评价技术。

---

① 彭平根. 评价中心的测评有效性及其影响因素的实证研究. 华东师范大学心理系博士论文,2003 年.

（二）评价中心采用的主要技术和方法

评价中心是多方法、多技术的综合体，从测评的形式来看，广义的评价中心包含了传统的心理测验（评价被试的人格、能力、职业兴趣等特质）、面谈（主要是结构化面谈）、投射测验（评估被试的深层次人格特质、职业动机、职业价值观等）和情景模拟等。对国内外的大量的研究文献分析发现，实际应用领域特别是研究领域中的评价中心主要是指以情景模拟为核心的系列测评技术，是狭义上的评价中心。因此，根据被试应聘的或在职的工作岗位设计的各类相关情景模拟技术也就被认为是评价中心最主要的技术与方法。比较经典的情景模拟技术包括公文筐测验、无领导小组讨论、管理游戏、角色扮演等；其他的技术如案例分析、演讲、事实搜寻、情景面谈等也常常结合具体的实际需求加以应用。

国外对评价中心技术的各种形式的实际使用情况做过调查（Ac Spychalsk et al，1997），如表 4 - 7 所示：

表 4 - 7　评价中心的各种技术的实际使用频率

复杂程度	评价中心技术	实际使用频率
更复杂　←→　更简单	问题分析	49.3%
	公文处理（公文筐）	81.7%
	技巧和能力测试	31.0%
	指定角色的无领导小组讨论	43.6%
	不指定角色的领导小组讨论	57.1%
	演讲（即兴发言）	46.2%
	查找事实	37.6%
	面谈	57.1%

资料来源：Ac Spychalsk. A Survey of Assessment Center Practices in Organizations in the United States. Personnel Psychology，1997，50(1)：71 - 90.

（三）评价中心的操作程序

评价中心的操作程序基本上大同小异，常见步骤如下[①]：

1. 明确使用目的

评价中心应该是企业人力资源管理中的一个辅助手段。在使用评价中心技术前，应与企业高层沟通，确定是否要引入该技术、使用的主要目的、评价对象的层级等。

评价中心方法最好在缺乏一个人的未来绩效数据的情况下使用。评价对象的目标职位与现任职位的差别越大（如从推销员提升为销售主任），就越需要评价其执行未来工作的胜任能力。职务的管理工作成分越大，评价中心所评价出来的管理潜力往往越准确。

确定评价对象的层级时要注意两点：一是该层级要有足够的参加者，使评价中心最为经济；二是要有足够的评价者，且至少比参加者的层级高一级或两级。

---

① 刘远我. 评价中心技术刍议. 中国人力资源开发，2007，(5)：57 - 59.

2. 确定目标岗位的胜任特征

所谓"目标岗位",是指招聘和选拔的人才将被安置在什么岗位上。胜任特征主要是直接与个体的工作绩效表现紧密相关的内在因素,因而是预测个体工作绩效的有效的评价指标,评价中心以此作为测评工作的基准。

测评前,要确定岗位的胜任力模型,并界定有关胜任力的维度定义。如果忽略这一环节,即使在测评上投入再多的精力也是无的放矢,评价的结果也很可能会"南辕北辙"。

3. 设计测试方案

这一步骤的主要目的是,明确胜任力的测量方法。首先,需要选择和完善测评工具和练习,针对目标岗位的胜任力要求,选择合适的测评工具和练习。此时须注意几个原则:① 每个练习必须与测评的胜任力标准直接相关;② 每个练习的难度适中;③ 内容丰富,具备与岗位相关的情境;④ 测评工具和练习经过专家的精心设计,具有合理的信度和效度;⑤ 针对客户的组织机构特点和时间、费用要求,对测评工具进行修正。

其次,设计胜任力评价矩阵。评价矩阵包括测评工具和胜任力两部分内容,每个素质维度必须通过多个测试手段进行观察,以保证测试的效度。比如"影响力",该胜任力可通过无领导小组讨论、面试和演讲三种不同的测试工具进行评估。表4-8是一个评价矩阵的样例。从表4-8中可以看到,每种测评方法都可以测量多种胜任力,而每种胜任力又至少有两种或两种以上的测评手段进行考察。

表4-8　评价中心设计中的评价矩阵

	影响力	协调能力	授权	决策	分析判断
无领导小组讨论	★	★		★	★
公文筐测验			★	★	★
演讲	★				★
角色扮演	★	★			★
半结构化面试		★	★	★	★

最后,制定评价行动计划,包括确认评价目标、设计测评流程和测试的时间进度表;将测试时间表提供给每位测评师,保证测试能够按照时间进度进行,确保测试条件的公平和一致。表4-9是某企业的评价中心测试实施安排表。

表4-9　评价中心测试实施安排表

日期	测评项目	时间	测试对象	评委组成	地点
某月某日	无领导小组讨论	9:00—11:10	第1组受测者	A组评委:李某某、张某某、王某某、刘某某、程某某	某某会议室
			第2组受测者	B组评委:姜某某、任某某、周某某、韩某某、耿某某	某某会议室
		14:00—16:10	第3组、第4组受测者	第3组:A组评委 第4组:B组评委	

(续表)

日 期	测评项目	时 间	测试对象	评 委 组 成	地 点
某月某日	动机与个性心理测验	9:00—11:00	全体受测者		某某室
	公文筐测验	14:00—17:00	全体受测者		某某室
某月某日	半结构化面谈	9:00—9:45	1号受测者	A组评委:李某某、张某某	某某室
			2号受测者	B组评委:王某某、刘某某	某某室
			3号受测者	C组评委:王某某、刘某某	某某室
			4号受测者	D组评委:王某某、刘某某	某某室
		10:00—10:45	5—8号受测者	依次为A、B、C、D组评委	某某室
		11:00—11:45	9—12号受测者	依次为A、B、C、D组评委	某某室
		14:00—14:45	13—16号受测者	依次为A、B、C、D组评委	某某室
		15:00—15:45	17—20号受测者	依次为A、B、C、D组评委	某某室
		16:00—16:45	21—24号受测者	依次为A、B、C、D组评委	某某室

4.培训测评师

作为评价中心的核心技术,情境模拟测试具有很强的主观性,测试效果的好坏在很大程度上依赖于测评师的技术水平。测评师要从专业人士中挑选,并且具有丰富的测评实践经验,即使是最优秀的测评专家,在测试前也要接受有针对性的培训。培训的内容通常包括:① 熟悉测评的素质维度(胜任力)和测试工具,了解特殊测验的一些操作实施细节;② 主持情境模拟测试的方法与技巧;③ 测试过程中行为观察、记录、归类和行为评估技巧;④ 统一的评价标准和尺度,提高测评师评价的一致性;⑤ 测评师在培训中要将刚掌握的东西进行实际演练;⑥ 测评师每年至少应参加1—2次评价中心,以保持状态。

5.试测

严格的测试程序中,在正式实施评价中心前应该找一个与被评者类似的群体做一次试测,尽量收集试测过程中的反馈信息,以便完善测试的内容和程序等。

6.单独评价测试结果

在各项评价中心的活动中,每个评价人员都要对被评者进行观察,尤其要观察被评者所说的和所做的具体事情,观察过程中不允许评价人员作解释性说明。在一个评价练习结束后,每位评价人员要将观察记录归类和评估,并按照各个胜任力中成功行为的特征独立地评价其等级水平。通常每个行为特征分成六个等级：

5——显著地高于成功管理行为特征标准。

4——有些高于成功管理行为的定性和定量标准。

3——符合成功管理行为的定性定量标准。

2——有些低于成功管理行为的定性定量标准。

1——显著地低于成功管理行为的标准。

0——没有足够资料表明等级。

7. 整合测试结果

评价结束后，评价人员会逐一讨论被评价人员的所有测量开发技术和观察的结果，直到确定一个所有评价人员都同意的等级为止。

由评价人员宣读各自对被评价者的观察和记录结果，具体内容可包括被评价者的行为表现、作用和地位等，尤其是与成功管理行为有关的行为表现和初步的等级。一般而言，宣读结果的顺序是面谈结果、纸笔测验结果、心理测验结果、情境模拟测试结果。越是重要的评价技术，越要靠后宣读。当所有评价人员宣读结束后，大家共同讨论行为等级。讨论过程中，评价人员可以改变其最初的评价等级，直到取得一致的等级。有时候，根据评价目的还会做一些额外讨论，指出每位被评价者未来的发展方向和培养方法。

8. 撰写测评报告

评价人员以书面形式写出对被评价者的评价等级，并给出其在今后几年的发展建议。然后，将书面报告呈送给企业 HR，以为企业最终的人事决策提供依据。

▶ 三、投射技术

（一）投射技术的概念

投射技术（projective technique）或投射测验与问卷测验、情境测验并称心理学测验的三大技术。从数量上看，投射测验不如另外两种类型的测验的数量多；其信度和效度也存在一定的争议；但投射技术却因为其独特的能够洞察被试的无意识的能力以及较少受到跨文化等因素的影响而在心理测验中占据一席之地。

何为投射（projection）？一般认为，弗洛伊德是这一概念的最早提出者。在弗洛伊德看来，自我（ego）会将不能接受的冲动、欲望和观念转移到别人身上。像那些不能宽恕自己内心敌意的神经症和精神分裂症病人，就常常以迫害妄想的方式将自己的敌意转嫁于别人。可见这种投射作用是一种防御机制。在这里我们可以看到投射的基本特征：一个人真正的动机、欲望以及其他心理活动，可以通过此人的其他心理过程或心理活动产品间接地表现、反映亦即投射出来[①]。

综合多数定义，可将投射测验概括为"一种无结构的作业"。刺激材料无结构，回答不受限制，发挥自由联想。刺激是模糊的、模棱两可的。面对这种材料要作出反应，便

---

① 童辉杰. 审视与瞻望：心理学的三大测验技术. 南京师范大学报(社会科学版)，2002,(3)：81-88.

塞进自己的结构,所以称投射,也就是受试者的心理结构投射到无结构的刺激材料中。这是一般而言,其实,各种投射测验还有各自的理论。

(二) 罗夏墨迹测试

墨迹技术(inkblot technique)又称墨迹测验。所谓墨迹是指测验材料系图所构成。用黑色或彩色墨水置于纸上,压成一个对称的或不对称的墨迹图,这个图形无主题,是模糊的。可被人看成某些形象或图案及其他意义的东西。这类测验主要有罗夏测验及Holtzman测验。按照 Hunsely 和 Bailey(1999)的说法,罗夏测验是所有的心理测评工具中最受珍爱也被批评最多的测验,因此这里只介绍罗夏测验。

罗夏墨迹测验(Rorschach Inkblot Method,简称 RIM)是历史上争议最多的心理测验。自 1921 年由 Hermann Rorschach 创立以来,它一直是临床心理学界用得最广的心理测验之一,20 世纪 40 和 50 年代它几乎成了临床心理学的同义语。为解决RIM 存在的问题,Exner(1968)成立了罗夏基金会(后改为罗夏工作组),开始了大量的临床和实验研究,并在 1974 年创立综合系统(comprehensive system,CS)。由于他的杰出工作,Exner 成为 1997 年 4 名获得美国心理学会颁发的特殊贡献奖的心理学家之一。

RIM 测试的内容和实施。主试要注意的问题:

(1) 在实验室内进行。

(2) 主试应充分取得受试者的合作。

(3) 环境安静,光线充足。

(4) 受试者面前应设置简单,无杂物干扰。

(5) 测验时,主试从受试者前方递卡片给受试。图片为正面顺向方位,依次进行,无时间限制。

(6) 指导语:"这里有 10 张图片,请你看它们像什么?"然后,依次让受试往下看。每换一片,可以说:"请你看它像什么?""请你看这里有什么""什么东西使你想起了这些等等。"受试者可以把图片任意旋转或倒转,距离一般不超过手臂长度。

(7) 主试者应作好以下记录:

① 全部测验时间(T):从受试者接到第一片起到解释完最后一个回答为止的全部测验时间。

② 每片第一个回答的时间(IT):从受试者接到图片起到自发开口回答的反应时间。

③ 记录受试者转动图片的方位:Λ 代表正位。<代表横向左传。>代表横向右转。V 代表倒向旋转,每个回答记录一行。

(8) 全部图片都看完后,受试者可面向主试者,从第一片第一个回答起解释这个回答内容,由主试者按一定的符号记录整理。

(9) 全部回答解释完毕,受试便完成测验。主试者在受试离开后,整理分析计算结果。全部测验时间不得少于 20—30 分钟。

(三) 主题统觉测验

1935 年 C. D. Morgan 和 H. A. Murray 于《神经精神病学档案》一刊上发表了"主

题统觉测验：一种研究幻想的方法"一文。1935 年将此测验应用于 Harvard 心理诊所，1943 年 Murray 于哈佛大学出版《主题统觉测验》一书。后来经过多次修订。逐渐推广应用。现在有了各种记分系统和各种变异，成为一种重要的投射技术。

1. 测验材料

测验材料是一些图片，这些图与洛夏测验用的墨迹图不同，有一定主题，不是完全无结构的。而回答则无内容限制，所以仍属投射测验。材料分四套，每套 20 张。各套中有一些图片为共用的，有的为各套专用，共计 30 张图卡，其中包括一空白卡。测验分男人(M)用，女人用(F)，男孩(B)用和女孩(G)用四套。每一套又分两次进行，故每次实际上只用 10 张图卡。

2. 测验方法

受试者在安定的环境里，坐得舒适。指导语包括下面的内容：我要将一些图片给你看，并且要你根据每一张图画的内容讲一个故事。我要你告诉我图画说明了什么样的情况，此时发生了什么事，图画的主人公内心有何感触，结局如何。想到什么便说，别忙，能说多少便说多少。第二次的指导语是要受试者讲故事时更加发挥想象力，讲得更加生动。一般情况可在 90—120 分钟做完测验，每张图片讲一个大约 300 字左右的故事。当然有时不会如此顺利。例如有人讲得太快，有人则拒绝讲故事。主试者要能应付这些情况。

讲完故事后要立即进行询问，需要询问的原因有几种：故事中概念不明确，用语意义不明确，故事意义不清楚。询问必须依从指导语，解释依从图画。

读 一 读

行为事情访谈法(BEI)：关键事件法和主题统觉测验的结合

行为事件访谈法(behavioral event interview，BEI)是由麦克里兰结合关键事件法和主题统觉测验而提出来的。虽然 BEI 是在进行胜任模型研究过程中提出来的，但是对于人才的招聘选拔有着非常重要的借鉴意义。

行为事件访谈法采用开放式的行为回顾式探察技术，通过让被访谈者找出和描述他们在工作中最成功和最不成功的三件事，然后详细地报告当时发生了什么。具体包括：这个情境是怎样引起的？牵涉到哪些人？被访谈者当时是怎么想的，感觉如何？在当时的情境中想完成什么，实际上又做了些什么？结果如何？然后，对访谈内容进行内容分析，来确定访谈者所表现出来的胜任特征。

行为事件访谈法提供了一个人在实际工作情况中是怎么做的、说了些什么、怎么想的和感觉如何等这些方面的信息。

行为事件访谈法被广泛采用的一个原因是：它提供了时间压缩的观察。它能使研究者获得被访谈人在几个月、几年内发生的事情，从这角度来讲，它直接观察或对实时模拟中表现的行为的编码效率更高。

一般来讲，行为事件访谈法有以下几个步骤：(1)访谈开始阶段的自我介绍和解释；(2)了解被访谈人的工作学习经验；(3)深入挖掘被访谈者的行为事件(一般采用 STAR 法)；(4)求证被访谈者所需特质；(5)结束语。

行为事件访谈的中心目标，是让被访谈人详细讲述 4—8 个重要事件。这一部分占了大部分的访谈时间，并且要求被访谈人提供具体的，常用的提问是：请您谈谈在最近 1—2 年中，您负责过的最成功或最满意的 3 个事例。

访谈通常需要较长的时间，一般需要 1 至 2 小时，麦克里兰认为，要有不少于 65 页的英文、双倍行距的文字记录；王继承在中国国情下的实证研究表明，行为事件访谈录音整理的字数必须要达到一万字以上的长度，也就是约 1.5 小时以上，所得数据才能够较稳定地反映被访谈人样本的水平。一般只要访谈时间达 1 小时左右，访谈记录便可达到 1 万字以上，从而可以保证所得数据的稳.定。

资料来源：http://baike.baidu.com/link?url=rwC8P - tJ7N - _CX4awPOtOHdo2bqVgQsrz-UbqXSifaGCqGYKuTT0mz6ldtoJdSt1ckCdQuxpzxqgAFHiXrhqkh_.

（四）房树人测验

房树人绘画测验(house-tree-person drawing test)是一种心理投射绘画测验(projective drawings)，通过要求被试画出房子、树和人，由评定者对绘画内容进行分析，以评估被试的心理特点及可能存在的心理障碍。1948 年，美国心理学家 Buck 在美国《临床心理学》杂志上对其做了系统的论述，Buck 要求被试在三张白纸上分别画出房子、树和人，其中房子和树被认为分别代表被试对家庭和环境的感知的投射，而人则代表被试的自我认知[①]。

Buck 选择房树人作为绘画对象，是因为它们是任何年龄阶段和文化的人们都熟悉的，与其他绘画对象相比，更容易被接受，象征意义丰富。经历了几十年的发展，房树人测验本身也在不断完善与发展。最初 Buck 的房树人测验是需要把房子、树和人分别画在三张纸上。在临床实践中发现，把房子、树木、人物分别以三张纸描绘，绘画者的心理压力较大，不适合于心理动力不足、注意分散、情感淡漠患者以及精神分裂症患者。因此把所有绘画内容综合在一张纸中，只画一幅房树人整体的图画，这就是统和型房树人测验。目前临床常用的房树人测验形式，要求被试在纸张 A、B、C、D、E 五个区域中绘画出，房子、树木、人物、性别相反的人物和房树人整体图画。因为单一的房树人三者统和图画，可能遗漏被试的重要信息。因此，这种类型的房树人测验，既能简捷有效地探测被测者的人格特征，又能同时获取丰富的信息。而对于这种类型的房树人测验，还没有一个系统的临床评估体系[②]。

① 陈曦，赵玉平.房树人测验(HTP)的研究及应用.社会心理科学，2012，(9)：80-85.
② 周婉宁.房树人临床评估体系的构建及应用研究.浙江理工大学硕士论文，2013 年.

房树人测验与员工选拔

房树人测验现在正在广泛地被应用于人力资源管理之中。在企业人员选拔中,可以通过房树人测验,对员工的人格特征和气质类型有一定的了解,根据选聘职位选择调整适合的员工。我们在将其运用于企业管理工作时,可以将其指导语稍加改动,变为"请用铅笔(蜡笔)在这张白纸上任意画一幅有关你工作环境的画,画中要包括房子、树木、人物在内;想怎么画就怎么画,但要求你认真地画;不要采取写生或临摹的方式,也不要用尺子,在时间方面不限,也允许涂改;画完后请你写上自己的姓名、性别、部门。"

比如,被试将树冠画得夸大,可以看出其注重心智(知识、经验、能力)的发展;或者认为自己在这方面有缺陷,需要弥补。这样的人比较积极进取,有一定的责任感,经常充实自己的各方面知识。再如,被试将树画得很小,说明其对自我价值不肯定,自信心不足,把自己看得很低。这样的员工在选聘过程中可能需要注意。又如,被试在画人物时,会出现有缺失的情况,缺失双手说明其缺乏安全感,不易适应环境,应对能力差;缺失胳膊说明其感觉自己非常软弱,缺乏办事能力;缺失腿说明其感觉自己得不到感情上的支持;却是嘴巴说明其在沟通方面有较大的困难;缺失耳朵说明其不愿认真听取别人的意见,自以为是。性格的这些方面都是在员工选拔中值得注意的方面,因此房树人测验对员工选拔有很大的意义。

资料来源:唐俪,胥明.房树人测验在人力资源管理中的运用.今日科苑,2011,(10).

(五) 投射技术的应用

在实际应用中,进行人员测评的企业往往要求"短、平、快"的服务。但传统的投射技术一是要求主试要有较高的心理学专业水准,二是测量的时间过长,三是测量往往是一对一单独进行,不够经济。因此,许多的研究者开发出了一些比较实用的投射技术来进行人员测评。

1. 句子完成测验(incomplete sentences)[①]

句子完成测验的形式多种多样,但其主要形式就是将半开放的句子填充完整。句子完成测验容易操作,除用于人格评量外,还可用于测量态度,评定适应程度或其他各种特殊目的。句子完成测试具有编制、实施过程简易,获得的资料丰富,对被试无威胁感等优点。与其他投射测验相比,其结构化程度也较高。不过,由于这种结构化倾向,句子完成测验也被批评为最容易作假的投射技术。

例如:

1. _____是非常令人讨厌的。

2. 我的未来_____。

[①] 王平换,张微.投射技术在员工品德测评中的应用.中国人力资源开发,2007,(10):54-56.

3. 我为＿＿＿＿＿＿＿＿＿＿而工作。

句子完成测验可以从两个方面进行分析：

（1）形式分析（formal analysis）。这包括 7 种形式分析的维度：填充的长度，人称代词的使用，填充花费的时间，动词/形容词出现的频次，词汇使用的范围，语法错误，填充的第一个词。

（2）内容分析（content analysis）不同的句子完成测验进行内容分析的角度也不尽相同。Foyer(1960)认为从内容来看，句子完成测验（Foyer Sentence Completion Test，FSCT)可以从以下维度分析：内部态度、愿望、引发情感和行为的原因，对外部情况的反应。Rotten 从内容上解释其句子完成测验（Rotten Incomplete Sentence Blank，RISB）时，要求对每一个项目的反应均按冲突性、中性、积极程度在七点量表上进行评定。然后从以下 4 类反应进行分析：家庭态度，社会与性的态度，一般态度，品格态度。RISB 评分者间的信度可以达到 0.90 以上。

2. 肯诺投射测验（KENNO projective test）[①]

肯诺（KENNO）投射测验属表达类投射性测验，它要求受试者根据对题目内容的分析和理解，在一定时间内将砖块图形按照自己的行为风格和意愿填充完整。该测验主要考察动机、行为风格、反应方式等方面的心理特质。

KENNO 投射测验要求受测者在结构不明确的情况下对题目做出反应，即不能够通过题目的表面看出测验的目的。通过受试者对砖块填充的过程和结果，从而投射出其心理特质，例如，分析能力、个性、情绪、动机等。KENNO 投射测验属于图形投射测验，它不易受文化背景等的影响，因此它更适合含蓄而中庸的东方人。

通过对 KENNO 测验的过程监控，以及对产品的分析，可以从下笔时间、基本结构、数量多少、布局、方向、大小、均匀、线条形式、线条的连贯性、差错的修正、拐角方式、是否旋转、边缘的方式等十几个维度进行评分。

3. 第三人称法[②]

这是一种操作简易，判断准确的方法。投射效应也叫假定相似性偏见，即人们在推测别人的动机和意图的时候，往往不自觉地以自己的内心想法为依据。所谓仁者见仁，智者见智，就是这个意思。反过来，通过观察一个人对别人的看法或态度，就可以推测其个人内心的某个隐蔽的动机、需求和欲望。

钱钟书说"自传其实是他传，他传往往却是自传"，要了解某人，看他的自传，不如看他为别人做的传。因为作者恨不得化身千千万万来讲述不方便言及或者即便说了别人也不能相信的发生在作者身上的真实故事。钱钟书知道，通过对别人（即第三者）描述，降低了个人压力，借别人的想法表达了自己真实的内心。

这种方法应用在招聘面试中可以帮助企业洞悉求职者的内心动机。比如，企业要获取求职者真实的应聘目的，设计了以下两个问题：

---

①　关丹丹. 投射测验与人事选拔. 考试研究,2006,(4)：39－42.

②　彭移风. 心理投射法在人事谈话中的应用. 中国人力资源开发,2006,(5)：68－70.

（1）你到我们公司来工作的主要原因是什么？

A：收入高　B：有发展前途　C：公司理念符合个人个性　D：有住房　E：工作轻松

（2）你认为跟你一起应聘的人到我们公司来工作的主要原因是什么？

A：收入高　B：有发展前途　C：公司理念符合个人个性　　D：有住房　E：工作轻松

显然第一个题目并没有多大意义，大部分求职者都会选择 B 或 C，第二个题目才是重点考察求职者的心理投射，求职者一般会根据自己内心的真实想法来推测别人，第二个题目的答案才是求职者的内心想法，因为别人到底想什么，自己是不知道的。所以，在干部谈话或者企业招聘过程中，可以利用第三人称法了解对象的内心态度和动机。

具体的操作方法是给试方提供一种文字的或形象化的情境，让被试方将第三人的信仰和态度与该情景联系起来，而不是直接联系自己的信仰和态度。第三者可能是自己的朋友、邻居、同事或某种"典型的"人物。此时假定，当被试方描述第三者的反应和立场时，其个人信仰和态度可同时暴露出来。由于第三人称法可以减低被试方个人的压力，因此给试方就能获取较真实合理的回答。比如，你觉得×××怎么样？×××学习为什么这么用功？×××求职者为什么这样打扮等问题都可以使用。

4. 编故事法

编故事法属于投射测验的完成技术，它要求对方根据要求编一个小故事。在人力资源管理的谈话或者面试中，谈话对象会主动猜测谈话目的，并表现得非常讨好，使得谈话内容的真实性无从保证。比如，要询问对方的爱好，很多人会回答喜欢阅读，爱好运动，很少有人会说爱好喝酒，打扑克等。但如果采用故事新编法，谈话对象就会不自觉地把自己的情感，期望和日常生活的所见所闻编入其中。编故事法使谈话对象的掩饰性降低，从而令谈话的内容更为真实。通过谈话对象编制故事的题材、内容、结局和编故事时的情绪状态，就可以了解其内心期望、动机和生活状况。

美国哈佛大学心理学家戴维·麦克利兰为研究人的成就需要，曾作过如下试验：通过给被试者看一系列模棱两可的图片，要求被试者编写关于这些图片的故事，以此测量被试者的成就需要。实验表明，成就需要强烈的人会编出着眼于取得成就或达到目标的故事；成就需要低的人编出着眼于日常生活的故事。例如，有一幅画，画中一个人坐在工作台前，工作台上放着合家欢照片，要求被试者根据画中相关的内容编写故事。成就需要低的人编出的故事可能是甜蜜的家庭生活故事，不包含任何有关成就的思想；而成就需要强烈的人编出的故事可能说这个人正在思考一个问题，并如何解决了问题，而对合家欢照片一笔带过。

5. 空椅子技术

这是格式塔流派（又称完形心理学派）常用的一种技术，是使来访者内射外显的方式之一。空椅子技术本质上是一种角色扮演，即让来访者去扮演自己或者别人，然后展开对话。在心理咨询技术中，空椅子技术可以达到很好的咨询和治疗效果。对咨询对象来说，空椅子技术可以宣泄情感，了解个人内心冲突，或者达到换位思考的目的。应用在人事谈话中，可以了解谈话对象内心的情感特征、内心冲突，或者使谈话对象能领悟到自己的不足。

空椅子技术可以采用以下三种方式进行：

（1）倾诉宣泄式。这种形式一般只需要一张椅子。把椅子放在谈话对象面前，假定某人坐在椅子上。谈话对象可以把自己内心想对他说却没机会或者没来得及说的话表达出来，空椅子可以代表自己曾经失去的亲人，自己最尊敬的人或者痛恨的人。通过观察，就能了解其心理状态。

（2）自我对话式，即自我存在冲突的两个部分进行对话。假如谈话对象内心有很大冲突，又不知如何解决时，可以放两张椅子在其面前。先让谈话对象坐在一张椅子上，扮演自己的某一部分；然后再让其坐在另外一张椅子上，扮演自己的另一部分。这样依次进行对话，从而达到内心的整合。如，让谈话对象分别扮演两个矛盾的自我，展开对话。

（3）"他人"对话式，即自己和"他人"之间的对话。放两张椅子在谈话对象面前，坐到一张椅子上时，就扮演自己；坐到另一张椅子上，就扮演别人，两者展开对话，从而使其可以站在别人的角度考虑问题，试着去理解别人。如让谈话对象分别扮演自己和一个和自己关系相处不佳的人，展开对话。

第四节　甄选质量分析

人才甄选往往是一项复杂的工作，尤其是面对大规模招聘和核心人才的选拔，企业需要投入大量的时间、精力。然而，许多企业随着业务规模的不断扩大，期望构建自己完整的甄选体系，这样的甄选体系可以真正反映公司对特定人才的需求，以便做出正确的决策。调查显示，效度和信度是许多企业关心的核心问题。一个完善的甄选体系并不是一蹴而就的，纵观许多优秀跨国企业完备的测评体系，他们也都是不断修正的结果。

▶ 一、信度：甄选的可靠性

在人员甄选中，结果的可靠性是由测评信度来鉴定，所谓信度是指人员甄选结果的准确性或一致性程度。而信度的大小又由信度系数来衡量。这是一个重要的指标，贯穿整个人才测评过程。信度系数是衡量信度大小的指标，信度系数越大，说明信度越高，亦即甄选的可靠性程度越高。按照衡量测评信度程度的方法不同，信度可分为再测信度、复本信度、内在一致性信度和评分者信度。下面详细介绍一下[1]。

（1）再测信度。指以同样的甄选工具，按照同样的方法，对于相同的对象再次进行甄选，所得先后结果的一致性程度。通常用"稳定系数"来衡量，用积差相关系数来

---

① 徐辉，高拴平.企业人才测评与选拔的质量研究：信度与效度分析.内蒙古农业大学学报（社会科学版），2007,(5)：124-126.

　招聘理论与实务　■　■　■　■

求得。

（2）复本信度。指甄选结果与另一个等值甄选结果的一致性程度。所谓等值，是指在测评内容、效度、要求、形式上都与原测评一样，其中一个测评可以看作是另一个测评的近似复写，即复本。通常用等值系数来估计复本信度两次等值测评结果的一致性程度，它的计算与稳定系数相似，通过计算两次测评数据之间的相关系数来求得等值系数。当测评结果是分数形式时，用积差相关法计算，当测评结果为等级或名次时，用等级相关法计算。

（3）内在一致性信度。指所测素质相同的各测评项目分数间的一致性程度。若被测的第一个项目的分数高于他人，在第二个项目的分数还高于其他人，在第三个项目的分数仍高于他人，且这些测评项目所测评的是同一素质，那么有理由认为甄选结果较可靠。内在一致性系数是用来估计不同测评项目测评数据的一致性程度，且这些项目都是测评同一种素质。估计方法通常有两种：一种是项目折半分析，另一种是 A 系数分析。而所谓的项目折半分析，是把一个测评平分成等值的两半，得到两组测评分数，计算两组之间的相关系数，再代入斯皮尔曼-布朗（Spearman-Brown）公式得到整个测评信度的系数即内在一致性系数。采用这种方法分析内在一致性信度的关键，在于把一个测评一分为二不是随意的，而应分成尽量等值的两半。通常的做法是把题号为奇数的分作一半，而题号为偶数的作为另一半。

当一次测评无法分成对等的两半时，折半信度不宜使用。此时可考虑通过 A 系数分析信度，A 系数是目前计算信度较常用的一种方法。A 系数分析是通过克朗巴赫（Cronbach. L）提出的公式计算内在一致性系数。

（4）评分者信度系数。当评分者为两人时，评分者信度是通过两个评分者对同一组被测测评分数之间的相关系数来鉴定，可使用积差相关（同上）或等级相关来计算相关系数。当评分者为两人以上，并用等级记分时（其他形式的分数要转化成等级），则用肯德尔和谐系数来分析评分者信度。

当然影响信度的因素也有很多，主要是系统误差和随机误差。包括测评者的专业性和素质、被测评者本人心理、测评工具的稳定性、环境稳定性等都会影响测评的可信度。在实际测评过程中要把握各相关方面，不仅要有专业的测评人员，同时也要在稳定的环境中为被测评这提供一个放松真实的氛围。

▐▷ 二、效度：甄选的有效性

上面我们对测评信度进行了数学分析，目的是通过它们来建立模型，提高测评的可信度。测评的有效性也即测评效度是人才甄选质量检验的重要内容，尤其是对测评选拔反馈有重要的指导和参考修正价值。

（一）效度概念的发展历史
从历史上来看，效度概念的发展大体上了经历了三个阶段[①]

---

① 孙晓敏，张厚粲.效度概念演进及其新发展.心理科学，2004，(27)：2-4.

1. 效度概念发展的第一个阶段：相关即有效

效度概念的发展大致可以划分为三个阶段。第一个阶段是 20 世纪 50 年代之前，主要的代表人物有 Hull，Bingham，Guilford 和 Gulliksen 等人。这个时期人们普遍认为相关即有效。例如 Bingham(1937)指出：测验的成绩与采用其他客观方法进行度量所得结果之间的相关就是效度。Guilford(1946)甚至认为：只要一个测验与某事物相关，那么对于该事物来说它就是有效的。这种简单的定义符合测验发展初期的特点和需要，但是随着测量理论和实践的不断深入发展，此种定义日益受到巨大的冲击和挑战，因为人们逐渐意识到盲目地使用相关研究有时可能会得出毫无意义的结果。

2. 效度概念发展的第二个阶段：效度有多种类型

效度概念发展的第二个阶段大致是从 20 世纪 50 年代到 70 年代。与第一阶段比较简单的定义相比，第二阶段的效度概念包含了更为丰富的内容。在这个时期，不同的学者针对不同性质的测验或测验过程的不同方面，提出了效度的多种类型。1954 年，美国心理学会出版了《关于心理测验和诊断的技术建议》一书。书中对当时流行的各种效度概念进行了归纳概括，明确列举了四种类型的效度：预测效度、同时效度、构想效度和内容效度。预测效度即一测验的结果与另一后来获得的测量结果之间的相关程度。同时效度是测验结果与一大约同时获得的测量结果之间的相关程度。构想效度是指一测验结果可以凭借编制该测验所假定的心理学理论或观念予以解释的程度。内容效度指的是一个测验所包含的内容是否充分地概括了预测范围的内容。由于预测效度和同时效度所考察的都是测验结果与另一客观效标之间的相关程度，于是在美国心理学会、美国教育研究学会和国家教育测量委员会 1966 年联合出版的《教育与心理测验的标准和指南》中，将效度类型进一步简化为效标关联效度、构想效度和内容效度三种。效度概念发展这一阶段的最大特点是出现了上述各种与特定测验目的相联系的效度类型。人们普遍认为，不同的测验有不同的效度要求，比如成就测验更重视内容效度，能力测验强调效标关联效度，而人格测验则突出构想效度等。

3. 效度概念发展的第三个阶段：效度是一元且多维的

效度概念发展的第三个阶段是从 20 世纪 70 年代到现在。这一阶段有两大特点。第一，人们开始试图将不同的效度类型统合起来，逐渐形成一个统一而丰富的概念。效度的某些方面虽然对于某种测验来说更关键一些，但它并不能涵盖效度对整个测验本身多方面、多层次的要求。人们逐渐接受了这样的观念：效度只有一个，但证明效度的证据却可以来自很多方面，可以从内容、效标以及构想等多种渠道寻求支持。由于原先的构想效度侧重的是测验符合编制者理论构想或者说测验目的的程度，因此可以认为构想效度反映了效度概念最为本质的要求，内容效度和效标关联效度都是统摄于其下的。于是，在原有概念的基础上，构想效度被赋予更为丰富的内涵。现阶段，它已经成为一个统合各方面效度证据的综合性概念。效度概念发展第三阶段的第二个特点是对效度本身解释力的反思。泛泛地谈论某一测量工具的效度是不负责任的，因为效度指的是事实和理论对由测验分数所得解释的支持程度。被评估的是对测验成绩所作的解释，而不是测验本身。当测验成绩被以多种方式使用或解释时，由此得到的每一种解释都必须受到效度的检验。

（二）效度的具体内容

在当前全球化的市场竞争中,吸引和保留最好的员工对组织发展至关重要。员工招聘产生的直接和间接成本,特别是错误的招聘导致的成本日益增加,因此,确保甄选方法的预测效度和表面效度就非常重要。下边以预测效度和表面效度为例,从这两种效度的内涵、重要性以及提升途径来进行介绍①。

1. 预测效度和表面效度的内涵

员工甄选方法最重要的属性是其预测效度(predictive validity),即对未来工作绩效的预测能力。预测效度反映了甄选的测试方法用来预测将来行为的有效性。通过对求职者在选拔中所得分数与其被录用后的绩效分数相比较来了解预测效度,若两者相关性越大,则说明所选的测试方法、选拔方法越有效,进而可用此法来进一步评估、预测求职者的潜力。

学术界常用相关系数来衡量预测效度,如何一种甄选过程的相关系数为1,则它能够非常准确地预测员工的绩效表现;相反,如果相关系数为0,则表示该甄选过程完全失去了预测的准确性,雇主很可能是在随意地挑选雇员。

从员工甄选的角度看,表面效度(face validity)是求职者主观上认为甄选测验是否测量了所要测量的心理特性,一般认为表面效度与求职者对甄选过程的感知、是否接受以及如何应对甄选过程有关,可以理解为甄选过程中表现出来的组织形象以及求职者对组织的印象。

2. 预测效度和表面效度的重要性

（1）预测效度的重要性。首先,较高的预测效度有利于挑选优秀的求职者。组织要想在激烈的市场竞争中赢得竞争优势,必须使那些经过甄选过程被录用的人员在日后的工作中表现出良好的绩效,因此选择的甄选方法应该能够通过对将来绩效的预测来将最优秀的求职者挑选出来。不恰当的甄选决策会降低组织的效率,使薪酬和组织发展战略失效,对被录用者也是不公平的,而且会使管理者不得不面对不合适的下属,从而感到沮丧。

其次,较高的预测效度有利于降低成本。考虑到甄选过程的成本和员工离职的成本,保证甄选过程的结果表现出高的预测价值和实用性显得尤为重要。甄选过程的失误往往会带来昂贵的成本支出,英国 CIPD(2006)的报告指出,如果考虑到所有的离职成本,包括薪酬和管理成本、招募甄选的时间和费用、入职引导、培训、非生产性时间、其他间接的成本(如潜在客户、客户满意度)等的损失,每个离职员工的估计成本约 5 000 英镑,对管理者和专业技术人员则更高,达 7 000 英镑。总之,预测效度可以帮助测量甄选过程的效用和信度,在考虑提高甄选方法效用的前提下,可以评估某一甄选方法对员工日后的绩效表现的预测性。

（2）表面效度的重要性。首先,良好的组织形象可以吸引求职者。通常情况下,求职者在求职过程中首先关注的是企业的名声和形象。良好的企业形象一般是与较高企业的发展前景、较大的个人发展空间以及较高的薪酬联系在一起的。愈演愈烈的"人才

---

① 云绍辉. 员工甄选方法的预测效度和表面效度及改善对策. 第八届中国管理学年会会议论文,2013.

争夺战"使组织形象变得尤为重要,那些能够在招聘过程中保持吸引力的组织必定拥有更大的优势。根据雇主品牌理论,组织可以通过相关活动和政策来提升组织的公众形象,以吸引潜在的求职者。在当前激烈的劳动力市场竞争的背景下,这一需要尤为突出。关键技能人才的短缺使得组织保持对优秀人才的吸引力显得更加迫切,组织必须在招聘过程中保持良好的形象,因为错失优秀的求职者会导致成本增加。如果求职者发现招聘系统的某些方面带有攻击性,他(她)可能会认为该公司是缺乏吸引力的。

其次,表面效度为求职者提供组织信息。在甄选的环境中,求职者会将甄选过程看作是反映组织特征信息和真实工作预览的一种形式,将影响求职者在接到录用通知后是否愿意来组织报到。此外,甄选过程将决定求职者对组织的印象,并成为一旦录用后心理契约的基础。求职者对雇主企业的不良印象还会导致"溢出效应",如拒绝购买该公司的产品,并劝说他人也不要购买。

再次,影响员工日后的态度和行为。

表面效度和求职者对公司的感知将直接影响他以后对公司的态度和行为。实际上,还会影响其他方面——员工满意度、组织承诺、离职、组织氛围等,从而会潜在地降低甄选过程的实际预测价值。此外,由于观念会影响行为,求职者对甄选过程的感知会影响其实际的行动,如是否向其他求职者推荐雇主,是否会再次申请职位,是否会再次参加测试等。

综上所述,可以看出作为招聘的关键概念,表面效度的重要作用在于它会影响企业在求职者心目中的形象,帮助企业深入了解求职者对某一特定甄选方法的反应,以及他们今后对组织的态度和行为。

(三) 如何提高甄选的效度:以结构化面试为例

结构化面试有较高的预测精度,但由于其结构化程度较高,仍有一定的局限,如高度的结构化可能影响求职者的现场表现。Taylor(2007)指出"结构化面试可能是一种对于改善预测效度有效的方法,但未必能创设一种宽松的环境,使求职者能够敞开心扉,表达真实的自我。有证据表明除非训练有素的面试官谨慎地去操作,结构化面试的结果可能并不理想,而且对于求职者的评价也可能不准确。"

为了把结构化面试的局限降到最低,并提高其预测效度和表面效度,可以采取以下措施:

1. 采用半结构化面试

半结构化面试是指面试构成要素中有的内容作统一的要求,有的内容则不作统一的规定,也就是在预先设计好的试题(结构化面试)的基础上,面试中根据不同求职者的表现,主考官向求职者提出一些随机性的问题,以更加全面深入地了解求职者。半结构化面试是介于非结构化面试和结构化面试之间的一种形式。它结合两者的优点,有效避免了单一方法上的不足,面试过程中的主动权主要控制在评价者手中,具有双向沟通性,可以获得更为丰富、完整和深入的信息,并且面试可以做到内容的结构性和形式灵活性的结合。

2. 面试考官中应包括部门主管

面试考官是面试的测评者,是对应试者的素质进行评价的实现者,在面试中扮演着十分重要的角色。面试考官的素质如何对面试结果有很大影响。面试考官的任务是实施面试,包括提出面试问题、观察和分析应试者在面试中的各种行为表现、对应试者进行评价等。一般认为面试考官应该由5—7人组成,包括人力资源专家、董事会代表、公司分管领导、部门主管等。但限于时间和成本,考官组成员可能会减少,但无论如何部门主管应该是考官组成员之一。因为部门主管对本部门相关职位非常熟悉,具有关于特定工作要求和行为的相关知识,能够根据求职者的表现准确地判断出其是否能够胜任空缺职位。此外录用的求职者将被安排到用人部门工作,其入职引导、培训开发、绩效考核等关键人力资源过程都由用人部门主管负责,安排部门主管来担任面试考官可以使员工与管理者有较充分的相互了解,为今后的工作创造良好的条件,从而可以增强面试的预测效度和表面效度。

3. 进行动态的职位分析

职位分析是对某特定的工作作出明确规定,并确定完成这一工作所需要的知识技能能力等资格条件的过程。有效的职位分析可以为面试提供空缺职位的职位描述(TDRs)和任职资格规范(KSAOs),是面试内容的指导性文件。面试问题应基于"全面的、准确的、最新的"职位作描述,问题的适当性与得体性也很重要,因为不合适的问题和歧视性的表达会降低表面效度。面试问题应来源于"有意义的任职资格描述,并对关键的能力和期望的能力进行区分",从而能够进行准确的判断,提高面试的预测效度。

4. 面试官应训练有素

通用汽车总裁斯隆曾经说过:"我宁可用四个钟头讨论最适用的人才而不愿意用几百个钟头去收拾残局。"毫无疑问,面试考官对面试的效度有举足轻重的影响。研究表明,面试官对工作的了解程度越高,面试的效果越好;经验对面试的效果作用不是太大;考官是否训练有素对面试结果有重要的影响。

三、结语

信度和效度是人才甄选质量的重要指标。运用数量方法进行定量研究,有利于提高测评的有效性,进而做出正确的选拔决策。看似复杂的计算公式,实则很简单,在计算机辅助之下,企业可以方便地对收集数据进行处理。不同的测评技术和测量标度,可以根据以上使用条件选择适当的检验方法。对于低效度、信度的测评指标,可以及时做出调整,完善指标体系,对于建立企业自身完善的测评反馈机制有重要意义。

思 考 题

1. 基于胜任力特征的甄选流程与传统甄选流程有何区别?

2. 什么是履历分析,履历分析评价技术包含几个步骤?

3. 什么是面试技术? 什么是结构化面试技术?

4. 面试的实施分为几个阶段?

5. 什么是心理测验? 如何科学实施心理测验?

6. 什么是评价中心？评价中心的操作程序是什么？

7. 什么是投射技术？常见的投射技术有哪些？

8. 什么是甄选的信度？什么是甄选的效度？

讨 论 案 例

晋商组织人员录用与甄选

晋商是中国明清时期的成功商人群体之一,在中国近代史上有着独特的地位。晋商票号成功的原因除明清政府政策导向、地理环境特殊等要素外,最重要的是其人才甄选与培养体系的成功。

一、学徒的录用

1. 学徒录用的原则

铺保。担保制是学徒录用的基本制度,信誉清白是学徒录用的基本前提。晋商不直接公开招收学徒,希望进入晋商票号的人必须由铺保担保,铺保要出具担保书,对学徒在商号发生的一切行为负责。学徒在票号的行为与铺保的个人信誉密切相关。铺保们倾向于在掌柜与东家心目中塑造出一种能获得社会赞许的印象,为了避免自己在社会交易情境中蒙受损失,避免自己社会地位或声望的降低,他们会在推荐学徒时尽职尽责。

2. 学徒录用的程序

若经过铺保举荐的人通过人品、年龄、智力、外貌等方面的调查测试与面试,才可以在一个吉利的日子进入商号开始成为正式的学徒。

3. 学徒录用的标准与测量

晋商票号一般录用年龄 15—20 岁之间的男性青少年,为了便于查清其家庭背景,要求最好是本地人,且"身高 5 尺、五官端正、仪态大方、家世清白、懂礼貌、善珠算、精楷书、不怕远行、能吃苦",还要求"更须仪态大方,习于礼貌"等。

年龄要求是因为学徒需要长期的学习与培养,使整个山西票号的从业人员年轻化,当别的商都的同龄人还是学徒的时候,山西商票号的员工已经是商场老手了。要求"当地人"免去了文化、语言冲突,也使票号便于考察学徒家庭背景。要求"家世清白",因为"恐有不良遗传,必先问其以上三代做何事业,出生贵贱"。

其他智力与技能的基本要求用面谈与简单的能力测试来考察,具体方式是让面试者认字、写字、打算盘,看其文化高低;再与之交谈,察其应对是否灵活,是否聪明。

二、对学徒的测试与认识

票号晋商经过长期的积累与感悟,使用"八观法"对伙计进行测试。这是一种真实情景测试的方法,这种方法在晋商群体中被称为实验法。在晋商票号中,"以道德信义树立营业之声誉,故遴选职员,培养学徒非常慎重,人心险于山川,故用人之法非实验就无以知其究竟,远则易欺,远使以观其忠;近则易狎,近使以观其敬;烦则难理,使以观其能;卒则难办,卒使以观其智;急则易夹,急使以观其信;财则易贪,委财以观其仁;危则易变,告危以观其节;杂处易淫,派往繁华以观其色"。这是我国传统的人才测评思路的继承,比如《吕氏春秋》的"八观六验法"、刘劭《人物志》中的"八观五验法"、诸葛亮的"知人七法"等,这些方法是利用特定情景诱导出所要观察的行为品质,使晋商能够了解伙计的人格特征,为票号的健康发展奠定了基础,虽成本高昂,但有效实用。

资料来源:董朝辉,杨继平.晋商票号人才甄选培养及现实意义.太原科技大学学报,2007,(28)2:103-107.

讨论题:

1. 晋商为何不直接招募学徒,而是采用"铺保"担保制度?
2. 八观法有何优点,在现代商业环境中存在何种缺陷?

参 考 文 献

1. 赵艳丰.中国劳动保障报/2013年/7月/6日/第004版.

2. 杜冰.基于支持向量机的人力资源甄选方法研究.合肥工业大学硕士论文,2007年.

3. 彭剑锋.人力资源管理概论.复旦大学出版社,2005年.

4. 袁湛楠.安联集团高管甄选方法设计与应用研究.西北大学硕士论文,2012年.

5. 林伟修.OCB导入系统办公家具业营销人员甄选之研究.昆明理工大学博士论文,2010年.

6. 廖昌荫.企业人员选拔方案设计及实施要点.人才资源开发,2007,(3):47-49.

7. De Cenzo, D. A., & Robbins, s. P. Human Resource Management (6th ed.). New York:JohnWiley. 1999.

8. 黄英忠.人力资源管理.台北:三民书局,1999年.

9. 王鹏.岗位胜任特征模型为基础的营销人员甄选体系研究.兰州商学院商学院硕士论文,2009年.

10. 丽利·史宾赛,辛格·史宾赛.才能评鉴法.魏梅金译.汕头大学出版社,2003年.

11. 国际人力资源管理研究院(IHRI)编委会.人力资源经理胜任素质模型.机械工业出版社,2005年.

12. 余芒.人力资源专业人员胜任素质及甄选体系研究.天津理工大学硕士论文,2012年.

13. 钱仪婷."履历"类文书源流考.文教资料,2013,(32):175-177.

14. 杨鹏,胡月星.履历分析技术在领导人才选拔中的应用.新东方,2006,(4):20-24.

15. 许铎.履历分析测评技术在选拔招聘人才中的应用.中国人力资源开发,2002,

（10）：31－34.

16. 王涛.履历分析评价技术在干部竞争性选拔工作中的应用.华东电力,2013,（4）：866－868.

17. 刘大卫.履历深度分析法在高管人员甄选中的运用.中国人力资源开发,2010,（4）：22－24.

18. 孙武.结构化面试研究.厦门大学博士论文,2008年.

19. 杨强荣.张华.朱维勇.结构化面试程序及其应用.广西大学学报（哲学社会科学版）,2010,32（1）：196－197.

20. 王淑红.赵琛徽.周新军.人员素质测评.北京大学出版社,2012年.

21. 王胜会等.人才测评——理论、方法、工具、实务.人民邮电出版社,2014年.

22. 刘远我.人才测评——方法与应用.电子工业出版社,2011年.

23. 李煌祥.应用"命题双向细目表"的体会.华南师范大学学报（社会科学版）,1999,（5）：102－105.

24. 林仲贤,丁锦红.心理测验的含义及其应用.中国临床康复,2004,（3）：522－523.

25. 金错刀.默多克的心理测验.财经时报,2003－10－25.

26. 王信琳.心理测验在人才选择中的应用价值.探求,2002,（6）：52－53.

27. 李方.心理测验常模在企业人才选拔中的应用.人才资源开发,2004,（9）：32.

28. 刘云芳.心理测验在人才测评中的应用.市场周刊,2006,（3）.144－145

29. 孙黎.人才测评中心理测验的科学应用.现代企业教育,2008,（12）：241－242.

30. 彭平根.评价中心的测评有效性及其影响因素的实证研究.华东师范大学心理系博士论文,2003年.

31. 刘远我.评价中心技术刍议.中国人力资源开发,2007,（5）：57－59.

32. 童辉杰.审视与瞻望：心理学的三大测验技术.南京师大学报（社会科学版）,2002,（3）：81－88.

33. Ac Spychalsk. A Survey of Assessment Center Practices in Organizations in the United States. Personnel Psychology, 1997, Volume 50, Issue 1, pages 71－90.

34. 陈曦,赵玉平.房树人测验（HTP）的研究及应用.社会心理科学,2012,（9）：80－85.

35. 周婉宁.房树人临床评估体系的构建及应用研究.浙江理工大学硕士论文,2013年.

36. 唐俪,胥明.房树人测验在人力资源管理中的运用.今日科苑,2011,（10）.

37. 王平换,张微.投射技术在员工品德测评中的应用.中国人力资源开发,2007,（10）：54－56.

38. 关丹丹.投射测验与人事选拔.考试研究,2006,（4）：39－42.

39. 彭移风.心理投射法在人事谈话中的应用.中国人力资源开发,2006,（5）：68－70.

40. 徐辉,高拴平.企业人才测评与选拔的质量研究：信度与效度分析.内蒙古农业大学学报(社会科学版),2007,(5):124-126.

41. 孙晓敏,张厚粲.效度概念演进及其新发展.心理科学,2004,(27):2-4.

42. 云绍辉.员工甄选方法的预测效度和表面效度及改善对策.第八届中国管理学年会会议论文,2013.

43. 董朝辉,杨继平.晋商票号人才甄选培养及现实意义.太原科技大学学报,2007,(28)2:103-107.

第五章　员工录用

没有什么样的决策能够比人事决策更难做出。　——彼得·德鲁克

【学习目标】

- 掌握背景调查的概念及操作流程
- 了解录用决策的概念与科学决策方法
- 了解录用通知的概念与内容,把握录用通知的注意事项
- 了解录用条件设置的必要性,掌握录用条件设置的注意事项
- 了解劳动合同的概念,把握订立劳动合同时的注意事项

开 篇 案 例

背景调查的重要性

上海万邦广告公司在业内赫赫有名,为了扩大业务规模,万经理计划拓展上海周边城市市场。最近,苏州分公司注册成立,事情一下子多了起来。万经理决定将自己的主要精力放在苏州公司的开拓上,但自己最放心不下的是上海的广告业务。因为以前都是自己亲自打理,万经理不得不两头跑。为了公司业务的顺利开展,万经理决定招聘一位市场总监来管理上海公司的业务。

在年初的一个招聘会上,万经理百里挑一,相中了一名业务水平及管理能力突出的张某某。入职的前6个月,张某某在工作上表现出色,万经理非常满意。可是,让万经理意外的是,6个月后,张某某突然提出辞职,原因是公司的发展不适合自己。万经理觉得理由很牵强,于是苦苦挽留,但张某某还是毅然地离开了。而令万经理万万没有想到的是,张某某离职后的3个月,公司的几个重要客户流失。经过调查发现,张某某被另一家广告公司以更高的薪酬和提成挖走了,并带走了这些客户。公司在对张某某工作经历进行了解后,这让万经理更加震惊。原来张某某的应聘简历有假,在他工作过的3个公司中,没有超过6个月的,这些经历也都没有在简历上体现出来,而是通过延长其他工作经历时间来掩盖这个事实,张某某在其他的公司也有过类似的行为。万经理后悔莫及,责怪自己面试时太大意了。一方面是重要客户流失了,另方面是职位空缺一时找不到合适人选替代,自己采用分身术也忙不过来。

其实,如果万邦广告公司在招聘前进行背景调查,张某某的虚假信息能够及时发

现，也就避免了由于张某某追逐眼前利益带走客户的行为致使公司损失的发生。

资料来源：朱金辉.员工入职需要怎样的背景调查.人力资源，2008，(8)：20-24.

第一节 背景调查

▶ 一、背景调查的概念

背景调查又称为参考调查(background check/reference check)，是指通过各种正常的、合法的、合理的方法和渠道，对应聘者以往的教育状况、工作经历、工作业绩、职业操守等进行核实的行为，以获得应聘者背景资料的相关信息，并对获得的信息与应聘者所提供的应聘信息进行对比，来核实其真实性的一种调查方法[①]。

▶ 二、开展背景调查的必要性

背景调查可以使得工作单位获取应聘者以往的一些重要信息，它的必要性表现在以下几个方面[②]：

(1) 严峻的就业形势导致求职者利用虚假信息误导用人单位的情况严重。严峻的就业形势导致就业市场成为买方市场，招聘单位往往握有充分的发言权，一般求职者处于相当弱势的地位，这种情况在发达地区和大中城市表现得尤其显著。严峻的就业形势使得个别劳动者在没有竞争优势或者身处竞争劣势时采取非法手段(主要是利用虚假个人信息)争取就业机会。

(2) 我国就业人口多、流动性大，新的个人诚信体系无法在短期内建立，导致劳动者个人信息的真伪难以辨明。我国目前劳动者个人档案的保管部门是用人单位的人力资源管理部门、人才交流中心和其他的专门的或者兼职的档案管理机构。用人单位的人力资源管理部门对自己员工的资料补充较好，每年的考评结果都会入档。但是人才交流中心或者其他的档案管理机构在人才资料管理上就会有一些懈怠，普遍存在资料更新不及时的问题。由于就业人口众多、人才流动频繁，流动区域广阔，很多劳动者在流动期间的资料往往得不到补充，完整性较差；甚至部分高校毕业生直接进入企业工作，工作数年、更换多个单位后个人档案未作任何补充，仍停留在学校的纪录。个人档案的滞后和不完善给了个别劳动者虚构个人信息的空间。

---

① 陆虹.背景调查在人员招聘中的作用.上海企业，2013，(10)：57-58.
② 吴圣奎，张宪芳.开展员工背景调查的必要性和方法.华北电力大学学报(社会科学版)，2009，(4)：42-45.

改革开放三十年来，我国旧的、欠流动社会的个人诚信体系已经完全被打破，新的流动型、开放型社会的个人诚信体系尚未建立。由于缺乏相对完善的个人诚信体系的支持，劳动者的个人信息很难通过有公信力的平台来查验真伪，导致劳动者进行个人信息造假的风险低、成本小。这就使一些劳动者敢于编造虚假信息来误导、欺骗用人单位。用人单位的"高薪诚聘"等策略在某种程度上"激发"了一些劳动者的造假欲望，应聘者为赢得竞争，在对高薪职务的角逐中极力掩藏自身的不利信息，突出、夸大和编造优势信息，迎合用人单位的需要。

（3）用人单位忽视背景调查，会增加用工风险，还可能给用人单位造成各种损失。用人单位如果忽视对员工的背景调查，必然会增加用工风险。用人单位如果不查看或者不核实劳动者的户籍信息，有可能出现以下问题：劳动者没有达到法定年龄（16岁或者18岁）就业，导致用人单位涉嫌非法使用童工或者未成年工；用人单位使用在逃犯罪嫌疑人或者犯罪分子，有关人员可能要承担民事甚至刑事责任；虚假的教育背景信息和工作经历信息会使用人单位错过学有所成、经验丰富的人才。

不仅如此，用人单位还有因为忽视背景调查而被要求承担赔偿责任和其他责任的风险。这样的案例在实践中不胜枚举，试举一例：王某是A公司的工程师，被A公司派往国外培训6个月后技术水平显著提高，但回国时间不长就忍不住高薪诱惑，应聘至B公司。A公司要求王某离职时缴纳违约金10万元。王某无奈，不辞而别离开A公司到了B公司。王某的离去给A公司造成了25万元的损失。A公司要求B公司承担连带赔偿责任。B公司尽管随即解除了王某的劳动关系，最终还是被要求承担连带赔偿责任。

用工风险的增加意味着用工成本可能随之增加。招聘失败会导致招聘广告、人才市场摊位费、招聘人员工资、误餐费和交通费等直接费用的损失。即便劳动者弄虚作假，最后导致劳动合同无效，用人单位还是需要依法支付该劳动者实际付出劳动应得的工资报酬。如果在招聘中出现重大疏忽，用人单位还可能要遭受各种损失。

（4）忽视背景调查给用人单位造成损失后，用人单位缺乏事后救济手段。对于应聘劳动者提供虚假个人信息的情形，用人单位有两种应对方案，一是事前预防，二是事后处理。事后救济一般是不得已而为之，方法不多，补救效果差。劳动者以欺诈手段使用人单位在违背真实意思的情况下订立或者变更劳动合同，导致劳动合同被确认无效的，《劳动合同法》规定由过错方承担损害赔偿责任。但是实践中，仲裁庭和法院对劳动者欺诈的认定是非常谨慎的。并且，用人单位通常很难证明因劳动者的欺诈行为导致劳动合同无效时对用人单位造成了多少损失。有时候，即使用人单位能够证明劳动者对用人单位造成了损失，该损失可能也是无法弥补的。

例如，某公司误用了另外一家公司的技术密探，导致了商业秘密的丢失。尽管该公司后来获得了一定的赔偿，该技术密探也受到了刑事处罚，但是该公司商业秘密丢失的损失已经很难弥补了。相比而言，背景调查作为应对劳动者提供虚假个人信息的事前预防的基本方法，是用人单位未雨绸缪的明智表现，也是用人单位真正节省用工成本、降低用工风险的最有效方法。

请为你的员工做背景调查

2011 年,北京外企方胜商务调查有限公司发起"企业实施员工背景调查状况"的调研活动,对企业开展背景调查的现状及需求进行分析。被调查人全部为企业人力资源部门相关负责人员,代表着其所服务的企业对背景调查的认知。本次活动共收回有效问卷 833 份,分布在不同资本性质、不同行业、不同地域的组织中,综合反映出国内企业开展员工背景调查的状况和需求。

背景调查服务来源于企业更深入了解员工真实状况的需求。不少员工为了找到一份理想的工作,往往会对简历进行一定程度的美化。但美化程度很难把握,过一分则为虚假。在就业市场压力日渐增大,整个社会风气相对浮躁的今天,虚假简历不再是个别现象。本次调查显示,高达 81.4% 的企业表示曾遭遇假简历,这其中 21.2% 的企业认为 5—10 位应聘者中就会有一位简历造假,38.9% 的企业认为 10—20 位中会遇到一位。对所有数据综合计算的结果是:约有 11.2% 的应聘者被企业发现简历掺水。

请注意,上述数据指被企业发现了的虚假简历比例。这 11.2% 的应聘者,由于被企业发现造假,几乎不可能被这家企业选聘,他自然会选择下一家,直到能够成功地蒙蔽一家企业,获得职位为止,这意味着总有企业会被蒙蔽,也意味着那 89.8% 的员工中一定有简历造假者。前程无忧的调查显示,70% 以上的求职者不反对在简历中做一些美化。当然,不能把美化直接当作造假,但两个数据间接近 60% 的差距说明众多的求职者手拿造假简历,成功地蒙蔽了企业,获得职位。

说到虚假简历,应聘者们更有可能在哪些内容上造假呢?调查显示,最有可能造假的是工作经历,约 81% 的虚假简历在工作经历方面有问题。在造假的工作经历中,工作时间成为重灾区,54.3% 的应聘者可能拉长、缩短,甚至隐藏某段工作时间。工作表现是第二项容易造假的内容,62.3% 的应聘者会在这方面美化以显示自己的工作能力和以往业绩。此外,还有 47.8% 的应聘者会在学历方面造假,最有可能的是修改专业,这在学历造假群体中接近一半。

资料来源:北京外企方胜商务调查有限公司.请为你的员工做背景调查.中国新时代,2012,(1):70-71.

三、背景调查的流程

(一) 确定调查的时间

背景调查的第一步就是要确定何时进行背景调查,从实际情况来看,主要是在两个时间节点进行[1]:

---

[1] 方振邦,钟含坷.如何开展员工背景调查.人力资源管理,2011,(3):55-57.

大部分背景调查是在用人单位有录用意向、但候选人尚未入职之前进行，称为入职前背景调查(pre-employment background check)。在这个时段进行背景调查所面对的候选人比较少，可以节约招聘成本，而且一旦发现有造假的情况，用人单位可以灵活处理而法律负担较小，但是这个间隙时间比较短，不一定能够完成背景调查，候选人还有可能因为等待时间长而转向其他公司，导致用人单位失去优秀的人才。

另外一种做法是在员工入职后、试用期之内进行，称为入职后背景调查(post-employment background investigation)。一般来说，企业试用期在 1 个月到 3 个月之间，这段时间完全能够进行充分的背景调查，也不用担心失去优秀的员工；但是由于已经与员工签订劳动合同而且员工已经实际到公司工作，一旦发现有造假情况，公司辞退该员工要冒比较大的法律风险，而且如果该员工存在职业道德上的问题，给公司带来的损失会大很多。

对于大部分的职位，公司可以采取入职前背景调查，防患于未然；对于公司紧急招聘的职位，可以入职后再补上背景调查，但需要在法律上做好相应的防范。

(二) 确定需要调查的岗位

对于企业来说，如果对拟聘用的所有人员均进行背景调查，需要花费大量的时间、人力、资金，且也不太现实，因此，企业在进行员工背景调查时，均会根据情况进行区别处理，并不会对所有聘用岗位人员进行背景调查。一般情况下，涉及企业核心"命门"的岗位，用人一定要小心谨慎、调查细致。企业对拟录用人员进行背景调查的重要岗位主要有[1]：

(1) 涉及资金管理的岗位：如会计、出纳、投资等岗位，出于对资金安全考虑，一般企业都会对这些岗位的拟录用人员进行背景调查，主要是期望了解这些拟录用应聘者的工作能力、犯罪记录和诚信状况。

(2) 涉及公司核心技术秘密的岗位：如研发部的工程师、技术人员等，企业的核心技术秘密涉及企业的生存问题，如可口可乐的核心配方和产品样品等，如果一旦被卖给竞争对手，企业就会出现生存危机，因此，在企业招聘涉及核心技术秘密的岗位的拟录用人才时，都会非常慎重，花费一定的资金对拟录用者进行犯罪记录、诚信状况等背景调查。

(3) 部分中高层管理岗位：如运营总监、销售总监、战略管理副总经理等等，这些岗位主要涉及企业的运营战略，企业在战略周期的运营方向、核心客户资源等等，都掌握在这些岗位人员手上，如果这部分人员产生动荡，会使整个企业的资金链或者运营层面带来极大的负面效应，大多数企业都会对中高层岗位聘用者进行背景调查，甚至不惜花费资金请外部调查机构。

(三) 依据胜任力和工作分析，编制背景调查表

很多企业建立了岗位人员的胜任力模型以及工作分析，但是在进行工作背景调查时，往往忽略了岗位本身所要求的核心能力和任职条件，而工作背景调查的内容又是"千篇一律，无关痛痒"的内容。因此在进行工作背景调查时，应该根据该岗位的胜任力

---

[1] 李丰涛. 国内背景调查之面面观与问题探讨. 人力资源管理, 2009, (1): 34-36.

模型和工作分析来确定所要调查的核心和重点内容。也就是在罗列所要调查的内容时,重点考虑空缺职位所需要的技能和资格条件,尤其是理想任职资格条件中的一些关键胜任能力因素,还包括与任职者工作绩效有直接因果关系的能力、个性、工作风格等因素。只有这样,才能编制合理有效的背景调查的问题①。

(1) 背景调查表的设计应当以简明、实用为原则,简明可以控制背景调查的工作量,降低背景调查成本,缩短进行背景调查的时间,这样可以避免优秀的人才被其他企业抢走,给企业造成人才损失。实用指调查的项目必须与工作职位需求高度相关,调查的内容简单、明了,符合职位要求,避免出现"调查非所用,用者未查"的现象。比如招聘财务人员就要重点考察其资信度和忠诚度(表5-1)②。

表 5-1　财务人员背景调查表

调查项目	调查内容		调查方式
	姓名	性别	
	民族	学历	
基本情况	政治面貌	婚姻状况	
	家庭住址	联系方式	
	身份证明	证件号码	
	技术证书	证书编号	
教育经历			
工作经历			
		有无不良贷款记录	
	个人信用状况	资产负债情况	
资信度		有无商业欺诈行为	
	原单位评价	原上司评价	
		原同事评价	
	有无犯罪记录		
	邻居的评价		
	离职原因		
忠诚度	工作态度		
	是否经常跳槽		
备注			
	调查人		调查时间

(2) 背景调查表应包括的内容:① 个人基本信息。个人基本信息主要包括:被调

---

①　李锡元,张灿.工作背景调查操作实务.人力资源管理,2009,(5):30-32.

②　陈正茂,刘中俐.基于背景调查在企业员工招聘应用中存在问题的对策研究.经济师,2010,(8):20-21.

查者的姓名、身份证号码、家庭住址、婚姻状况、联系电话、教育背景。② 职位要求信息。职位要求信息包括：技术、诚信等级、以前的工作表现、薪水情况、人际关系状况等。③ 社会信息。社会信息主要包括：前上级的评价、前同事的评价、离职原因、朋友、邻居的评价、资产负债情况、银行信用等级、有无犯罪记录、奖励情况、有无不良记录等。④ 调查方式。适合企业使用的调查方式主要有：电话调查、网络查询和面对面的人工调查拜访。⑤ 调查人及完成时间。背景调查表的最后要署明调查人以及调查时间。进行背景调查要确定适当的调查时间。调查时间不宜过长。背景调查是在面试、测试之后、录用通知发出之前进行的，这段时间大概为两个星期左右，所以，背景调查要在短时间内完成，并且预留1—2天的复查时间，进行可信度评估，这样调查的结果才能有效地为是否录用提供依据①。

（四）证求应聘者的书面同意

在开展背景调查前，有必要预先征求应聘者的书面同意②：一则相当于企业保留了由应聘者认可的"调查许可书"，可以有效规避日后可能出现的法律风险；二则也体现出企业对应聘者的尊重，就好比到他人家里参观前应知会主人一样；同时，可以起到一定程度的震慑作用，迫使应聘者在填写求职申请表或面试时，吐露真实信息。表5-2是某企业《背景调查协议》的样本，仅供参考。

表5-2 背景调查协议

背景调查协议

　　本人同意并自愿接受××公司所做的背景调查，并提供相关人员的电话。如若××公司发现本人在简历及面试过程中提供任何虚假信息，本人认可该公司有保留录用资格及取消的权利。
　　特此证明

被调查者(签名)
申请职位
年 月 日

备注：
相关人员包括：直系上司，同事以及人力资源经理

除了签订单独的"背景调查协议"外，HR也可以将这一步骤同填写求职申请表结合在一起，即要求求职者在每一段任职经历后，填写2—3名"证明人"的办公电话，同时在"本人同意接受××公司所做的背景调查，并自愿承担因本人提供不真实信息而造成的后果"的简短声明后签名。

需要注意的是，有些应聘者在求职时可能并未与原雇主脱离关系，因此不希望其所应聘的公司向原雇主核查自己的信息，以免过早暴露自己的离职意向。此时，招聘主管应向应聘者说明，背景调查是在企业对其有录用意向后才会进行的，也就是说，如果应聘者提供的信息被证明是真实的，他就将被新公司录用，而不用担心出现在原公司不好继续做下去，而新公司又没被录用的尴尬局面。

---

① 陈正茂，刘中俐. 基于背景调查在企业员工招聘应用中存在问题的对策研究. 经济师，2010，(8)：20-21.
② 王丹. 背景调查：企业安全用人的防火墙. HR经理人，2008，(3)：52-55.

（五）选择合适的调查方法

目前在实践中常用到的背景调查方法有六种，以下是使用它们的一些技巧[1]：

1. 档案查询

自建国以来，我国就建立起了系统、严格的人事档案管理制度，档案中的个人基本资料、教育与就业等情况的记录比较翔实，然而现实中许多档案管理部门的工作已跟不上时代的要求：首先是对查询档案的审批权限严格，其次是档案材料内容有陈旧、雷同、空洞、单一等等缺陷。

2. 电话调查

首先设计好电话调查的问卷表，培训调查员，再选择被访问者方便的时间，根据调查问卷的内容进行询问，同时记录下被访者的回答，而且被访问者声音的语调、停顿等的变化也可能会暴露其某些真实的想法，所以此种方法对调查员的要求较高。由于电话调查法具有简便易行、省时价廉等的优点，它是目前使用最多的一种方法。

3. 当面访问

组织的人力资源部门先选择和培训一组访问员，由他们携带着调查问卷分赴各个调查点，按照调查方案的要求对所选择的被调查者进行访问，并记录下被调查者的回答与反应。这种方法涉及与被访问者的正面接触，往往能得到一些很有价值的信息，如有关对求职者品质的评论，因此它的主要优点是调查资料的质量较好，而且调查的回答率较高，缺点是时间长，费用高，需要对访问员进行培训。

4. 发函调查

包括填写调查问卷和证明人写评论信两种方式，组织人力资源部的调查员把问卷或者恳请对求职者给予评论的书面材料通过邮局寄给证明人或推荐人，待其填答问卷或写完评论信之后寄回组织人力资源部。调查问卷的优点是填答方便，省时省力，资料易于做统计分析，缺点是资料失去了自发性和表现力，而证明人写评论信恰好可以弥补这个缺点，这种方式就是请求对方按照既定的问题或者自由发挥写一封对求职者的评论信，尽管大部分的回信都是正面的评论，且主观性强，组织仍可从中窥出求职者过往业绩的真实信息，例如，若评论篇幅较长，或者评论中与求职者智力有关的褒扬比关于礼貌、团结等的夸赞用词较多，都可能说明求职者过去的工作业绩确实较佳。总体上说，发函调查法系统性强，效率较高，然而其最大的缺点是回复率较低。

5. 委托调查公司调查

组织人力资源部门选定一家调查公司，向其提出调查纲要和具体要求，双方签订合同，调查公司在约定日期交付调查信息。方便快捷是这种方式的优点，但是我国目前有大大小小的这类调查公司、咨询公司近千家，良莠不齐且普遍存在人才匮乏的现象，其中规模较大，实际运行良好的不过二十家左右，所以此种方式成功与否的关键是选择一家优秀的调查公司。

---

[1] 毛海强，姚莉萍. 员工招聘中背景调查的技巧. 人才开发，2005，(8)：24 - 25.

6．从资信评估公司购买

资信公司数据库收录的个人资料一般为三大类：一是个人基本资料；二是个人的银行信用；三是个人的社会信用和特别记录，包括涉及税务、司法以及曾经受到公安处罚等方面的信息。组织中某些工作对员工有一些特殊的要求，如财务工作者要求个人信用良好，售货员要求无偷窃史等等，由于国情，一般组织接触不到求职者的社会信用以及某些特别记录。而这正是资信评估公司的强项。但目前我国能提供个人信用查询服务的只有中贸远大、上海资信、鹏元资信等不多的几家公司。

（六）具体实施

背景调查的重点在以下几个方面[①]：

1．身份核实

全国公民身份证号码查询中心（http://www.nciic.com.cn），可以辨别候选人身份证的真伪。

2．犯罪记录核实

有两种渠道，一种是候选人户口所在地派出所。由于犯罪记录在中国不对公众开放，所以大部分派出所不会进行口头的核实，比较通常的做法是候选人本人或者亲属到当地派出所开具无犯罪记录证明，并提供开具证明的警官姓名和办公电话，然后再打电话到派出所找该名警官核实情况是否属实。第二种是员工档案所在地。由于中国档案管理不健全，所以不一定所有的犯罪信息都会在档案里面有，所以该渠道只能是一个备用渠道。

3．教育背景核实

全国高等教育学生信息网（www.chsi.com.cn），能查询2001年后的大专以上的毕业证书，但无法查询学位证书。如果员工获得的是专科学历，由于专科学历只有毕业证书，无学位证书，因此仅查询该网站即可；对于本科或者以上学历，有学位证书一定有毕业证书，而有毕业证书不一定有学位证书，因此该网站不太适用，需要通过高校的档案馆来核实学位证书，一般的档案馆要求调查者发函或者传真过去，并收取少量的查档费；对于国外的教育经历，可以委托有能力的第三方公司或者国家教育部的留学服务中心来核实。

4．工作经历真实性的核实

通过公司总机转到人力资源部门，进行找到相关人事专员，这是最可靠的一条途径。当遇到总机要求实名转接时，可要求候选人提供一个人事专员的姓名，通过总机转入进行核实。如果无法提供，前任主管也是另外一条可靠的渠道。

5．工作具体表现的调查

如果需要核实该项，首先应在进行工作经历真实性核实时，从人事部门那里确认候选人直接上级的姓名和联系方式，然后通过总机或者公司邮箱采访上级。

6．数据库调查

企业可根据自己的需求，选取不同的信息库网站进行排查。

---

① 方振邦，钟含坷．如何开展员工背景调查．人力资源管理，2011，（3）：55－57．

读 一 读

如何确保调查结果的可靠性？

背景调查的可靠性是保证招聘结果可靠性的重要部分，而结果的可靠性来源于过程的可靠性。根据以往的调查经验，在这里给出几点建议：

首先，调查前选择可靠的调查渠道，这里所说的"可靠"是指那些权威的信息来源。比如对于工作起止时间、职位等客观信息，人力资源部这样有权保留员工信息的部门是可信渠道之一；而对于工作具体表现，直接主管则更可靠一些，因为主管是对员工进行绩效考核的主要主体。

其次，确保接受调查的人的身份是可靠的。在选择了可靠的调查渠道后，如何认定所接触的人真的是候选人的前主管或者人力资源部门呢？总机和办公邮箱是关键。因为一个公司的总机是公开的、可以信赖的，相对来说是不会变的；办公邮箱也是这样，所以如果一个人是招聘单位通过总机或者是公司邮箱联系上的，那么这个人的身份是可以信赖的。

再次，确保接受调查的人提供可靠的信息。即使用人单位选择了可靠的渠道，确定了该渠道中某个人的身份，那么如何确保他/她所说的话是相对客观公正的呢？这里用"相对"这个词，是因为人都是感情动物，在评价一个人的时候难免有主观色彩，只能尽量控制这种主观的程度，而无法完全消除。要做到这点，就需尽量弄清楚并记录接受调查的人的姓名（至少是姓）、办公电话以及职位，如果一个人被别人知道了自己的姓名、性别、职位和办公电话，那么他/她自然而然就不太可能会说谎，因为他是可以被定位的，同时这些信息也方便招聘单位再次打电话进行二次调查。另外，如果是通过邮件、信件、传真联系此人，应妥善保留这些书面证据，如果通过电话核实出来有负面信息，那么必须找证明人要一份书面的证明。

最后，一旦出现虚假的情况，人力资源部门应该高度重视，除了索要书面证明外，还要进行各种特殊情况的排除。例如：候选人可能将实习的时间并入工作时间而造成工作起止时间有出入；职位名称方面，候选人可能写的是对外的职位名称，而前雇主提供的则是对内的职位名称；薪水方面，候选人写的可能是税后工资，而前雇主提供的可能是税前工资。在排除了这些可能的特殊情况后，用人单位再从其他渠道进行二次调查。例如，如果前雇主人力资源部门提供工作时间有很大出入时，可以找前任主管核实，而如果某位主管对候选人评价非常不好时，可以找另外一位主管核实。

还需要注意的一点是，招聘单位在判断一名员工是否弄虚作假时，需要将他填写在背景调查表上的信息与实际核实到的情况进行对比，所以必须防止该候选人在招聘的前几个环节使用一个版本的简历，而等到背景核实的时候因为心虚又使用另外一个版本的简历信息。这种情况屡见不鲜，尤其在招聘人员和调查人员不同或者是将该项业务外包给第三方时，因此为了避免这种情况，人力资源部可以自行或者委托第三方将背景调查表上的信息与应聘的简历进行对比，一旦有出入则要求候选人做出解释。

资料来源：方振邦，钟含坷.如何开展员工背景调查.人力资源管理，2011,(3)：55-57.

（七）资料整理

这个阶段最主要的工作是将背景调查得到的信息与之前面试、心理测试等得到的信息进行对照,分析出应聘者几个维度的信息[1]:

1. 性格特点

心理测试得到的是应聘者性格、素质方面的信息。这些信息要与在背景调查中得到的家庭信息进行对比,得出应聘者性格和素质特征的全貌。

2. 工作经验

面谈的过程会得到很多方面的信息,很难从这些信息中判断应聘者的水平,因为他的回答有可能是有水分的。面试官也不可能在面试的过程中一一发现。通过对工作经历的调查,再与面谈信息进行对比,很容易发现,应聘者泛泛而谈的部分通常就是没有从事过的工作或者不甚了解的工作。这样,对于应聘者之前从事的工作就会有一个比较客观的了解。

3. 诚信度

通过对身份的验证、学历的验证、离职原因的了解,对比应聘者面试中提供的信息,就能够了解应聘者对一家公司的诚信度。

（八）结果运用阶段

这个阶段需要运用分析报告的结果为人员录用决策做好有效的支持,但背景调查结果有更广阔的用途[2]:

1. 改进招聘面试技术,提高招聘准确性

通过背景调查分析,可以发现面试过程中阻碍招聘单位得到真实信息的盲点。这就促使企业改进面试技术去扫除这些盲点,提高面试的效果。

2. 为人员合理安排和后续培养考核提供支持

背景调查能够客观了解应聘者在原工作单位的工作状况,如擅长的领域、工作的业绩,有利于合理安排工作岗位,对应聘者试用期考核也能够根据其过往的业绩制定合理的考核标准。避免由于试用期考核标准不合理引起的劳资纠纷。

四、背景调查的新发展：社交网络在员工背景调查中的运用

社交网络的出现,为背景调查提供了新的思路和方法,现在有越来越多的招聘单位借助社交网络进行背景调查[3]:

（一）社交网络

社交网络(social networking services,SNS),指以一定社会关系或共同兴趣为纽带、以各种形式为在线聚合的用户提供沟通、交互服务的互联网应用,人与人关系是社交网站的核心。例如国内受到广泛关注的微博、人人网、开心网等;国外的 Facebook、

---

[1]　郭敏琼. 初探招聘后背景调查体系建立. 经济视角,2011,(12):37 - 38.

[2]　同上.

[3]　盛洁. 社交网络在员工背景调查中的运用. 人力资源管理,2013,(7):151 - 152.

Twitter 等网站均为拥有极广用户群的社交网站。社交网络如同一面镜子，多多少少都能反映出其用户的气质性格或价值取向。从候选员工通过社交网络中不经意间反映出来的真实信息可以判断其在应聘过程中是否诚实，从而规避用人风险。所以，在背景调查中运用社交网络开展调查，可以加深对候选员工的了解，便于选择更好的员工。

（二）社交网络在背景调查中的运用

用人单位可由其人力资源部在各大社交网站上创立本单位的公共主页，在日常发布企业近况或招聘信息的同时可用于观察分析候选员工。在社交网站中，个人信息的发布常显示在发布人的个人主页上。其中包括待选员工的交际圈、图片、日志、心情状态等。用人单位可通过分析候选员工在社交网站中给出的个人信息，总结其所参与的活动，分析其气质、价值观等各方面特征，与之个人所提供的信息进行比对，完成背景调查中对所完成事迹或个性描述的合适调查。

所谓气质，是人生来就有的，典型的、稳定的、具有动力特点的心理特征。气质可大致分为多血质、胆汁质、黏液质和抑郁质四类。气质类型对个人的工作效率存在一定程度的影响；不同性质、不同种类的工作由不同气质类型的人来承担或许会取得更好的成果。在日常工作中，人们通过对人的气质类型的分析也简单总结出一些规律，如：管理人员不适合有明显胆汁质和抑郁质的人来担任，黏液质类型的人则善于管理顺境中的企业等规律，证明了气质与工作种类之间的联系。气质在社交网络中可以体现在用户所发布的信息中，如：能让人通过其发布的信息感受到他充沛的活力与干劲的人往往是多血质的人，往往有极大的工作热情；常因身边小事引发抱怨和不满的或许是抑郁质的人，这类人往往观察入微，十分敏感。

运用社交网络进行背景调查可以更弥补传统招聘及背景调查时对气质性格分析的不足，可以较详细准确地分析出候选员工的气质特征，而后可根据所招聘的职位对性格的要求进行甄选。同样地，用人单位通过社交网络可以大致了解候选员工的价值观。所谓价值观，是个人对某种特定行为方式或存在状态的一种持久信念，会长期对人的行为起指导作用，而一个组织中所作出的决策会受到组织中个人所持价值观的影响。负责招聘的人员可在经用许可后浏览候选员工的状态、日志等，分析其对于社会中发生的事件的评论或个人想法，总结出候选员工的价值观，将其与组织价值观比较，选取相同度较高的员工，以求为组织创造更高的价值。

第二节　录用决策过程

▶▶ 一、人才录用决策的概念

人员录用决策，是指通过科学的精确测算，对岗位和所招聘的人选相互之间进行权衡，实现人适其岗、岗得其人的合理匹配的过程。人员录用决策做得成功与否，对招聘有着极其重要的影响,如果决策失误,则可能使整个招聘过程功亏一篑,不仅企业蒙受重大的经济损失,还会因此延误企业的发展①。

如果招聘的岗位只是 2—3 个,合适的人选有着极强的对应性,人员录用决策就比较简单,很可能一目了然。但当招聘岗位较多,岗位与招聘人选的对应性较差时,也就是说,每个招聘岗位都有多个合适人选,招聘人选又能够适应多个岗位,且招聘人选相互之间差异不明显,此时人员录用决策就比较复杂,不是能够用眼睛可以看出来,需要通过系列的计算步骤和权衡比较才能完成,有时还要借助数学方法和计算机手段。

二、录用淘汰过程

然而,并非每个应征者都能走到背景调查这步,在甄选过程中的每一步,应聘者都有可能被淘汰。不同组织会使用不同的方式,大致上可分为 2 种②:

(一)一次淘汰过程

此种甄选流程会要求所有应征者完成全部的步骤。一次淘汰在企业甄选员工方面并不常见,运用此流程乃是基于平等的考量,因为没有更好的方法可以让每个人都有机会表现自己的能力,且任何一种单一的方法都会造成问题,则以此方法较能全面评估所有应征者。

(二)分阶段淘汰过程

此种甄选流程分成数个阶段,应征者必须通过一阶段才能参加下一阶段的测试。在分阶段淘汰过程中,甄选方法会影响预测能力与效用,前一阶段的决策会影响往后的决策,各阶段间具有相互关联性。

三、人才录用决策方法及优缺点

根据预测方式的不同,甄选决策方法可以划分为两类:判断性方法和机械性方法。前者主要依靠甄选人的主观判断汇总信息,如临床判断法;后者则采用各种数学统计方法汇总信息,如多元回归法、多重临界点法等。在实践中,比较常见的是以下几种③。

(一)临床判断法

该方法是甄选者根据直觉经验,将各种资料直观地整合,从而做出判断和决策的方法。这种方法的优点是整体性和针对性。即它是在对资料整体把握基础上做出的判断,同时,在做判断时,可以考虑对象的不同特点和资料之间的相互影响,灵活与因人而异地做出合理的判断。但是,临床判断法的缺点同样明显:第一,主观性太强。判断的

① 赵拥军.人员录用中的决策术.中国人事报,2004－10－15第003版.
② 林伟修.OCB导入系统办公家具业营销人员甄选之研究.昆明理工大学博士论文,2010年.
③ 杜冰.基于支持向量机的人力资源甄选方法研究.合肥工业大学硕士论文,2007年.

作出很大程度上依赖于甄选者的主观经验,若经验不足或经验不适用于新情况,就会做出错误的判断。第二,没有数量指标。这种方法只是将资料直观地整合,没有数量上的合成。第三,该方法对甄选者的专业知识和经验要求很高。

(二) 多元回归法

多元回归是一种统计方法,它是用几个分数作为预测因子(自变量)来预测一个效标(因变量)。在甄选测评中,这个效标通常是未来的工作绩效。多元回归法有若干优点。它减少了预测错误,并且将预测因子汇总在一起以便对效标值作出最好的估计。

但是,多元回归的缺点也比较明显:第一,多元回归法假定预测因子同效标是线性相关的,在实际的甄选工作中很难保证这种假设成立。第二,多元回归法的各预测因子之间具有互偿性,即在一项预测工具上的良好表现可以弥补在另外一项预测工具上不怎么好的表现,这往往也与现实中的情况相违背,有时用人单位需要招聘的人员必须在多个指标上同时达到要求。第三,多元回归是一种统计学方法,当采用小样本来确定回归权重的时候,不同的样本可能得到不同的权重,因而甄选的有效性会得到影响。

(三) 多重临界点法

多重临界点法是指对每一个预测因子规定一个最低标准,凡应聘者只要有一项达不到最低标准,他就被淘汰。多种临界点又可细分为综合分段和连续栅栏两种。综合分段是让每一位应聘者做完所有的测评项目后,再确定每一项的最低分数,凡是有一项不符合标准就被淘汰。连续栅栏是指事先确定每项测试的最低标准,在测评过程中逐项淘汰不符合标准者。与多元回归相反,多种临界点适用于预测因子之间不具备互偿性的情形。该方法对甄选测量工具的效度要求很高,一旦某个预测因子不能被准确地测量出来,甄选结果可能会出现严重的偏差。此外,如何设立各预测因子的最低分数线在实际中也很难处理。

▶▶ 四、人才录用决策的科学方法

人员录用决策是依据人员录用的原则,避免主观臆断的干扰,把选拔阶段多种科学的考核和测验结果组合起来,进行综合分析评价,遵照科学的标准,从中择优确定录用人员。

一般来说,企业中人员录用可以采取以下策略[①]:

(一) 互补式

人员录用决策中,互补式选拔方法中不同测试的成绩可以互为补充,考官可以根据应聘者在所有测试中的总成绩作出录用决策。如 A 公司在人员录用过程中,采取百分比系数法。以 B 岗位为例,其测试要素(E_i)及其权重(P_i)、测试指标(E_{ij})及其权重(P_{ij})、测试指标得分(X_{ij}),如下表所示。

---

① 沈祺. 浅析人力资源管理中的人员录用决策. 商场现代化,2012,(5):54.

表5-3 B岗位综合测试评分表

测试要素	测试指标	测试指标评定			测试要素得分		
E_i	E_{ij}	X_{ij}	P_{ij}	$X_{ij} \cdot P_{ij}$	X_i	P_i	$X_i \cdot P_i$
任职资格	专业知识	80	0.4	32	80	0.3	24
	工作经验	80	0.6	48			
能力要求	协调能力	80	0.4	32	76	0.3	22.8
	沟通能力	80	0.4	32			
	创造能力	60	0.25	15			
其他因素	责任意识	60	0.25	15	71	0.4	28.4
	大局观念	80	0.3	24			
	奉献精神	80	0.25	20			
	成功欲望	60	0.25	15			
总 得 分						75.2	

表5-3就是个互补式的测试方法,可以根据所有应聘人员总得分的高低,决定最终录用人选。

(二)多重选拔式

人员录用决策中的多重选拔式方法中的每种选拔方法都是淘汰性的,应聘者必须在每种测试中都达到合格以上水平,方能通过选拔。该方法是将多种测验项目和考核方式逐一实施,每次从最低分开始淘汰若干低分应聘者。通过所有考核项目的应聘者,再按最后选拔或面试的实得分数,从高到低,排出名次,择优确定录用人员。

(三)组合式

组合式人员录用方法中,有些测试是多重选拔式,有些是互补式的,应聘者通过多重选拔式测试后,才能参加互补式的测试。如表5-4所示,通过学习能力、专业知识、工作经验、创造能力、奉献精神等五个测试因素分别对应聘人员进行测试,每个因素满分都是100分,要求每项60分(含60分)以上者才能通过测试,参加终极录用决策。

表5-4 各项权重及应聘者测试分数

		学习能力	专业知识	工作经验	创造能力	奉献精神
A		90	80	70	90	80
B		50	90	80	80	90
C		100	80	70	90	80
D		90	80	90	80	90
E		70	90	50	80	90
权重	W1	0.3	0.1	0.1	0.4	0.1
	W2	0.1	0.1	0.5	0.1	0.2

去除单项成绩不合格的 B 和 E,如果权重按照 W1 统计,

A 得分＝$90×0.3+80×0.1+70×0.1+90×0.4+80×0.1=86$
C 得分＝$100×0.3+80×0.1+70×0.1+90×0.4+80×0.1=89$
D 得分＝$90×0.3+80×0.1+90×0.1+80×0.4+90×0.1=85$

按照高低分排列是 C、A、D,根据总分择优选择是 C。
如果权重按照 W2 统计,

A 得分＝$90×0.1+80×0.1+70×0.5+90×0.1+80×0.2=77$
C 得分＝$100×0.1+80×0.1+70×0.5+90×0.1+80×0.2=78$
D 得分＝$70×0.1+80×0.1+90×0.5+80×0.1+90×0.2=86$

按照高低分排列是 D、C、A,根据总分择优选择是 D。

第三节　通知求职者

一、录用通知的性质界定与生效条件

(一)录用通知的性质界定

录用通知在操作实务中也有企业称之为"聘用通知""聘用意向书""录取通知""聘用要约"等。录用通知书实际上是用人单位向决定录用的员工单方发出的愿意与其建立劳动关系的一种意思表示。从合同法的基本原理考查,录用通知属于要约,是用人单位向应聘人员发出的关于建立劳动关系的一种要约[1]。

根据合同法的一般原理,一份合同的成立要经过要约和承诺两个程序。所谓要约,是指希望和他人订立合同的意思表示;所谓承诺,是指受要约人作出的同意要约以成立合同的意思表示,它应当由受要约人以通知的方式向要约人作出。承诺通知到达要约人时生效,合同成立,对双方均产生约束力。按照这样的一般原理,当企业向决定录用的候选人发出录用通知(也即要约)而候选人表示接受该录用通知(也即承诺)后,则在企业与候选人之间存在着一种合同关系,这种合同关系的具体内容通过录用通知来体现。

(二)录用通知书的生效

我国合同法第 16 条规定:要约到达受要约人时生效。录用通知书作为要约,根据上述规定,只要劳动者收到用人单位的录用通知书,该通知书即生效,在实践中录用通知书用人单位一般以挂号信或快递的方式送达给劳动者,劳动者收到该信件即生效[2]。

---

① 唐付强.录用通知的法律风险知多少.中国人力资源开发,2008,(10):88-93.
② 刘兴元.合法运用录用通知书防范法律风险.现代商业,2010,(5):159-161.

▌▶二、录用通知书的内容

在劳动用工形式多元化,劳动法律、法规日趋健全的时代,企业应树立以事先防范为主,以事后救济为辅的法律风险防范理念,从而有效保障企业劳动用工秩序的正常、持续、健康运转。因此,录用通知书应包括以下内容①:

(1)拟录用人的基本信息:姓名,身份证号码,联系方式。明确拟录用人的基本信息就是为了确保向正确的人员发出录用通知,以免张冠李戴造成的不必要的风险。

(2)拟录用的岗位及岗位职责。明确拟录用的岗位及岗位职责,是为了让拟录用人员在签订劳动合同前明知自己的工作职责,如在企业在试用期内能够证明拟录用人员不胜任工作的,就可以依法辞退从而防范用工风险。

(3)拟录用人员确认报到的期限。如拟录用人员未按通知书上规定的期限向用人单位发出确认报到的书面回复,则录用通知书自动失效。

(4)报到的期限。一般可给予三天的报到时间,如超过规定的报到期限未来报到又无合法理由的,则录用通知书自动失效。

(5)拟录用人员在报到时应提交的资料。录用人员在报到时一般要提供身份证、毕业证书、学位证书、职称资格证书等证件的原件和复印件。一旦发现拟录用人员提供的证件有弄虚作假的,立即取消录用资格。

(6)有关试用期的规定。

(7)要求拟录用人员在录用通知书签名,并在报到时交还用人单位的规定。一旦发生劳动纠纷,拟录用人员签名的录用通知书和其发出的确认报到的书面回复将形成对用人单位有利的证据。

(8)用人单位的联系方式及联系人。方便拟录用人员在特殊情况下能及时与用人单位取得联系。

▌▶三、企业员工录用通知的注意事项

从现代企业人力资源管理理念出发,企业招聘实务中关于录用通知的使用,应当追求法律的严谨,更大限度地减小用人风险,并重点注意以下几个方面②:

(一)录用通知书的有效期

在实务中,会出现这样的情形,企业向候选人发出录用通知后,数月后候选人才回复公司表示接受,而此时公司已经找到其他候选人,并且该候选人已经入职工作。为了规避此种情形带来的法律风险,可以在录用通知上设立回复期限,如果在期限内不回复,则录用通知自动失效。

另外,在实务中也会出现另外一种情形,候选人答复接受并且承诺在具体的时间入

---

① 刘兴元. 合法运用录用通知书防范法律风险. 现代商业,2010,(5):159-161.

② 王红枝. 企业员工录用和解雇的法律问题研究. 华南理工大学硕士论文,2010年.

职报到,但报到时间已到而候选人杳无音讯,可能该候选人已经另行就业再无踪迹,也可能过了一段时间又重新出现来公司报到。在这种情况下,企业是否还要受录用通知的约束如何规避这种情况法律风险?用人单位可以在录用通知上设定,如果候选人不能在承诺的时间入职报到,需事先得到企业的同意才能后延,且后延时间不能超过企业设定的期限,否则录用通知自动失效。

(二)发出录用通知与候选人体检的顺序安排

关于发出录用通知与候选人体检的顺序安排,在实务中一般有两种操作办法,一是先发出录用通知后再让候选人体检;二是先让候选人进行体检,候选人体检合格后再发出录用通知。如果企业的招工条件允许,在操作中应采取第二种办法。如果先发出录用通知后体检,主要存在以下两方面的法律风险:一是在拒绝理由上不易选定而面临被诉的风险。先发出了录用通知,如果在后来的体检中发现候选人有某种疾病,企业不易找出拒绝理由,容易被视为就业歧视。特别在《就业促进法》实施以后,企业如有就业歧视,候选人则可以向法院提起诉讼,企业被诉风险加大。二是加大企业经营成本。如果在先发出了录用通知,而在后来的体检中发现候选人有某种疾病仍让其顺利入职,则可能在用工期间产生病假、医疗期等一系列后续问题,加大企业管理成本;同时丧失了巨大的招聘机会,影响企业正常的生产经营,会使企业经营成本增加;而且加大了企业的解雇成本。

(三)录用通知与劳动合同关系的处理

关于录用通知书与劳动合同之间关系的处理,在实务中一般有以下三种操作办法:一是明确劳动合同签订后,录用通知自动失效;二是对录用通知与劳动合同之间的关系处理未作任何设定;三是明确劳动合同签订后,劳动合同的某些内容,特别是劳动报酬内容,按照录用通知上的相关条款执行。建议采取第一种办法,这样可以最大限度地减少后患。首先,第二种操作办法是需要坚决摒弃的,它对二者未作任何设定,而录用通知和劳动合同上往往会出现一些条款相互矛盾甚至是待遇条款一高一低的情况,与此伴随的则是内在的法律风险,实践中企业因此而败诉的案例时常发生。第三种办法虽然明确了劳动报酬按照录用通知上的执行,但是在其他方面的内容仍然不能彻底摆脱第二种办法类似的风险。如果采用这种办法,至少应当明确,当二者内容不一致时,以双方劳动合同为准。

读 一 读

求职者呼唤"知情权"

最近,几个朋友讲,他们已几次参加人才招聘会,每次都向有关招聘单位提供了详细的个人资料,招聘单位也通知其进行了初试、复试,但最终还是落聘了。他们对此问及落聘的原因,回答是"名额有限"或"不可奉告",后经分析打听,遭遇如此情况并非偶然,对于众多求职者,特别是像他们这种远离都市的求职者来讲,不知道招聘单位的情况,不知道自己落聘原因是很寻常的事。

其实,企事业单位招贤纳才,个人求职应聘,人才交流市场奉行的原则是"双向选择"。然而,在实际运用中,往往是由求职者提供详细的个人资料,而招聘单位却常常对其企业的情况含糊其辞、讳莫如深。这样，"双向选择"就变成"单向选择"了。招贤纳才的单位因掌握了求职者的详细资料而能从容决定选择，而求职若渴的应聘个人却因信息不全而难以作出自己的选择。这种在招聘过程中的单位与个人之间信息不平等的情况，不仅有悖"双向选择"的初衷，也侵犯了求职者的正当权益。前不久，在网上见到一个尚属陌生的"求职知情权"概念，引起人们的关注，许多求职者纷纷发表意见，希望招聘纳贤的单位不要忽视了求职者应有的权利

　　"求职知情权"，是指在招聘应聘过程中，不仅招聘单位有权全面了解应聘者的信息情况，个人也有权了解招聘单位除"商机"以外与员工利益相关的信息情况，以及求职者落聘的原因。如今人才市场招聘会虽然给求职者创造了条件，带来了机遇，但求职者的"知情权"是一个不可忽视的问题。

　　"求职知情权"不只是一个空洞的概念，还应成为一个法律意识上的权利。据有关资料介绍，在发达国家，"求职知情权"有专门的法律条文加以规定，但在国内尚未被各界重视。但随着我国人才招聘市场不断走向规范化和法制化轨道，求职者呼唤的知情权将会得到有效的保护。

　　资料来源：渝元. 求职者呼唤"知情权". 劳动理论与实践，2001，(8).

四、企业撤销录用通知的风险与赔偿

　　录用通知是否对企业具有约束力，关键在于是否被候选人接受[①]。如果候选人接受，则对企业产生约束力；如果候选人不接受，或者虽然接受但对录用通知上的条件作出了实质性变更，则录用通知对企业不具约束力。候选人接受录用通知，而企业撤销，则企业的这一行为在法律上应当界定为预期违约（违约行为发生于合向履行期届至之前）。

　　尽管企业违约，但是追究企业的违约责任不能通过强制企业履行的方式，因为民事合同具有不可强制性，只能追究财产上的损失。由于候选人已经对企业形成了一种合理信赖，如果候选人能够证明其因为企业违约遭受损失，则企业应该对该等损失承担赔偿责任。

第四节　签订劳动合同

一、劳动合同的概念和特征

　　合同又称契约，它是指两个或两个以上当事人之间，就确立、变更和终止某种权利和义务关系而依法订立的协议，即交换权利和义务的双方当事人的合意。劳动合同作

---

①　唐付强. 录用通知的法律风险知多少. 中国人力资源开发，2008，(10)：88-93.

173

为各种合同形式的一种,也是合同双方当事人之间的合意。劳动合同是劳动者与用人单位确立劳聘关系、明确双方权利义务的协议。劳动合同除了具有上述合同的一般特征,还有独有的特征①:

(1) 劳动合同的主体双方具有特定性。一方是劳动者,即具有劳动权利能力并且具有劳动行为能力的中国人、外国人或者无国籍人;另一方是用人单位,即具有使用劳动权利又具有使用劳动能力和行为能力的个体、企业经济组织、事业组织、国家机关、社会团体等用人单位。

(2) 劳动者天然的从属性。劳动者在身份、经济、组织都要从属于用人单位,特别是双方在实现劳动过程中具有支配与被支配、领导与服从和管理与被管理的从属关系。

(3) 劳动合同内容对主体双方具有权利和义务的对应性。劳动者没有只履行劳动义务而不享受劳动权利的,企业也没有只享受劳动权利而不承担义务的。一方享有的劳动权利是另一方必须承担的劳动义务,反之亦然。就是说劳动者被用人单位录用后,就应当完成该单位分配的劳动任务,用人单位就应按照劳动合同的约定支付劳动报酬,提供劳动条件,保障劳动者的社会保险及社会福利等合法权益。

(4) 劳动合同具有诺成性、双务性、有偿性的特征。诺成合同是指劳动者与用人单位就劳动合同条款内容达成一致意见,劳动合同即成立。双务合同,即劳动者与用人单位均享有一定的权利并履行相应的义务。有偿性是指在用人单位根据劳动者劳动的数量和质量给付劳动报酬,不能无偿使用劳动力。

▶ 二、劳动合同订立的时间

根据《劳动法》第 16 条规定,劳动关系的建立以订立劳动合同为主要标志。《劳动合同法》第 10 条首先对签订劳动合同的时间作了明确的界定。该条规定:"建立劳动关系,应当订立书面劳动合同。已建立劳动关系,未同时订立书面劳动合同的,应当自用工之日起一个月内订立书面劳动合同。用人单位与劳动者在用工前订立劳动合同的,劳动关系自用工之日起建立。"可见,在正常情况下,劳资双方从建立劳动关系时起就应当订立书面的劳动合同②。

对于已经建立劳动关系,但没有同时订立书面劳动合同的情况,《劳动合同法》规定了自用工之日起一个月的宽限期,要求用人单位与劳动者订立书面劳动合同。这项规定看似比较宽松,但是,用人单位逾期不签劳动合同的后果也是非常严重的。即,用人单位自用工之日起超过一个月但不满一年未与劳动者订立书面劳动合同的,应当向劳动者每月支付二倍的工资。

超过一年仍不与劳动者订立书面劳动合同的,视为用人单位与劳动者已订立无固定期限劳动合同。对于在此期间的劳动报酬支付问题,《劳动合同法》第 11 条规定:"用人单位未在用工的同时订立书面劳动合同,与劳动者约定的劳动报酬不明确的,新招用

---

① 赵卫峰. 劳动合同法与和谐劳资关系的构建. 中国社会科学院博士论文,2009 年.
② 马暄. 订立劳动合同的几个焦点. 中国劳动保障,2009,(4):41-42.

的劳动者的劳动报酬按照集体合同规定的标准执行；没有集体合同或者集体合同未规定的实行同工同酬。"

法律的公平性体现在它均衡地保护各方当事人的合法权益。《劳动合同法》第10条原本主要是用来约束用人单位的，但是，在实践中也出现了一部分劳动者基于想获得双倍工资等目的而拒绝与用人单位签订（自用工之日起一个月内）或补订（自用工之日起超过一个月不满一年）劳动合同的现象。对此，《劳动合同法实施条例》第5条和第6条第1款赋予了用人单位终止劳动关系的选择权。不同之处在于，按第5条终止劳动合同时，用人单位除应依法向劳动者支付其实际工作时间的劳动报酬外，不需向劳动者支付经济补偿；而按第6条第1款终止劳动合同时，用人单位需向劳动者支付经济补偿。

▓▶ 三、劳动合同签章的时间顺序安排

企业与劳动者签订劳动合同，不仅要把握好签订合同的时间点，而且还要安排好与签订劳动合同相关的三种不同的时间先后顺序[①]：

（1）要妥善安排好用工与签订劳动合同的先后顺序。用工与签订劳动合同同时发生，风险最小；签订劳动合同在前，用工在后，风险次之；签订劳动合同延后用工，随着延后时间延长风险加大，因此妥善安排好用工与签订劳动合同的先后顺序对于防范风险很重要。在用工同时随即签订劳动合同虽然是一种风险最小、较为理想的操作模式，但是在现实生活中操作起来常常难以做到，因此企业可以在决定用工前较短的一段时间内比如一周左右签订劳动合同，然后再通知劳动者来办理入职、上岗手续，这样可以避免用工之前早早签订劳动合同可能带来的劳动者毁约风险，也可以避免用工之后再签订劳动合同带来事实劳动关系风险。对于已在职人员的劳动合同续签评估也应当在劳动合同到期前完成，并在劳动合同临近到期前续订好新的劳动合同。

（2）要妥善安排好与不同员工签订劳动合同的先后顺序。企业与不同员工签订的劳动合同期限不一样，一些员工劳动合同期限较长，一些员工劳动合同期限较短。企业应先安排与劳动合同期限较长的员工签订劳动合同，再安排与劳动合同期限较短的员工签订劳动合同。对于劳动合同期限相同的员工，劳动合同应尽量安排在同一时间签订。这样有利于员工劳动合同的分类有序管理，避免由于管理无序可能导致劳动合同漏签或误签导致的风险。在续订劳动合同时，对于员工较多且合同到期时间不一致的，企业有必要对劳动合同资料实行信息化管理，安排劳动合同到期提前预警机制，以便劳动关系主管随时掌握员工劳动合同到期情况，提前做好劳动合同续签评估和续签工作。

（3）要妥善安排好员工签字和单位盖章的先后顺序。劳动合同签章的理想模式是员工签字和单位盖章同时进行，但现实工作中通常的操作方式是，先由单位将格式劳动合同文本填写完毕，然后交给员工。员工常常要对合同文本进行认真审查，如果没有不同意见双方即在合同文本上签章；如果有不同看法，就由员工就有关条款向单位提出修

---

① 刘军胜.企业应该何时与员工订立劳动合同？企业管理，2008，(7)：54-57.

改意见,与单位进行协商,达成一致意见后对文本中的有关条款进行修改,然后签章。那么劳动合同签章顺序应如何安排较为合理?《劳动合同法》第十六条规定,劳动合同文本由用人单位和劳动者各执一份。很显然,各执一份的责任方在用人单位,也就是说,用人单位应保证将合同文本交予劳动者。如果用人单位不能证明将劳动合同文本交给劳动者,视同没有签订书面劳动合同,将承担没有签订书面劳动合同的风险。这就要求用人单位在操作中一定要注意:一是要求劳动者在劳动合同文本上签字,然后再由用人单位安排专人予以签字或盖章;二要设计专门的签收表格,在将劳动合同给予劳动者时要求劳动者签收。同时,《劳动合同法》第七条规定,用人单位应当建立职工名册备查。因此用人单位还应当建立符合劳动保障部门规定格式的劳动者名册,劳动者名册应包含劳动者姓名、性别、身份号码、户口地址、工作岗位等内容,与劳动者签订劳动合同后应及时将劳动者的相关情况登记在名册上。

四、劳动合同订立的形式

根据《合同法》第 10 条规定,当事人订立合同,可以采用书面、口头或其他形式。而劳动合同作为劳动关系双方当事人权利义务的协议,有别于《合同法》中规定的一般合同。按照特别法优先的原则,劳动合同的形式采用了要式原则,即劳动合同应当以书面形式订立[①]。

以书面形式订立劳动合同是指劳动者在与用人单位建立劳动关系时,直接用书面文字形式表达和记载当事人经过协商而达成一致的协议。劳动合同的书面化规定大大维护了劳动者的权益,书面形式作为劳动合同的法定形式可有效遏制诸如口头约定这样的违规行为。相反,口头形式由于没有文字依据,证据力差,所以不利于保护当事人的合法权益。

此外,《劳动合同法》第 16 条第 2 款规定,劳动合同文本由用人单位和劳动者各执一份。如果用人单位未将劳动合同文本送达职工的,则视为未订立书面劳动合同,同样应该受到相应的处罚。

五、关于试用期

在劳动合同中规定试用期,既是订立劳动合同双方当事人的权利与义务,同时也为劳动合同其他条款的履行提供了保障。试用期问题是劳动合同立法中劳动者意见最多的问题之一,反映的焦点主要集中在用人单位滥用试用期侵犯劳动者的权益[②]。对此,《劳动合同法》第 19 条有针对性地作出了规定。一是根据劳动合同期限的长短,将试用期细化:劳动合同期限三个月以上不满一年的,试用期不得超过一个月;劳动合同期限一年以上不满三年的,试用期不得超过二个月;三年以上固定期限和无固定期限的劳动

---

① 马暄. 订立劳动合同的几个焦点. 中国劳动保障,2009,(4):41-42.

② 同上.

合同,试用期不得超过六个月。需要指出的是,劳动合同期限长短不是约定试用期的唯一参照。作为劳动者,在约定试用期时应将应聘职务的技术含量等因素考虑进去;作为用人单位,在合理时间内依然不能判断劳动者是否能胜任,则应当承担因此而带来的风险。二是同一用人单位与同一劳动者只能约定一次试用期。三是为遏制用人单位短期用工现象,以完成一定工作任务为期限的劳动合同或者劳动合同期限不满三个月的,不得约定试用期。四是劳动合同仅约定试用期或者劳动合同期限与试用期相同的,试用期不成立,该期限为劳动合同期限。

六、录用条件的概念、必要性及设置

在招聘员工时,应明确告知其应聘岗位的录用条件[①]。对试用期内不符合录用条件的员工,用人单位可根据劳动合同法第三十九条之规定以"劳动者在试用期间被证明不符合录用条件"为由解除劳动合同。

(一) 录用条件的概念

首先有必要对录用条件与招聘条件进行区分。招聘条件是指用人单位招收员工的基本条件,包括学历、经历、职称、技术资格、年龄等条件。而录用条件是指应聘者符合某一职位的具体要求所包括的全部条件。招聘条件与录用条件的区别主要有:

(1) 二者成立前提不同。招聘条件是用人单位用工自主权的体现,由用人单位单方确定即可;录用条件虽然也是由用人单位制定,但必须告知劳动者并由劳动者确认后,才对其生效。

(2) 二者适用主体不同。招聘条件是面向不特定的潜在应聘者,而录用条件则适用于符合条件拟聘用的特定应聘者。

(3) 二者适用阶段不同。招聘条件适用于招聘阶段签订劳动合同前,录用条件则适用于签订劳动合同后试用期结束前。

(4) 二者的法律性质不同。用人单位不能以不符合招聘条件为由辞退劳动者,但是不符合录用条件,用人单位有权将其辞退。录用条件是用人单位确定所要聘用的劳动者的最终条件,符合录用条件的,在试用期满时予以转正。实践中,不少人常常混淆录用条件与招聘条件,招聘条件仅仅是用人单位在招聘时选择候选人的最基本资格要求。招聘条件的撰写应当相对简单,以吸引更多的求职者来应聘,而录用条件则应尽量严密、完善,要更具可操作性。

当然,在人力资源实践中,许多企业为简化操作,将录用条件简单等同于招聘条件来进行管理。这样虽然简化了操作,但实际上录用条件的内涵是大于招聘条件的,可能会引发将来企业以试用期不符合录用条件为由解雇员工时产生法律上的风险。

(二) 设定录用条件的原因

不符合录用条件作为试用期解除的实体条件,因此,录用条件设定的重要性不言而喻。首先,对劳动者而言,录用条件是其开始工作的行为准则,设定了录用条件就相当

---

① 王红枝. 企业员工录用和解雇的法律问题研究. 华南理工大学硕士论文,2010 年.

于为劳动者设定了一个目标指向,其一切行为表现均将围绕这一目标指向而展开;其次,对用人单位而言,对员工进行试用期考核评估也要围绕事先设定好的录用条件进行,通过试用期评估确定新进员工是否符合录用条件,对于符合录用条件的予以转正,对不符合录用条件的可以立即与其解除劳动合同而不需要提前通知;最后,对司法机关而言,录用条件则是他们判定用人单位与劳动者解除劳动合同是否合法的重要依据。

(三)录用条件如何设定

通常,用人单位与劳动者是否彼此适应,仅通过面试招录等手续是一时难以得出完全正确结论的,而是要通过试用期的互相磨合,才能看出双方是否真的符合彼此的要求,这也正是设立试用期制度的重要原因之一。从上述分析中可以看出,录用条件的设定是试用期解除劳动合同的关键,如果用人单位以不符合录用条件为由解除与劳动者的劳动合同,那么应事先规定明确的录用条件,而且要让劳动者知晓。那么录用条件具体如何设定呢? 录用条件的设定可以从共性与个性两个方面来进行。所谓"共性",即所有的员工都应当具备的基本条件,比如诚实守信,比如不负竞业限制义务等等,共性的录用条件可以通过规章制度进行明确。所谓"个性",即每个岗位自身所需的特殊要求,比如学历要求、资质要求、技能要求等,个性的录用条件可以双方单独签订的录用条件协议的方式加以明确。这里涉及需要制作一个文件:《录用条件确认函》,除了写清录用条件外,还要写明如劳动者在试用期被证明不符合录用条件,用人单位可以随时解除劳动合同,并不支付经济补偿。

用人单位通常可以设定一些常用的录用条件:① 不具备政府规定的就业手续;② 无法提供甲方办理录用、社会保险等所需要的证明材料;③ 不能胜任甲方安排的工作任务和甲方规定的岗位职责;④ 与原用人单位未依法解除、终止劳动合同或劳动关系;⑤ 通缉在案或者被取保候审、监视居住的;⑥ 患有精神病或按照国家法律规定应禁止工作的传染病;⑦ 与原用人单位存在竞业限制约定且甲方在限制范围之内;⑧ 入职后不同意购买社会保险或不按甲方制定的劳动合同版本签订劳动合同;⑨ 隐瞒曾经受过刑事处罚或纪律处分的事实;⑩ 有其他不符合用人单位规定的具体岗位的录用条件的情形。

七、订立劳动合同的其他注意事项

订立劳动合同,除了要注意上述事项,还有其他一些方面也要留心,主要包括[1]:

(一)如何订立劳动合同的期限

确定订立劳动合同期限的长短,要根据劳动合同法和部门业务的发展情况、员工任职的岗位以及招聘员工的素质等情况来综合考虑,还要考虑如果合同期满后再续订将是无固定期限劳动合同的可能。在确定劳动合同期限时,有几种情况需要注意:① 用人单位与劳动者在用工前订立劳动合同的,劳动关系自用工之日起建立。② 用人单位与劳动者在用工后订立劳动合同的,可将劳动合同的起始日期向前提,不能认

---

① 刘保平.订立劳动合同中的风险规避.劳动保障世界,2013,(7):111.

为自用工之日起就有劳动合同。③ 不要把应届毕业生在单位的实习时间订入劳动合同期限内。

(二) 如何订立劳动合同中的工作岗位

劳动合同中的工作岗位是重要的必备条款,订立劳动合同中的工作岗位应注意与招聘的职位一致,要有利于部门业务工作任务的安排调整。因此,在订立劳动合同时,模糊工作岗位可以在一定程度上便于单位在该岗位范围内调整员工的工作任务,如管理、行政事务、计算机技术应用等等。

(三) 劳动合同中如何约定工资,约定后能否调整?

劳动合同中"月工资标准"一栏,根据公司的薪酬管理规定,可以约定基本工资+岗位工资的数额。由于绩效工资是浮动的因此不计入。试用期工资为上述标准的 80% 来确定。工资争议最多的是拖欠工资的争议。劳动合同中确定了发放工资的日期后,一般延迟 7 天算是拖欠支付工资。如果劳动者因单位"未及时足额支付劳动报酬的"理由提出辞职,单位是要支付经济补偿金的。用人单位可以建立薪酬管理制度,经过法定民主程序即可。将企业的效益和个人的贡献联系在一起;岗变薪变原则上是可以的。另外,由于企业经营困难原因,可以采取集体减薪的措施,但不能以该理由只对个别人减薪。

(四) 约定保守单位商业秘密和竞业限制协议问题

招聘单位在与员工订立劳动合同时,可以再订立一个保守用人单位商业秘密的协议作为附件,以此明确单位商业秘密的范围及员工应尽的保密义务。需强调的是,不论员工在职或已离职,都有保守单位商业秘密的义务。

竞业限制是对员工离职后的择业自由权进行一定程度上的限制以达到保护用人单位商业秘密的一项措施。需要注意几点:① 竞业限制人员的范围限于用人单位的高级管理人员、高级技术人员和其他负有保密义务的人员。② 订立竞业限制协议的时间应当在员工入职时或者入职前,与员工订立劳动合同的同时订立竞业限制协议。③ 竞业限制协议应当包含如下内容,竞业限制期限、竞业限制义务、竞业限制的范围、竞业限制的地域范围(即在哪些区域内履行竞业限制义务)、竞业限制补偿金的计算标准、支付时间及支付方式、违约责任(包括违约金的支付条件及计算标准等)、协议解除的条件。④ 竞业限制的期限不得超过两年。如果单位提前通知员工不再竞业限制,即可解除本协议,员工无须承担竞业限制义务,单位亦无须再支付竞业限制补偿金。⑤ 关于竞业限制补偿金的标准目前国家尚无统一规定,可由双方协商一致确定。在竞业限制期内按月支付。⑥ 应当明确约定员工违反竞业限制义务时所应承担的违约金标准。

(五) 其他细节

(1) 一定要按照规定流程办事,认真细致,不要图省事,怕麻烦。

(2) 使用统一范本的劳动合同时,合同中不能留有空白项。

(3) 劳动合同中不能用圆珠笔或铅笔填写,不能有涂改。

(4) 劳动合同一定要员工本人签字,不可由别人替签或代签。

思 考 题

1. 什么是背景调查,如何实施背景调查?
2. 社交媒体在背景调查中有何作用?
3. 录用决策都有哪些类型? 如何进行科学的录用决策?
4. 什么是录用通知,企业在发出录用通知时应注意哪些事项?
5. 什么是劳动合同,企业在订立劳动合同时应注意哪些方面?

讨 论 案 例

为员工聘用增加一杆"秤"
——W公司员工工作背景调查的做法

成立于1996年4月的W公司是中国制冷温控行业唯一的国家级高新技术企业,先后承担多项"国家级火炬计划项目"和"省级火炬计划项目"。近年来,随着公司的快速发展,公司对人才的需求,特别是对中高端管理人才以及核心技术人才的需求日益加大。

2009年12月,人力资源部在招聘会上收到盛某应聘PMC经理的简历。简历显示,盛某毕业于国内知名大学,电子信息工程专业,曾服务于国内某上市集团公司和国有大型发电设备制造企业,担任PMC经理,并在上一家公司还任职过采购经理。其年龄、受教育背景、工作履历都符合W公司PMC经理岗位的要求。在经过两轮面试,公司决定录用盛某。然而试用一段时间后,公司发现盛某的岗位胜任能力欠缺,于是在试用期内向其传达了解除劳动合同的意向。

事后,人力资源部门在检讨时发现,在整个招聘过程中忽略了对盛某的工作背景调查。实际上,盛某根本没在原单位从事过相关工作,而且在工作时间上与其所提供的简历存在很大的差距。W公司针对企业招聘中发现的问题,在借鉴国内外同行经验的基础上,就提高应聘人员背景调查的有效性采取了以下措施。

1. 完善招聘流程,开展"结构化"背景调查

企业招聘流程是企业进行招聘的行动指南。完善的招聘流程可以指导和规范招聘人员的工作,使招聘做到有章可循,有据可依,避免招聘过程的不规范行为和重大错误的发生。W公司在修订招聘流程时,增加了背景调查环节,并采用了"结构化"的背景调查。调整后的招聘流程如下:确定招聘计划—选择招聘渠道—发布招聘信息—筛选简历—组织笔试、面试—确定录用意向—实施背景调查—发放录用意向书—体检—报到上岗。

W公司"结构化"背景调查类似于企业面试时普遍采用的"结构化面试",即按照人力资源部事先设计的调查提纲中的问题询问,并按照标准格式记录证明人的回答和评价。这种调查方法可避免证明人无主题空谈,有利于得到准确、真实的调查结果,有助于对候选人作出客观、公正的评价。

在开展"结构化"背景调查前,人力资源部一定要事先告知求职者,得到他们的许可。W公司在新的招聘管理制度中规定:所有求职者必须填写公司事先准备好的"应聘人员简历登记表",并在表中显著位置重点提示:"表内信息由求职者全部详细填写,本人愿意对内容的真实性负责,并接受W公司的监督、调查。如有虚假,一切后果由本人承担,并无条件接受公司解聘",最后要求求职者签名,以获得对其调查的授权许可。

W公司开展"结构化"背景调查的具体步骤如下:第一,根据招聘职位,结合公司胜任素质模型设计调查提纲,有针对性地展开调查,最大限度地保证调查提纲和回答的有效性和准确性。第二,所设计的"结构化"调查问题,尽量做到具体化和可量化。第三,"基本信息"通过权威机构查阅,不从证明人处获得,以提高背景调查效率。第四,以书面形式记录整个背景调查的过程,并将调查获得的信息整理归档,以便验证判定。第五,根据"结构化"的调查问题和具体情况,向原任职单位HR、上级和同事进行多维度调查。

2. 加强对人力资源部人员的培训,提高调查人员的职业化素质

W公司背景调查主要采用电话调查、猎头调查和网络调查三种形式,其中80%以上的背景调查是由人力资源部电话调查。电话调查对调查人员的职业化素质和调查技巧要求较高,需要对其培训和实战演练。W公司就此进行了两方面的培训:一是加强对电话礼仪、商务礼仪和沟通技巧知识的培训;二是加强与猎头公司的合作,向猎头公司学习背景调查技巧。通过培训,提升了人力资源部人员的整体职业素质和调查技巧,有利于提高背景调查的效率和成功率。

3. 自行调查和委托调查相结合,选择合理的背景调查时间

W公司对候选人的在职状态分类处理,分别采用自行调查和委托调查相结合的方式。对已离职者,由人力资源部直接致电证明人(或人力资源部门)自行调查;对未离职者,主要委托猎头公司。

在调查时间的选择上,W公司一般选择在对求职者有录用意向后和上岗前的间隙。选择这一时间主要基于以下考虑:首先,此时合格求职者的人数已经大大减少,进行背景调查的工作量相对缩减,背景调查成本也会降低。其次,调查人员对求职者的资料已经较为熟悉,此时调查将更具针对性。最后,此时面试情况和背景调查情况都会影响录用结果,所以这一关遭淘汰的求职者很难知道何故未被录用,可以在一定程度上保护证明人。上述背景调查时间的选择,非常适合于对中高层管理人员,特别是外籍、港澳台同胞和有海外工作经历的中高级管理人才的调查。

4. 针对性的背景调查

提高背景调查的针对性,对应聘关键部门、核心岗位人员重点调查为提高背景调查效率,降低调查成本,W公司对涉及核心业务的关键部门、核心岗位进行分类,并对涉及关键部门和核心岗位的拟录用人员必须进行背景调查。这些部门和岗位包括:涉及资金部门的所有岗位,如财务部和采购部门的所有岗位;中高层管理岗位,特别是常务副总、业务总监、技术总监、财务总监等高层的核心岗位;涉及公司核心技

术和核心业务的岗位,如技术中心的研发工程师、大客户业务经理等。通过区分关键部门和核心岗位,不仅对背景调查对象更具针对性,而且突出了重点,提高了效率。

　　5. 慎用背景调查反馈信息,勿盲目偏信

　　通过"结构化"背景调查,可以得到关于求职者的指定信息,但由于信息提供人员不同,所反馈的信息有所差异,既有客观情况,也有被访问者的主观因素。在录用决策时,要尽可能根据客观事实正确决策。W公司主要通过以下方法消除主观影响:一是对多维度调查对象设置权重,HR调查结果所占权重不应太高,一般在20%即可;直接上级所占的权重较高,在50%以上;候选人报到上岗前务必提供原单位的离职证明材料;与候选人约定合同试用期,并签署相关竞业保密协议。

　　资料来源:齐君伶,王保卫.为员工聘用增加一杆"秤".中国人力资源开发,2010,(7):60-62.

讨论题:

1. W公司的"结构化"背景调查有何优点?

2. 在背景调查中自行调查和委托调查各有什么优缺点?

参 考 文 献

1. 朱金辉.员工入职需要怎样的背景调查.人力资源,2008,(8):20-24.

2. 陆虹.背景调查在人员招聘中的作用.上海企业,2013,(10):57-58.

3. 吴圣奎,张宪芳.开展员工背景调查的必要性和方法.华北电力大学学报(社会科学版),2009,(4):42-45.

4. 北京外企方胜商务调查有限公司.请为你的员工做背景调查.中国新时代,2012,(1):70-71.

5. 方振邦,钟含坷.如何开展员工背景调查.人力资源管理,2011,(3):55-57.

6. 李丰涛.国内背景调查之面面观与问题探讨.人力资源管理,2009,(1):34-36.

7. 李锡元,张灿.工作背景调查操作实务.人力资源管理,2009,(5):30-32.

8. 陈正茂,刘中俐.基于背景调查在企业员工招聘应用中存在问题的对策研究.经济师,2010,(8):20-21.

9. 王丹.背景调查:企业安全用人的防火墙.HR经理人,2008,(3):52-55.

10. 毛海强,姚莉萍.员工招聘中背景调查的技巧.人才开发,2005,(8):24-25.

11. 郭敏琼.初探招聘后背景调查体系建立.经济视角,2011,(12):37-38.

12. 盛洁.社交网络在员工背景调查中的运用.人力资源管理,2013,(7):151-152.

13. 赵拥军.人员录用中的决策术.中国人事报,2004-10-15第003版.

14. 林伟修.OCB导入系统办公家具业营销人员甄选之研究.昆明理工大学博士学位论文,2010年.

15. 杜冰.基于支持向量机的人力资源甄选方法研究.合肥工业大学硕士论文,2007年.

16. 沈祺. 浅析人力资源管理中的人员录用决策. 商场现代化,2012,(5)：54.

17. 唐付强. 录用通知的法律风险知多少. 中国人力资源开发,2008,(10)：88－93.

18. 刘兴元. 合法运用录用通知书防范法律风险. 现代商业,2010,(5)：159－161.

19. 王红枝. 企业员工录用和解雇的法律问题研究. 华南理工大学硕士论文,2010年.

20. 渝元. 求职者呼唤"知情权". 劳动理论与实践,2001,(8).

21. 赵卫峰. 劳动合同法与和谐劳资关系的构建. 中国社会科学院博士论文,2009年.

22. 马暄. 订立劳动合同的几个焦点. 中国劳动保障,2009,(4)：41－42.

23. 刘军胜. 企业应该何时与员工订立劳动合同？企业管理,2008,(7)：54－57.

24. 刘保平. 订立劳动合同中的风险规避. 劳动保障世界,2013,(7)：111.

25. 齐君伶,王保卫. 为员工聘用增加一杆"秤". 中国人力资源开发,2010,(7)：60－62.

第六章　上岗引导与组织社会化

一滴水只有放进大海里才永远不会干涸，一个人只有当他把自己和集体事业融合在一起的时候才能最有力量。

——雷锋

【学习目标】

- 理解上岗引导的概念
- 理解上岗引导的必要性
- 掌握上岗引导的操作要点
- 理解组织社会化的概念
- 了解组织社会化的阶段与内容
- 理解组织社会化的组织策略
- 理解组织社会化的个体策略

开篇案例

入职引导开启新人职涯

校园招聘作为一种具备规模效应的外部招聘途径，已成为很多用人单位普遍采用的招聘渠道之一。然而，许多企业在通过校园招聘引进大批专业对口、综合素质优秀的应届毕业生的同时，却出现了试用期内新人离职率居高不下的现象。这既使企业浪费了大量人力、财力、物力，又使企业陷入了想招应届毕业生培养企业所需的人才，但又担心为他人作嫁衣裳的两难境地。

H公司为某国有大型企业，前些年每年都以校园招聘的方式吸收200多名大学应届毕业生到企业工作。然而，这些新人入职后，往往3个月的试用期未满，就出现频繁离职的现象，最高一年的试用期离职率竟达15%。人力资源部经过仔细调查分析，发现离职原因主要为两方面：

（1）内因：缺乏理性认识。应届毕业生抱有"先就业，后择业"的观念。首次择业具有一定盲目性，加之初入社会的年轻人思想难免偏于理想化，工作后发现企业的现实情况与内心期望值存在差距，心理落差大。

（2）外因：入职引导缺位。企业一般不会把重要的岗位一下子交给没有经验的应届毕业生，刚开始简单重复的工作内容让对工作充满激情的新人大失所望。而在他们入职初期，企业除了做一些必要的体检、接收和安全教育外，几乎没有更多的入职培训和引导。由于缺乏宣传引导，使得新人认为工作没有发展前途，很难融入工作和环境，导致归属感缺失。调查中，一名毕业于国内某重点大学设备工程管理专业的新员工，谈到了他入职阶段的尴尬，在基层单位人事主管与其面谈时，基层人事主管随意地说了一句"这个专业不错，不过不适合我们单位"，就是这样一句话如一盆冷水浇在他头上，让这个职场新人做出了离职的决定。由此暴露企业的入职引导除了工作业务缺位之外，更为严重的问题是许多人事主管、尤其是基层人事主管，连入职引导的正确观念都很模糊。

新员工从最初接触企业到成为其中的一员，其间他们可能会做很多次选择，如果在这个过程中，得到的反馈是正向的，就会促使他们进一步坚定自己的选择，反之随时会退出。入职初期正是大学应届毕业生从校园转向企业的过渡环节，也是他们面临诸多困惑和挑战、改变生活节奏和转变生存方式的一个波动期，旧的秩序已经打乱、新的秩序尚未形成。因此，企业的入职引导就显得尤为必要和重要，成为能否快速平稳开启他们职业生涯的关键环节。

通常，新员工在进入企业后，除了面临自身思想、情绪、行为方式等种种波动外，更多地会不同程度地面临下面一些问题。

- 对新工作感觉陌生，没有明晰工作思路，或推进起来不顺畅。
- 对新工作环境陌生，办事不知找哪里，不知该找谁。
- 对工作认识不足，评价过低，认为不能实现自己的价值。
- 不熟悉公司的规章制度，如礼仪规范、考勤制度、加班制度等。
- 不知道所遇到的上司是哪一类型的人，如何打交道？
- 不知道自己在工作岗位上到底能发挥什么样的作用？

如果这些问题不加以解决，就会增加新员工的压力和焦虑，增大工作启动成本，延长新员工岗位工作能力从熟悉到熟练精通的时间，甚至导致离职。

因此，入职引导的目的，就是要分析他们的心理需求和变化，帮助他们感受和了解组织的文化、企业价值观，协助他们获得适当的角色行为，以适应工作氛围和规范，使其能迅速融入企业，与企业共同发展。

资料来源：常勇．入职引导开启新人职涯．人力资源，2011，(3)．

第一节　上岗引导

一、上岗引导的概念

经过前面的工作，组织找到了合适的新员工，这些员工对即将上岗的工作或多或少会感到不适应,即便是老员工长时间离开岗位后再回来也是如此。新员工只有熟悉了新环境,适应了日常工作的细节和程序,理解组织的期望和目标,才能让他们专心投入到工作当中去。

正是由于这些原因,几乎所有的组织,无论其规模大小,都应该对新员工进行上岗引导。然而,对于大多数组织而言,新员工上岗引导就是让新员工参加一个短会,在会上介绍组织的历史沿革、规章制度和福利待遇。接着发些相关文件让新员工自己阅读,并立即让其开始工作。这种过于走形式的员工上岗引导的做法,对促进员工适应组织,提高工作效率是没有帮助的。协成商务咨询公司的一项针对企业培训状况的调查表明,在我国 10 个行业百家企业中,有 17% 的企业只为员工提供最简单的入职培训,61% 的员工对入职引导不满意;在人力资源管理的实践中,目前有 80% 企业对新员工实施上岗引导,但效果不佳(万希,2007)。

一直以来,人们把帮助新员工尽快适应新环境的过程称作新员工上岗引导。通过上岗引导,可以帮助新员工掌握组织的基本背景信息(发展历程、公司制度等),熟悉工作环境,了解工作基本要求和程序,从而达到组织所期望的个人态度、工作规范、价值观和行为模式,完成新员工组织社会化的过程。毋庸置疑,上岗引导有助于新员工熟悉工作环境,减少上岗初期的紧张不安,以及可能感受到的现实不适应。

读一读

任正非对华为新员工的八项忠告

(1)没有责任心,缺乏自我批判精神,不善于合作,不能群体奋斗的人,等于丧失了在华为进步的机会,那样您会空耗了宝贵的光阴。

(2)求助没有什么不光彩的,做不好事才不光彩,求助是参与群体奋斗的最好形式。

(3)实践是您水平提高的基础,它充分地检验了您的不足,只有暴露出来,您才会有进步。实践再实践,尤其对青年学生十分重要。

(4)要摆正自己的位置,不怕做小角色,才有可能做大角。

(5)我们呼唤英雄,不让雷锋吃亏。雷锋精神与英雄行为的核心本质就是奋斗和奉献。在华为,一丝不苟地做好本职工作就是奉献,就是英雄行为,就是雷锋精神。

(6)公司要求每一个员工,要热爱自己的祖国,热爱我们这个刚刚开始振兴的民族。只有背负着民族的希望,才能进行艰苦的搏击,而无怨无悔。

(7)您有时会感到公司没有您想象的公平。真正绝对的公平是没有的,您不能对这方面期望太高。但在努力者面前,机会总是均等的,要承受得起做好事反受委屈。"烧不死的鸟就是凤凰",这是华为人对待委屈和挫折的态度和挑选干部的准则。

(8)世上有许多"欲速则不达"的案例,希望您丢掉速成的幻想,学习日本人踏踏实实、德国人一丝不苟的敬业精神。公司永远不会提拔一个没有基层经验的人做高层管理者。

二、上岗引导的系统设计与实施

上岗引导的系统设计与实施,需要综合考虑多方面的因素。

1. 上岗引导的任务

通过上岗引导,应该完成四项主要任务:首先,要让新员工应当感到他们是受欢迎和自在;其次,要让新员工对组织有一个比较宏观的认识,包括组织的历史沿革、组织文化及愿景,以及了解规章制度和程序等关键事项;再次,要让新员工清楚地知道,组织对他们的工作和行为方面的期望是什么;最后,新员工应该达到企业期望的表现方式和做事方式。上岗引导必须为新员工提供公司标准、传统和政策、社会行为及工作技术等三方面信息(万希,2007)。

2. 上岗引导的承担者

做好新员工上岗引导,人力资源部和新员工的直接上级均负有重要责任,并且人力资源部还负有对部门和直接上级进行相关培训,以及对新员工上岗引导进行追踪。上岗引导分为组织层面和部门层面两个层面,对于组织层面而言,上岗引导主要向新员工提供一些共同的内容,而部门层面的上岗引导主要侧重向新员工提供部门的基本情况和工作岗位内容及要求。

3. 上岗引导的形式

一般而言,上岗引导又可以分为正式和非正式两种方正式。非正式的上岗引导主要通过与同事之间的交流来完成。正式的上岗引导则是有组织地对新员工进行系统化的指引,并对效果进行评价和跟踪。万希(2007)指出,正式上岗引导实施计划应注意以下几个方面[1]:

(1)上岗引导计划需要书面完成的部分不应占用第一天太多的时间,应将需要完成书面的工作分成两部分:必须要第一天完成的表格和一周或两周内完成的表格。

(2)作为上岗引导计划的开始,应该召开一个有新员工直接上级主管参加的非正式会议,会议须简短、准时。目的在于,使员工看到其直接上级是一个可以对之表达自己问题的人,也表明公司和主管对员工的重视。

(3)向员工提供组织特有的各种术语表。这种术语可通过老员工用行话来进行场景表演,以尽快削弱新员工的外人的感觉。

(4)为新员工找一个伙伴。将现在的员工和新员工进行搭配并不一定要着眼于所需要完成的工作上,有时候在个性基础上对员工进行搭配比在工作基础上对员工进行搭配也许有用得多。这使得新员工可以与在他直接部门之外的员工建立联系,这将进一步加强内部相互协助的企业文化。

4. 上岗引导的内容

组织在设计新员工上岗引导的内容时,除了一些共同要求的内容之外,还可以增加组织所倡导的管理理念和相应的管理技能,如专业形象与商务礼仪、团队合作、时间管

---

[1] 万希.上岗引导 新员工培训的关键一步.中国人力资源开发,2007,(7).

理、沟通技巧、会议管理等。毋庸置疑,在实施上岗引导的过程中为每位新员工专门准备了一个完整、详细的"新员工文件袋检查清单"的做法,是一种非常细致、有效的方法。

5. 上岗引导的培训方式

在实施上岗引导的过程中,组织应从实际情况出发,结合培训方式的特点,有选择地进行岗前培训和指引,以提高上岗引导的效果。目前,可应用于新员工上岗引导的培训方式有:公开讲座、案例教学、师徒辅导、示范、参观等。

▶▶ 三、上岗引导的操作要点

上岗引导是一项系统工程,在操作上需注意一些要点。

1. 尽早安排上岗引导的时间

一般来说,上岗引导应该在新员工上班报到的第一天就开始进行,以免一定的等待期会让新员工感到焦虑和不安。虽然有时积累一定数量的新员工再进行上岗引导,有利于节省时间和财力,甚至于有助于形成团队气氛,但切不可耽搁时间过长,否则会适得其反。

通常,新员工报到的第一天是进行上岗引导的最佳时间,更具体地说第一天的新员工需要注册、登记及办理考勤、就餐或班车等基本证件,或者介绍所在部门和熟悉办公室等(万希,2007)。上岗引导的时间一般在一周左右。例如,英特尔上岗引导的时间周期一般为 5 天;联想上岗引导周期为 3 天。目前,有一种越来越受欢迎的引导模式,即在员工上班后的前几天召开会议,再在接下来几周内开设长短不一的单元课,这样能使他们在刚开始工作就获得一些基本信息,并且有机会在熟悉自己工作和环境后再了解一些具体情况(Arthur,2003)。

2. 制定具体的引导计划

要做好新员工上岗引导,首先要制定相关的制度或者管理条例,从制度上规定新员工上岗引导必要性、责任和操作计划。在制定具体细节时,需要考虑新员工心理承受力,不要在第一天就安排过多的内容。

组织应针对上岗引导的目标、组织具体情况和员工特征,制定详细的可操作性、经济型的规划,就培训的内容、形式、课程设计、课程安排、参与者与负责人、考核方式、费用等做出详细的计划,并落实有关的文件资料、流程细节、责任人员,同时要多考虑相关的细节,投入更多的精力和时间,确保新员工感到满意(万希,2007)。除此以外,组织还要确保整个上岗引导程序畅通,对突发情况应及时处理。

3. 加强记录、考核、追踪、评估的管理

做好岗前引导培训记录,可以加强新员工上岗引导的管理,以便为员工成长记录提供准确信息。虽然大多数组织都对新员工进行上岗引导,但效果怎样,还需要对上岗引导进行考核和评估,以了解新员工理解和掌握培训内容的程度。

不仅如此,组织还应该定期检查新员工的工作状况,及时解决上岗引导后产生的任何问题。作为人力资源部,负有对上岗引导追踪的责任。一般而言,人力资源部应该在上岗引导后一个月对上岗引导的内容、介绍形式和整体效果等方面进行评估。

4. 建立新员工导师制度

新员工进入新的组织应该由有经验的工人或主管来指导,他们能够回答新人的问题并在加入组织的早期与之保持密切的联系,在企业内统称为导师制度(蔡高峰,2007)。例如,Pillsbury公司的新工程师在去工厂工作之前,要在总部工作一年,公司为其提供一名导师(一名高级工程师),以帮助其了解公司内可利用的技术工程资源,不仅如此,导师还会帮助其熟悉社区环境、处理搬家等事项(万希,2007)。东软公司通过"内部导师辅导"制度,为新员工分别委派一名导师,与之建立积极的工作关系,从而在传承企业文化、贯彻企业目标与经营策略、帮助新员工规划企业内职业发展通道等方面,发挥了十分重要的指导作用(万希,2007)。

5. 汇集企业整体的智慧和力量[①]

上岗引导如果得不到其他部门的支持,将不利于该项工作的开展。公司各层领导者必须从思想上认识到上岗引导的重要性,同时给予人力资源部充分的支持和授权。应该明确,上岗引导并不只是人力资源一个部门的事情。新员工上岗引导需要人力资源部、高层管理者、岗位所在部门负责人、相关部门负责人的共同支持与合作,同时,组织必须明确不同的责任主体,清晰各自的职责范围,并在各自部门和岗位的考核中予以体现,以保证各岗位和部门都担负起应尽的职责,使工作得以充分的落实。

读 一 读

90后入职培训你"Hold住"吗?

培训师吴杰领着90后的儿子董天来找我——"他入职实习这段日子,一副忐忑模样,是不是患了恐职症? 能不能帮我Hold住?"

"我整天被训得直蒙头,关门声大了,不行;A4纸只用了一面,NO;不喝桶装水,自带'百事我创'用吸管啜饮遭围观;闲时电游一会儿更是寒言暴语。其实,他们的文案还套用了我的微博,可功劳都归属于别人……"听董天的语气,我认定他跌入了初入职场的"低叹生活"。

我向这对母子安慰道,人生场景转换后感到气场不合,这很正常。先入职场的人看不惯新人,炮仗放完也就没有杀力了。说的合理的当训练,说的不合理的当磨炼,挺过这一关的办法是:清空记忆中的"快乐",代之延迟满足的"慢乐",打磨在前,亮剑在后。

显然,60后的妈妈欣慰起来,但我知道,90后的董天心理是脆弱的——"是我妈把我惯的!"此言不虚,他妈妈说起文革中的童年与贫困同步的青春期,"我成年后要把所有事情都做好,不想让孩子遭自己遭过的罪",不难想象,60后作为中国"恢复的一代"会娇养出怎样的下一代。

90后的形象被社会主流话语有"一刀切"的评价:他们烙上了儿童和成人混融的精神胎记。比如他们很"宅",常用火星文;他们在熟人面前说个不停,在生人面前却

[①] 万希.上岗引导　新员工培训的关键一步.中国人力资源开发,2007,(7).

很环保,不浪费唾沫资源;他们面对生人,前一分钟是崇拜,后一分钟变藐视。比如他们"狠"自我,可较之70后、80后,他们又是最壮观的青年志愿者群体;在2011年度"感动中国"人物评选中,那一双奉孝的手和一双自强的脚,让国人看到了最青春、最养眼的身影。

声称"自己的刀难削自己的把儿"的吴杰,说了一句有勇气的话:"反正将董天交给职场领养啦,改造他不会像改变豹子身上斑纹一样难吧?"

步入2012年,中国又一波人力资源潮涌入职场。90后,你用还是不用,他都在那里,企业用人难道还有其他"选项"吗?吴杰所言的"领养"亦可说是时代、国家对职场前辈的托付。热词"hold住",有掌控住、保持住、管住、抓住等多义,企业HR或主管们,意欲取何义?谁的成长轨迹都有额头似缎子般滑嫩的年龄段,唤醒一下同理心,就会减少一分职场排斥现象。你对90后的种种"看不惯"施以批评,宁肯不够,切莫过头。宽容些,没有过不去的事情,只有过不去的心情。人力资源的吸纳与开发一直提倡"主动性、时效性"。90后这茬人看似一副有所谓又无所谓的态度,其实,扎在他们身上的刺痛是不易消弭的。像董天这样一个刚出校门的准职业人,在融入企业文化之前,哪受得了阵阵机关枪的秃噜,不忐忑才怪呢!

也许人力资源部发给他们"员工手册"的内容是僵硬的,但入职培训的形式却可以软化、优化,富有创意。"雏鹰起飞计划"从减压开始,不失为一种上策。从职业成熟走向职业自主,从副驾换成正驾,职场上的"轮值制度"是硬道理,扶一程"后进者"方为识时务者。朝霞初放,东方潮涌,让我们一同俯身与未来签个约吧!

资料来源:曹苑莉.90后入职培训你"Hold住"吗.人力资源,2012,(3).

第二节　新员工组织社会化的内容与过程

▶▶一、什么是组织社会化

组织社会化(organizational socialization)是由社会学中的"社会化"概念演变而来的。社会化起初用来描述新生儿童如何从一个生物人(自然人)转变成一个社会人(成熟人)。后来,Schein(1968)与Van Maanen(1976)将社会化概念引申到组织工作情境中,提出组织社会化的观点,即指"个体获得承担一定的组织角色所必需的社会知识和技能"的过程。Chao等(1994)在前人的基础上进一步提出"组织社会化指个人调整自己以适应新工作和特定组织角色的学习过程"。由此可见,组织社会化是指个体从进入组织之前的外部人员(outsiders)到成为组织功能成员(functioning members)的学习过程(Chow,2002),这一过程使新员工转变为组织的内部人员,融入组织当中,并成为其中的一分子。

组织社会化不仅针对首次参加工作的学校毕业生,而且包括在各个组织或部门之间进行工作变换的人员(如员工工作调动、晋升等等)。只要员工工作场景发生变化,就必然会引起新的学习需要和角色适应,从这一点来说,组织社会化是渗透在员工整个职业生涯过程中的。同时,组织社会化也是一个双向的过程,既包括组织寻求各种策略和方式(如新员工上岗引导、入职培训等)来影响和塑造其成员,也包括员工主动(如,通过自我尝试错误学习、自我摸索等)在组织内为自身定义一个可接受的角色。组织社会化为个体在工作之间或组织之间顺利变换做准备,促进新员工社会化,有助于组织获得高生产率的员工。因此,组织应采取积极策略引导和促进新员工组织社会化,避免对新员工放任自流,减少自我摸索、尝试错误等方式所走的弯路。

二、组织社会化阶段

新员工组织社会化是一个连续的过程,同时也是一个量变和质变的交替过程。研究者对新员工社会化阶段的认识各不相同,Wanous(1980)对组织社会化的阶段模型作了简要总结,见表6-1。

表6-1　组织社会化阶段模型的总结

	阶 段 1	阶 段 2	阶 段 3
Feldman(1976)	预期社会化	进入并适应	解决冲突和角色获得
Schein(1978)	进入并探索信息	社会化	相互接受
Buchannan(1974)	雇佣第一年: 定义期望,建立初始的参照,检验不确定的期望,澄清组织内部的各种关系,提高工作质量	接下来的四年: 加强个人的重要性,强化自我职业形象,预期组织承诺,解决冲突	第五年及五年以上:对组织产生信赖感和依赖感
Porter,Lawler,Hackman(1975)	进入组织之前的预期	进入组织后产生冲突	自我改变和角色获得
Wanous(1980)	面对和接受组织现实	获得角色澄清,在组织场景中给自身定位	表现出成功社会化的迹象

大多数研究者认为,组织社会化至少需要经历三个阶段,即进入(entry)、冲突(encounter)和接受(acceptance)。每个阶段社会化内容的侧重点各不相同。

(1)第一阶段为进入阶段,即预期社会化。这一阶段主要特点是,新员工通过各种渠道(招聘广告、媒体信息、轶事、招聘现场信息等等)获得组织价值观及其相关信息,对组织形成初步印象。这种印象将影响新员工的预期,进而影响员工的行为。例如,新员工在应聘企业岗位时会往往把已获得的组织信息与个体情况进行比较(包括人岗匹配和人与组织匹配),两者匹配程度高,尤其是企业价值观与个体价值观的吻合程度高,则新员工加入组织的可能性就大。这一阶段始于个体进入陌生组织情境的新责任领域之前,为个体进入组织后的良好适应做准备,主要受先前经验、教育培训和个人因素的影响。

(2)第二阶段为冲突阶段,这是组织社会化的核心阶段,即个体的预期与组织文化和组织目标进行交互的过程。进入组织之前,新员工就已经对工作特性、人际关系、组织价值观等方面产生预期;进入组织之后,新员工进一步了解组织期望他们做什么,他们的角色内容,以及如何成功地满足这些期望。如果前后不一致,即预期和实际情况出现反差,则新员工就会产生冲突、焦虑和不安,他们或者重新对组织进行预想并逐步进入组织社会化,或者不再对组织抱有任何幻想,直接离开组织;如果实际情况与心理预期基本相符,则新员工产生喜悦感并对组织认同。在冲突阶段,新员工通过和同事建立关系了解工作中所需的任务,处理生活习惯与工作的冲突以及个体价值观与组织价值观的冲突,熟悉工作团队,澄清其组织角色并评估自身的进步,达到符合组织期望的角色要求并最终成为工作团队中的参与型成员(participating members)。

(3) 第三阶段为接受阶段,即组织标准的内化。这一阶段组织社会化发生质变,新成员接受了组织规范和价值观,成功地完成了他们的角色调整,掌握了工作所需的知识技能,找到了解决各种冲突的办法。然而,这一阶段并不表明新员工的组织社会化活动就此处于停滞状态,员工会随着工作环境、组织价值观和规范的改变不断地作出相应的调整。

以上三个阶段是逐层递进的过程,新员工顺利地经历这些阶段,则意味着他们成功地实现了角色转换,良好地适应了组织文化,由此,必然会对组织产生依赖感,增加工作投入,增强继续留在组织的意愿。个体经历这些阶段的速度越快,则适应新组织的速度也越快。

▶ 三、组织社会化的内容

组织社会化是一个持续学习的过程,新员工为了能够被组织所接受和认同,必须了解许多有关工作和组织方面的信息以及角色行为模式。Chao 等(1994)指出,组织社会化包括 6 个内容维度:

(1) 工作技能标准(performance proficiency),指个体成功地完成工作任务所必须掌握的知识技能的程度。Fisher(1986)提出"学习完成工作任务所必需的技能是组织社会化的一个重要组成部分"。Feldman(1981)也明确提出了技能维度,认为"如果员工不具备胜任工作所需的知识技能,无论如何激励,员工也几乎没有成功的机会"。

(2) 人际关系(people),指个体与组织成员成功地建立令人满意的工作关系。Fisher(1986)提出,从组织中找到合适的人并向其了解有关组织、工作团体以及与工作相关的信息,在员工组织社会化中起着主导作用。个体人格特质(A 或 B 型、内控或外控型等)、团体动力特征(如团体凝聚力)、相似的非工作兴趣(如体育运动、嗜好等)、工作交互及所定义的组织关系等共同影响着组织中的人际关系,并将进一步影响个体在组织中的人际关系及其他组织成员接受个体社会技能和行为的程度。

(3) 组织政治(politics),指个体成功获得有关组织内部的正式的或非正式的工作关系及权力结构方面的信息。政治是存在于任何一个组织当中的,对组织成员的心理和行为有很大影响。研究表明,新员工对哪些人比其他人更有见识、更有权力了解得越多,则他们在新工作或新组织中的学习和适应就越高效。

（4）组织语言（language），指个体是否具有组织所特有的专业技术语言，以及简写、俚语和行话的知识。语言是沟通的重要工具，因此，新成员获得组织特有的语言知识，有利于理解从他人那里得到的信息并有效地与其他组织成员进行交流。

（5）组织目标和价值观：Schein(1968)提出，组织目标和价值观社会化是指了解保持组织完整性的规则和原则。组织目标和价值观也包括组织中处于有权力的或有控制地位成员所赞成的目标和价值观，这些目标和价值观往往没有明文规定，是非正式的和默许的。

（6）组织历史：Ritti和Funkhouser(1987)认为组织的传统、习俗、传说和礼节可以传递文化知识。历史知识及特殊组织成员的个人背景知识，可能有助于个体了解哪类行为在特殊的交互和环境中是适当的或不适当的。Fisher(1986)也强调了流传的组织"故事或传奇"对学习重要组织规则的重要性。

四、企业实施有效社会化的对策

应该强调的是，不同的社会化阶段需要学习的社会化内容各不相同，而企业的任务是采取各种策略来帮助新员工在不同的阶段掌握必要的社会化内容，以实现有效的社会化。在企业管理中应注意以下三个环节：

（一）第一环节，在进入社会化阶段要实现有效的预期社会化

新员工通过招聘、选拔等多道程序才能顺利进入组织，这个复杂的过程本身就是新员工间接或直接了解企业或工作的过程。

（1）间接途径：包括网络信息查询、倾听亲朋好友的工作经历以及接受父母有关工作的教导等。这些途径对了解企业相关信息有一定的作用，容易促成应聘者对企业形成初步的印象。例如从网络信息中得知某企业经常为社会福利事业捐款，那么应聘者就可能推断该企业非常懂得回报社会，该企业有良好的公众形象；再如，像IBM、松下等"以人为本"的企业就比那些不注重开发和利用人才的公司更能吸引优秀的人才。

（2）直接途径：举行现场招聘会就是典型的应聘人员了解组织的直接途径，这也是实现有效预期社会化的一种可控的途径。招聘活动不仅要告诉应聘者有关工作的事情，而且要告诉他们有关企业的各方面情况。前者是具体的和客观的，而后者是概括的和主观的。因此，招聘人员不应为了吸引人才就给应聘者过高期望的信息，而应最大可能地向应聘者传递有关工资、升迁政策、工作岗位特点等方面的真实信息。对于应聘者过高的或不切实际的预期应给予及时的调整，以防止录用后的巨大反差而产生预期失落、工作绩效下降、满意感降低及离职率增加等现象。

（二）第二环节，在冲突阶段要实现有效的冲突解决社会化

这一阶段在整个社会化过程中是最为重要的一环，涉及组织社会化内容的全面深入的学习，对社会化的效果有决定性的作用。因此，企业应该在这一环上多加把握：

（1）企业应对员工进行各类培训，如入职培训、上岗培训以及在职培训等，向员工传授有关企业的历史和语言知识，教授有关工作技能，提供继续学习的机会。在美国，公司一般要拿出其销售收入的1%到5%或工作总额的8%到10%用于培训工作。如，

美国通用电器公司每年用于员工培训和领导发展的费用高达 10 亿美元。培训不但可以引导员工的发展,而且在某种程度上是对员工的一种激励。

(2) 企业应在必要的情况下为新员工提供伴随者。在工作组织中,伴随者能为新员工提供指导、友谊及建议,能起榜样的作用,使新员工少走弯路,快速高效地实现组织社会化。伴随者可以是上司或有经验的同事,但伴随者不能过于专制,应激发新员工主动学习和创新。

(3) 企业应给新员工提供具有挑战性的工作,并适时地进行绩效评估,及时地提供重要的反馈信息。提供挑战性的工作本身是对新员工的鼓励和认可,容易激发员工的积极性。一项对美国电报电话公司的年轻管理人员的研究表明,新员工所从事的工作越富有挑战性,则他们的工作就越有效率、越成功。及时的绩效评估反馈信息能使新员工认识到工作的成绩与不足,明确需要改进的方向,获得角色澄清,因此,评估工作绩效的标准要客观化。

(4) 企业应鼓励平等轻松的工作氛围和人际关系,多举办宣传企业文化的活动,使新员工获得更多的交流和学习机会。

(三)第三环节,在接受阶段应实现有效的接受社会化

此阶段新员工虽然已经达到了角色澄清,能够完成工作任务,能够被组织接受,但新员工能否留在企业,还要看企业对待新员工的态度、管理以及激励。从需要层次理论来看,这一阶段新员工出现高层次的需要,如尊重需要,自我实现需要;从事物发展规律来看,这一阶段新员工可能面临更复杂的生活与工作环境,如要兼顾工作与家庭,要处理晋升中的各种矛盾与冲突。因此,企业应坚持"以人为本"的管理理念,提供良好的工作环境和发展空间,提供必要的专业与生活咨询,创造多种学习和深造机会,进行合理的员工职业生涯规划,采用多种激励措施来帮助员工实现自己的理想。只有这样,企业才能留住优秀人才,增加员工对工作的投入,提高员工的满意感与组织承诺,使员工对组织产生依赖感并愿意长期为组织效劳。

第三节 新员工组织社会化策略及应用

组织社会化的过程包含输入、过程和输出三个变量(Van Mannen & Schein,1979)。其中,过程变量就是指组织在社会化过程中所采用的策略,它把输入变量转化为可接受的输出变量。新员进入陌生的工作环境,为了摆脱不确定性和现实冲击所带给他们的焦虑和不安,他们除了接受组织为其提供社会化的帮助外,还会积极主动地搜寻各种信息以满足社会化的需求。因此,新员工组织社会化不但应包括组织所采用的社会化策略,还应包括个体主动进行自我社会化所采用的社会化策略。

▎▶ 一、组织社会化中的组织策略

组织社会化中的组织策略是指组织在帮助和促进新员工快速适应组织文化和满足

特定工作角色要求,获得工作所需的知识、技能、态度和行为的过程中所采用的特定方式或方法。Van Maanen 和 Schein(1979)的组织社会化概念体系包括 6 个策略:集体对个别的;正式对非正式的;连续对随机的;固定对变动的;伴随对分离的以及赋予对剥夺的。基于对上述策略的因素分析,Jones(1986)得出组织策略的三个因子:情境因素,内容因素和社会因素。

(一) 情境因素

情境因素指组织给新员工提供信息的情境。依据情境不同可分为集体对个别策略(collective vs. individual tactics)、正式对非正式策略(formal vs. informal tactics)。

集体策略是把入职新员工召集在一起,组成一个团体,给他们提供一套通用的学习经验,使其对情景产生标准化的反应,获得一致性理念。这种策略能保持组织的优良传统,使新员工形成集体感,并培养员工之间的友谊,同时它又容易实施、经济、高效。例如,企业进行新员工入职和上岗培训,使新员工能够获得相同的技术经验和知识,同时有机会进行交流与讨论,共同分享经验和教训。个别策略则给新员工每人提供一套独特的学习经验,鼓励其对情景产生不同的反应,如学校实行的导师制和工厂实行的师徒制。这种策略能对新员工提供个别的有针对性的指导,能够"对症下药",但同时花费较高,而且效果受指导者个人因素的影响颇大。

正式策略把新员工和组织的内部人员分开,对其进行有计划的培训,使其了解工作角色和责任后再开始正式工作。如企业进行的新员工上岗引导,通过有计划的培训课程、讲座、集体活动等为新员工指引方向,使其对新的工作环境、人员关系、工作内容、工作职责、规章制度、组织期望等有所了解,从而尽快地投入工作,进入职位角色,创造良好的绩效。非正式策略则让新员工直接进入正式工作,通过尝试错误进行摸索式的学习。这种策略使新员工能够保持个体差异,但同时却走了更多的弯路。

(二) 内容因素

内容因素指社会化过程中提供给新员工的信息内容特点。依据内容特点的不同,分为连续对随机策略(sequential vs. random tactics),固定对变动策略(fixed vs. variable tactics)。

连续策略给新员工提供在新环境中所要经历的一系列活动信息,如培训进度、培训内容等。例如,上海贝尔公司规定新员工进入企业后,首先进行一个月的入职培训,随后进行数月的上岗培训,转正后再根据工作需要进行在职培训,这样的培训程序使得员工能够做到心中有数,了解未来在组织内要经历的各个阶段。随机策略虽然有时也给新员工提供一定的培训和指导,但这种培训和指导是随机供给的,员工没有固定模式和顺序可循。

固定策略给新员工提供完成社会化过程的每一个阶段所需时间的明细表,使其能够提前做好准备,顺利适应。变动策略则不给新员工提供社会化过程中什么时候达到某个阶段的任何信息,使新员工不能对下个学习阶段有任何期待。

(三) 社会因素

社会因素主要探讨社会化的社会及人际层面,分为伴随对分离策略(serial vs. disjunctive tactics)、赋予对剥夺策略(investiture vs. divestiture tactics)。

伴随策略指提供有经验的组织成员作为新员工的指导者或角色范型,使新员工以其为榜样来进行跟随学习,这种策略使新老员工能够进行有效的交流,有利于组织保持传统模式。分离策略则不提供指导者来引导新员工社会化,使其自己摸索从而得出关于情景的结论。

赋予策略指组织接受新员工的个人特质及先前的思想观念,认为这些对组织发展是有用的,并对其提供正面的社会支持,从而加强新员工对自身能力的信心。剥夺策略则指组织内部人员对新员工先前的思想观念和行为加以否定、批评,给新员工提供负面的社会支持,试图迫使其忘却原有的价值观和信仰,履行组织期望,从而成为完全适合组织的新成员。

Jones(1986)进一步研究提出,以上 6 个纬度可归为一个单独的连续体,称为机械式对个体式。机械式策略包括集体的、正式的、连续的、固定的、伴随的及赋予的策略,处于连续体的一端;它使组织设计一套系统性的、有计划的活动,向新员工传达组织社会化的内容。个体式策略包括个别的、非正式的、随机的、变动的、分离的及剥夺的策略,处于连续体的另一端;它使组织把获得社会化内容的责任赋予新员工。机械式策略的主要目的是给新员工提供与工作相关的方面的详细知识,而个体式策略主要依靠个体来寻找信息。

▶ 二、组织社会化中的个体策略

个体在组织社会化中的主动行为主要体现在信息搜寻方面,因此,个体的社会化策略是指个体在搜寻信息的自我社会化过程中所采用的方式或方法。根据 Miller 和 Jablin(1991)的新员工信息搜寻模型,新员工使用的信息搜寻策略主要有 7 种。

(1) 公开询问(overt questions):如果想全面地从信息源索取信息或涉及直接交互作用时,新员工往往使用这一策略。这种策略获取信息的效率高,使新员工有机会澄清所获得的不明确信息,有助于进一步发展人际关系,使新员工在未来的信息获取中能更容易地接近信息源。

(2) 间接询问(indirect questions):如果从某种信息源寻找信息感觉不适当时,新员工会选择这一策略,如间接的询问、暗示、非质疑的方式。这种策略既不会使别人处于难堪境地,也不会使新员工感到尴尬,有助于新员工保住"面子"。

(3) 第三者(third parties),指新员工从其他人而非主要信息源来寻找信息,例如,新员工可能向同事询问有关上司的问题。当上司不在场或新员工感觉直接问上司不合适时,通常会采用这种策略。

(4) 测试限度(testing limits),指新员工创造情景或测试条件,然后根据信息目标源的反应作出判断而获取信息,如故意忽略规则,观察上司和同事的反应。这是一个对抗性策略,能使新员工更多地了解什么行为在组织中是适当的。然而,这也是一种非常具有冒险性的策略,会使信息目标源产生紧张和不安。

(5) 伪装性交谈(disguising conversations),指新员工在试图得到信息时,有意显出不经意的样子,如在交谈中开玩笑或自我揭露来掩盖信息寻找,使信息目标源在不经意的情况下透漏相关信息。

（6）观察（observing），新员工通过观察周围人的言行举止来获取如何执行任务的信息，这种方式有助于新员工获得有关角色行为模式的信息。

（7）监视（surveillance），指新员工"暗地里"对目标源进行密切关注，而后通过对所获得的信息进行事后回顾来获取自我社会化过程中所需的信息。例如，员工在特殊的工作场地走一圈，仅仅去"看发生了什么事"。监视所获得的信息通常是偶然发现的，事后才知道有用。

其他组织社会化学者也对员工信息搜寻进行了深入探讨，例如，Morrison（1993）研究认为，新员工采用直接询问的方式获取有关工作技术方面的信息，采用非直接的方式来获取其他类型的信息（指导性信息，社会性信息，反馈性信息等）；Teboul（1994）研究发现，新员工信息搜寻的先后顺序依次为：公开询问、监视、观察、间接询问、第三者、伪装性交谈、测试限度。

▶▶ 三、不同组织社会化策略的效果

研究表明，成功的组织社会化对于组织和新员工都是有益的。从组织角度来说，组织会形成浓厚的组织文化，获得良好的企业声誉，产生更高的工作士气、更强的凝聚力以及更高的工作效率，组织成员之间会出现更加稳固的成员关系；从个体角度来说，个体获得了继续学习的机会，掌握了必要的知识技能，建立了良好的工作关系和人际关系，感受到较低的紧张与压力，出现角色遵从和角色创新行为，最终工作绩效增加，工作投入增多，工作满意度和组织承诺提高，旷工与离职概率降低，组织公民行为增加等等。总之，组织会完全接纳新员工，新员工也会对组织产生依赖感。相反，不成功的社会化会导致个体出现角色冲突、角色负荷或角色不清，出现过分服从或对组织不满，从而导致个体过分紧张，工作绩效降低，离职意愿增强。组织也因此不但蒙受了金钱及时间上的损失，而且流失了具有发展潜力的优秀人才。不同的组织和个体所产生的社会化结果是不同的，但主要取决于组织社会化策略。

（一）组织策略的效果

（1）集体策略和正式策略使新员工被动地接受现状以及与他们职务和角色相关的要求，有助于新员工消除早期工作经历中的不确定性，使其拥有共同的价值观、标准和态度，产生保留性的角色定向；而个别策略和非正式策略则给员工提供较大的弹性，鼓励其改变原有的方法来适应当前的职务及角色，加剧不确定性，促使其产生差异性及创新性的角色定向。

（2）连续策略和固定策略给新员工提供明确的社会化信息，使员工产生安全感，进而导致较高的角色遵从和较低的角色创新；而随机策略和变动策略，则导致不确定性和任务冲突，但由于给新员工较大的自由去认清其角色及规划职业发展，因此更容易产生创新性的角色定向。

（3）伴随策略有助于新员工学习有关工作的知识和技能，虽然能够维持持续性及历史感，但不容易产生创新，并且员工社会化效果受指导者个人因素的影响较大；而分

离策略则由于无伴随者,员工没有角色榜样可以学习和效仿,因而较容易产生创新性的角色倾向(Van Maanen & Schein,1979)。

(4) 赋予策略是对员工"过去"的肯定并提供正面的社会支持,增强了员工的自信心,促使其产生创新性角色定向,而剥夺策略则导致保守性的角色定向。但 Jones(1986)持不同的观点,他认为剥夺策略迫使新员工对"过去"的全盘否定,勇于面对全新的挑战,因而较大的可能产生创新性的角色定向;而赋予策略使得员工满足自身价值,由此导致保守性的角色定向。笔者认为这两种观点并不矛盾,这可能与员工的人格特征有关。

由此可见,机械式策略易于塑造严格遵守组织规范和价值观的新员工,而个体式策略易于塑造富有创造性的有个性的新员工。Orpen(1995)通过测量机械式策略和个体式策略与职业满意感和成就的关系发现,机械式策略和职业满意感之间有显著的负相关;而个体式策略和职业满意感之间有显著的正相关;机械式策略和个体式策略与职业成就的两个指标(三年后所获得的升迁次数和年工资增长率)都没有相关。

(二) 个体策略的效果

社会化过程不仅仅是由组织来完全操纵的,个体也通过信息搜寻来加快这一过程的进行。因此,社会化中的个体策略对社会化结果也有很大的影响。Morrison(1993)把新员工所搜寻的信息内容分为 5 类:技术性信息、参考性信息、规范性信息、绩效信息以及社会性信息,并探讨了各类信息的搜寻频率对社会化结果的影响。结果发现,寻找技术性信息和绩效性信息的频率对工作熟练程度有正向的影响;寻找参考性信息和绩效性信息的频率对角色澄清有正向影响;寻找规范性信息和社会性信息的频率对组织文化的继承与社会性整合有正向影响。Ostroff 和 Kozlowski(1992)针对 151 名新员工,研究信息搜寻行为与工作满意感、组织承诺、适应、工作压力、离职意愿等变量之间的关系。结果发现,寻找信息的频率和工作满意感、组织承诺、适应呈显著的正相关,与工作压力、离职意愿呈显著的负相关。Morrison(1993)对 205 名新员工进行研究也得出了类似的结果。有关个体策略对组织效果(组织承诺、离职意愿、工作满意度、组织公民行为、绩效等)的影响还有待于对更多的实证研究的归纳和总结。

四、影响社会化策略应用的因素及其启示

企业是采用机械式策略,使新员工严格遵守组织规范和价值观,还是采用个体式策略,来塑造富有创造性的新员工? 这应采用灵活应变的观点,应根据企业文化和组织目标以及社会化的对象和阶段而定。如果企业是服务性行业(如麦当劳),那么就应该更多地采用机械式策略,使新员工遵从统一的服务理念和服务标准;如果企业是搞产品开发的,那么就应该更多地采用个体式策略,使新员工充分发挥创造性来解决开发难题。如果企业的目标是获得一批熟练的技术工人,那么就应该采用集体策略和连续策略,对新员工进行有计划的、逐步深入的集中培训;如果企业的目标培养富有创造性的工作团队,那么就应该采用个别策略、随机策略、变动策略以及分离策略等。另外,对于一般企业员工多采用机械式策略,对于高层管理人员、研发人员等,多采用个体式策略;社会化

阶段的早期多采用机械式策略,后期多采用个体式策略。

个体对社会化策略的选择受很多因素的影响。

(1)对行为结果不确定性的感知:新员工进入组织后最主要的体验是不确定性,不知道什么行为会产生什么结果,这种不确定性极大地影响新员工的信息搜寻行为。研究表明,随着不确定性的降低,信息寻找行为减少。

(2)信息搜寻成本的感知:个体采用直接询问的方式获取信息会使他人感到厌烦、无知和社会无能的感觉;以间接的方式获取信息,由于信息不一定是真实的反映,因而也会由于信息失真而具有冒险性。因此,两种询问策略都需要个体承担一定的社会成本。个体会以那种方式获取信息取决于信息的作用,如果是有关工作技术信息,则倾向于采取直接询问的方式,其他信息员工更愿意采用间接的询问的方式。

(3)个体周围可选择的信息源:信息源包括直接上司,同一部门的同事、其他部门的成员,组织外成员等。然而研究表明,新员工信息寻找的主要来源是上司和本部门的同事,并且对不同的信息源会采用不同的策略来寻找不同类型的信息,如新员工可能采用测试限度策略从上司那里获得有关角色内容的信息,而采用公开询问策略向同事咨询有关团体的信息。

(4)组织所采用的社会化策略:如果组织采用机械式策略,倡导员工服从与遵守,则新员工会更多地采用隐蔽的策略,相反,组织采用个体式策略,鼓励员工创新,尊重员工的个人意见,赋予员工平等的参与机会,则新员工会更多地采用便捷的公开策略。

(5)组织支持感:研究表明员工感到来自组织支持感越强,员工越倾向采用开放式公开直接询问策略。

综上所述,新员工社会化是组织和员工交互作用的过程,一方面,组织提供各种培训,引导新员工组织社会化,另一方面,员工自我也在积极搜寻各种有关工作、组织、人际关系等方面的信息,加速这一社会化的进程。因此,组织一方面应该根据组织文化、组织目标、员工个体特征等对员工进入组织规划一系列的社会化策略,引导员工组织社会化,另一方面,组织应该对员工搜寻信息的策略给予极大的支持,鼓励员工以直接公开的方式询问信息,减少间接方式所获得的信息失真而带来的消极后果。研究表明,组织支持与员工感知信息搜寻成本呈显著的负相关。

当前,新员工组织社会化问题还未引起企业管理人员的重视。这可能与我国在这一领域研究比较薄弱有关。因此,我们希望能够抛砖引玉,引起研究人员和企业实践人员对社会化问题的重视和深入探讨。

思 考 题

1. 什么是上岗引导,为什么要进行上岗引导?
2. 简述上岗引导的操作要点。
3. 什么是组织社会化,它包括哪些内容?
4. 简述组织社会化阶段及其任务。
5. 简述组织社会化中的组织策略。
6. 简述组织社会化中的个体策略。

讨 论 案 例

华为：如何让新员工融入"狼群"

众所周知，华为的团队精神崇尚"狼性"文化，因为再强大的动物，也难以招架狼群的攻击。因此，华为团队精神的核心就是团结、互助。那么，如何让大多为独生子女、自我意识超强的90后员工，快速融入"狼群"？如何通过打造系统的入职培训、岗前培训和在岗培训平台，解决新人的融入问题？华为公司北京研究所人力资源部高级经理钮嘉，在中智分享会上分享了华为的经验。

一、新员工培养的三流程

钮嘉所在的研究所，负责华北地区的招聘。每年要给华为集团在全球招聘1 600余人。每年3—8月是应届毕业生求职的高峰期，从入职引导培训开始，到岗前实践培训，最终到在岗培训，这三个环节的周期就要3—6个月。

三年前，华为对培训体系就进行了颠覆性改变，将授课式培训、网络化授课方式全部取消，采用"721"法则进行员工培训，即70%的能力提升来自实践，20%来自导师的帮助，10%来自真正的学习。那么，如何不让准新员工流失或尽少流失？

华为的做法是，在毕业生进入企业后，把他们分到各个业务部门去，同时一定提前指定好导师。"导师会在他没有入职之前，就定期和他做电话沟通，一个月给他打一次电话，你现在什么状态，毕业论文到什么状态，什么时候毕业，时刻了解他的动态，这样识别出他的风险。"钮嘉介绍说。如果毕业生确实想进华为，在这个过程中会安排一些任务，提前给安排一些岗位的知识、书籍、材料让他提前了解，这是在还没有入职前要做的培训。

而接下来的入职培训，就相对简化。2003年钮嘉入职时，培训周期是两周，而且全部要到深圳总部培训。白天上课、晚上开辩论会，还有演节目、写论文等很多内容。而如今，这个培训缩减到5天，内容比较聚焦，主要是围绕企业文化展开，讲清楚为什么公司会出台相应的政策和制度，它反映出的文化、价值观是什么。华为还有一篇《致新员工书》，是任正非在华为创业之初写的文章，把华为的文化和对新员工的要求全部融入其中。还有一部新员工必看的电影——《那山，那狗，那人》，讲的是一个山区邮递员的故事，影片倡导的敬业精神，正是华为追求的价值观。

二、因"狼"施教的培训

在五天的文化培训后，公司会针对不同职位进行工作实践。目前，华为有70%的业绩来自海外，但新进的营销类员工，不可能立刻派去海外实践，必须在国内锻炼一下。公司会安排他们在国内实习半年到一年，通过这些实践掌握公司的流程、掌握工作的方式方法、熟悉业务，过一段时间再派到海外去。

对于技术类员工，公司会首先带他们参观生产线，参观产品。尤其是编代码的员工，并不知道代码最终用在什么地方，最终成型的产品是什么样。公司曾经调查过，发现华为很多员工不知道基站是什么样子。所以，要让他们对接产品，让他们参观展厅和生产线上组装的机器,让他们看到实实在在的产品。同时,研发人员在上岗前,还会做很多模拟项目,以快速掌握一门工具或一些工作流程。

最后,对于专业类员工的培训,也遵循"721"法则,在能力提升中锻炼"7"的部分。新员工全部在导师的带领下,在一线实践,在实战中掌握知识。"即使是清华、北大、北邮的高才生,对华为的研发流程或研发规范也完全不了解,这是学校里不教的东西。"钮嘉说。在入职之前,华为会组织导师和新人奔赴各地,做软件训练营。而训练营设计的内容仍是遵循"721"法则,公司会将研发流程、研发规范、培训材料发给他们先自学两天,训练开始时会由专业讲师进行案例教学,帮助员工了解这些流程规范。之后,再用大约3天的时间去演练,这就是"7"的部分,并且会拿真实的场景和项目,让学生在机房里提前做编程。三天结束后,最后一天会针对之前培训的内容进行考核,检验他的成果。

检验完之后,还要让学员在一起交流:你在这个过程中掌握了什么知识,还有哪些不足,让他们提前知道自己与岗位的差距。"华为内常说明确期望比提升技能更重要,知道自己的差距是什么,就可以利用这段时间主动学习。"钮嘉特别强调这一点。

三、思想导师:让"老狼"送一程

培训做完之后就要上岗,而最关键的动作就是"思想导师"的安排。华为设立"思想导师"非常早,也很规范。首先,华为对思想导师的选拔有明确要求,第一绩效必须好;第二充分认可华为文化。同时,一个导师名下不能超过两个学生,以保证传承的质量。

思想导师在带学生期间,公司会单独给他发一笔钱,连续发半年,这笔钱做什么用?首先是导师定期请员工吃饭、喝茶,增加沟通;帮助外地员工解决吃住安排,甚至解决情感等问题。总之,思想导师要在员工入职之初,给予他工作和生活上全方位的辅导和帮助。同时,公司也会额外给导师付一笔酬劳。

公司对导师的激励,也有相应政策。比如:如果你没有带过新员工是不允许晋升的。所以,这一方面保证了导师不吃亏,也会使员工踊跃地承担这件事,去带出合格的新员工。在每年公司年会上,还有"一对红"(导师和员工都出色)评选,这也是一种企业文化的宣传。

除此之外,华为内部的学习平台iLearning,全部转换为LCE(是一种面向对象的中间件平台)多媒体的方式,全部在线化了。甚至,还有音乐与审美、心理学、如何处理婆媳关系、亲子关系等课程,内容很丰富。而这些学习,不再是强制性的,而是可以自主选择,能在任何时间、地点去学习。

去年,公司还针对研发人员,开发了一个OA(办公自动化系统)平台。研发软件员工会在上面做一些测试编程练习,比如C语言、数据库等,里面会有很强大的题库,完全是自动化测试,把你的代码编好之后提交上去,它会告诉你哪儿做错了,哪儿测试有问题。新员工很喜欢这种方式,他们会利用这种课余的时间在上面去练去测,提升自己的技能,这也能快速帮助他们提升工作上需要提升的技能。

四、照着"镜子"主动学习

如何建立一种机制去督促员工或引导员工，让他主动学习？华为的做法是，用机制去牵引。

举例来说，华为的软件工程师可以从1级开始做到9级，9级相当于副总裁的级别，享受同一级别待遇。新员工进来之后，如何向更高级别发展，怎么知道差距？华为有明确的制度，比如1级标准是写万行代码，做过什么类型的产品等，有量化、明确的要求。员工可以根据这个标准自检。比如：我的C语言能力差，便可以通过iLearning平台去学，或在工作中有意识地学习和积累。通过一段时间的实践学习，达到了1级的水平。接下来，可以向2级的标准进发。这就是任职资格的管理。

而任职资格管理的意义就在于：镜子作用，照出自己的问题；尺子作用，量出与标准的差距；梯子作用，知道自己该往什么方向发展和努力；驾照作用，有新的岗位了，便可以应聘相应职位。这种透明的机制，能不牵引员工主动向上学习吗？

有人可能知道，华为的绩效管理是很残酷的。A和B+中间看起来只差一个档次，但奖金却可能是一辆车的差距。所以，在华为绝对没有"大锅饭"，绩效档次拉得很开。"公司就是要识别出最优秀的人，给他最多的资源、发展机会、薪酬、股票，以此牵引员工不停地向上奋斗。"钮嘉说。

而让新员工快速融入组织，无非就是要解决好两个问题。一是推动员工产生高绩效，二是让他认可文化。现在90后的员工需要尊重，需要你能去倾听，需要你去尊重他个人的一些兴趣。钮嘉坦陈，华为这块做得还不好，现在内部在强调除了物质激励之外，还要强调非物质激励，通过激发员工内在的驱动力加速融合。

如今，华为作为世界上最大的设备通讯企业，员工的离职率偏高也一直在困扰华为。今年，华为制定了"人才保留解决方案"，会把负责招聘、绩效、培训的人都集结起来，在各个环节内找到针对人才保留能做的事情，最终解决好"留住人、留住心"的问题。

资料来源：庄文静.华为：如何让新员工融入"狼群".中外管理，2014，(6)

讨论题：

1. 华为有哪些举措促进新员工适应"狼群"文化？
2. 你认为华为的新员工上岗引导有哪些特点？

参考文献

1. Van Maanen, J., & Schein, E. H.. Toward a theory of organizational socialization. Research in Organizational Behavior, 1979, 1：209-264.

2. Schein, E. H. Organizational socialization and the profession of management. Industrial Management Review, 1968, 9：1-16.

3. Georgia T. Chao, Anne M. O'Leary-Kelly, Samantha Wolf, Klein, Philip D. Gardner. Organizational socialization: It's content and consequences. Journal of

Applied Psychology, 1994, 79(5): 730 – 743.

4. Irene Hau-Siu Chow. Organizational socialization and career success of Asian managers. The International Journal of Human Resource Management, 2002, 13(4): 720 – 737.

5. Melissa E. Exum. An examination of the relationship between organizational socialization and the organizational commitment, job satisfaction, and role orientation of new student affairs professionals. The Faculty of the College Education Ohio University, thesis of the degree doctor of philosophy, 1998.

6. Uzoamaka P Anakwe, Jeffrey H Greenhaus. Effective socialization of employees: Socialization content perspective. Journal of Managerial Issues, 1999, 11 (3): 315 – 329.

7. Jones, G. R. Socialization tactics, self-efficacy, and newcomers' adjustment to organization. Academy of Management Journal, 1986, 29: 262 – 279.

8. Daniel M Cable, Charles K Parsons. Socialization tactics and person-organization fit. Personnel Psychology, 2001, 54(1): 1 – 23.

9. Amy McMillan, Tara Burnthorne Lopez. Socialization and acculturation: Organizational and individual strategies toward achieving p-o fit in a culturally diverse society. The Mid-Atlantic Journal of Business, 2001, 37(1): 19 – 34.

10. Morrison, E. W.. Longitudinal study of the effects of information seeking on newcomer socialization. Journal of Applied Psychology, 1993, 78(2): 173 – 183.

11. Miller, V. D., Jablin, F. M.. Information-seeking during organizational entry: Influences, tactics, and a model of the process. Academy of Management Review, 1991, 15: 92 – 120.

12. Teresa Holder. Women in nontraditional occupations: Information-seeking during organizational entry. The Journal of Business Communication, 1996, 33(1): 9 – 26.

13. Melissa E. Exum. An examination of the relationship between organizational socialization and the organizational commitment, job satisfaction, and role orientation of new student affairs professionals. The Faculty of the College Education Ohio University, thesis of the degree doctor of philosophy, 1998.

14. Cheri Ostroff, Steve W. J. Kozlowski. Organizational socialization as a learning process: The role of information acquisition. Personnel Psychology, 1992, 45: 849 – 874.

15. Teresa Holder. Women in nontraditional occupations: Information-seeking during organizational entry. The Journal of Business Communication, 1996, 33(1): 9 – 26.

16. Wanous J P. Organization entry. Reading, Mass: Addison-wesley,1980.

17. Fisher C D. organizational socialization: A integrative review. Research in

personnel and human resource management，1986(4)：101－145.

18. Uzoamaka P Anakwe，Jeffrey H Greenhaus. Effective socialization of employees：Socialization content perspective. Journal of Managerial Issues，1999，11(3)：315－329.

19. 萧鸣政.人力资源开发学——开发组织内人力资源的理论与方法[M].北京：高等教育出版社,2002,7.

第七章　招聘评估

你不能衡量它,就不能管理它。

——彼得·德鲁克

【学习目标】

- 理解招聘成本的概念与分类
- 掌握成本效用评估的方法
- 理解招聘有效性的评估维度
- 掌握招聘有效性的评估指标
- 理解招聘渠道与招聘有效之间的关系
- 了解提高招聘效果的对策

开 篇 案 例

招聘中的"阿比勒尼悖论"

在招聘中有时会遇到这种"阿比勒尼悖论",大家都没有坚持自己的立场,纯是附和别人,这样招聘到的员工会有很多的问题,若是求职者工作可以适应还好,若是适应不了,就会造成最终离职的情况发生,增加了工作量不说,还增加了招聘成本,减少了工作效率。

徐总是一家从事软件开发的私营企业的老板。近年来公司业务发展很好。吸引了许多名牌大学的优秀毕业生。公司有一套严格的招聘制度和程序以保证业务部门能够招聘到合格的人才。按照公司人力资源委员会的规划,今年只招聘软件工程和市场营销两个方向的人才,管理类的应届毕业生暂时不招聘。在一个偶然的场合,徐总的大学同学向他推荐了一位管理专业的应届大学毕业生。虽然徐总觉得不能违背公司制定的进人规划,但希望由人力资源委员会的成员来作出具体的决策,便将被推荐人的资料转给了人力资源委员会。

人力资源委员会的5位成员开会讨论这位被推荐人的申请。起初大家都不发表意见。过了一会儿,其中一位委员说:"这位申请人知识面很宽,尽管对于管理实践不太熟悉,但她应当很有潜力。"其他人纷纷赞成,最终决定录用她。

这位被录用的大学生来公司上班后到徐总办公室道谢。徐总很惊诧,为什么人力资源委员会违背刚刚制定的进人政策,将一个素质平平且公司并不需要的人招进来? 人力资源委员会的几位成员开始指责那位首先发言的委员,而这位委员则说:"我看你们在会上都不发言,而我还要去主持另外一个会,而且我们既然开会就要形成共识、作出决策,所以我才率先说出那样的话。如果我的想法不对,你们怎么没有一个人站出来提出不同意见呢?"

组织中类似事件并不罕见。30 年前美国人哈维根据自己生活中的一次经历描述了"阿比勒尼悖论":他和太太以及岳父岳母在 40 摄氏度的高温下坐在位于德克萨斯州科勒曼城的家中的门廊里。科勒曼距离德州的另一个城市阿比勒尼大约 53 英里。4 个人在酷暑中尽可能地减少活动,喝柠檬水,看着风扇懒洋洋地转,偶尔玩玩多米诺牌。过了一会儿,岳父建议开车去阿比勒尼,去那儿的一家餐厅吃饭。哈维作为女婿觉得这个主意很疯狂,但看不出有任何反对的必要,因此他附和了该提议,太太和岳母也附和了该提议。

4 个人上了没有空调的别克轿车,冒着尘暴驱车去阿比勒尼。他们在那里的餐厅吃了一顿乏味的午餐,然后回到了科勒曼,筋疲力尽,并且燥热难当。大家对这次经历普遍不满意。直到他们到家后,才发现原来没有一个人真的想去阿比勒尼——他们只是附和,因为他们认为其他人会盼着去。哈维将此命名为"阿比勒尼悖论",并认为组织中也会出现类似的荒唐现象,即组织采取的行动往往与真正的意图相悖,不能达到理想的结果。

资料来源:佚名. 招聘中的"阿比勒尼悖论". 中人网 http://www.chinahrd.net/.

第一节 招聘的成本分析

人力资源的招聘工作是组织的一种经济行为,需要纳入组织的经济核算,即运用价值工程的原理,要求以最低的成本来满足组织的需求。毋庸置疑,作为一种经济行为,招聘成本应该被列为评价行为有效性的主要内容之一。

▶ 一、招聘成本的概念

招聘成本是伴随企业招聘和选拔活动的开展而发生的各种费用支出,招聘成本核算是指企业员工招聘工作所花费的各项成本的总称,既包括过程中的招募、选拔、录用和安置成本,也包括因招聘不慎而使得员工离职给企业带来的损失以及重新再组织招募所花费的费用。

招聘成本分为招聘总成本与招聘单位成本。招聘总成本是人力资源的获取成本,它由两部分构成。一部分是直接成本,包括:招募费用,选拔费用,录用员工的家庭安置费用和工作安置费用,其他费用(如招聘人员差旅费,应聘人员招待费等)。另一部分是间接费用,包括:内部提升费用,工作流动费用。招聘单位成本是招聘总成本与实际录用人数之比。如果招聘实际费用少，录用人数多，意味着招聘单位成本低，相反，则意味着招聘单位成本高。

二、招聘成本的类别

招聘成本包括过程中的招募、选拔、录用和安置成本，也包括因招聘不慎而使得员工离职给企业带来的损失以及重新再组织招募所花费的费用。李瑾（2009）指出，招聘成本具体表现为六种类型[①]：

1. 招募成本

招募成本是指为吸引和确定企业所需内外人力资源而发生的费用，主要包括招募人员的直接劳务费用、直接业务费用（招聘洽谈会议费、差旅费、代理费、广告费、宣传材料费、办公费、水电费等）、间接费用（行政管理费、临时场地及设备使用费等）。招募成本既包括在企业内部或外部招募人员的费用，又包括吸引未来可能成为企业成员的人选的费用。其计算公式为：

$$招募成本 = 直接劳务费 + 直接业务费 + 间接管理费 + 预付费用$$

2. 选拔成本

选拔成本是指对应聘人员进行鉴别选择，以做出决定录用或不录用这些人员所支付的费用构成。招聘过程中可能采用各种测试手段帮助评估应聘者的技术、能力、性格倾向、价值观和行为，这些测试的费用需要计算在招聘成本内。选拔成本随着应聘人员所需从事的工作的不同而异，一般来说，选拔外部人员比选择内部人员的成本要高，选择技术人员比选择操作人员的成本要高，选择管理人员比选择一般人员的成本要高。总之，选择人员的职位越高，选拔成本越高。选拔过程包括：汇总申请材料，审查材料，确定面试人员名单，初步电话面试、笔试和面试，根据候选人资料、笔试、面试等各环节的汇总成绩，召开负责人会议讨论录用方案，确定候选人的面谈，通知候选人体检，体检告知录用结果。计算公式为：

$$选拔成本 = \frac{汇总审查申请}{材料费用} + \frac{选拔面}{谈费用} + 考试费用 + 测评费用 + 体检费用$$

3. 录用成本

录用成本是指经过招募选择后，把合适的人员录用到某一企事业单位中所发生的费用。主要包括录取手续费、调动补偿费、搬迁费和旅途补助费等由录用引起的相关费用。被录用者的职务越高，录用成本也就越高。从企业内部录用职工仅仅是工作调动，一般不会再发生录用成本。计算公式为：

$$录用成本 = 录取手续费 + 调动补偿费 + 搬迁费 + 旅途补助费$$

[①]　李瑾. 企业招聘成本分析. 人口与经济，2009，（增刊）.

4. 安置成本

安置成本是指安置已录用职工到具体的工作岗位上时所发生的费用。安置成本有为安排新职工的工作所必需发生的各种行政管理费用、为新职工提供工作所必需的装备条件，以及录用部门因安置新职工所用时间所形成的时间损失成本而发生的费用的总构成。计算公式为：

安置成本 ＝ 各种行政管理费用 ＋ 必要装备费 ＋ 安置人员时间损失成本

5. 离职成本

离职成本是指因招聘不慎导致员工离职而给企业带来的损失。离职成本一般包括直接成本和间接成本，其中直接成本是通过检查记录和准确估计时间与资源可以被量化的成本，主要包括处理离职带来的管理时间的额外支出、解聘费、离职面谈的成本支出、临时的加班补贴、应付的工资和福利等。间接成本有时很难准确衡量，但确实存在，主要包括：员工离职前工作效率下降、替补人员学习过程中的低效成本、现金或资产的潜在损失、顾客或企业交易的损失、员工士气的降低以及销售能力的下降等。

6. 重置成本

重置成本是指因招聘方式或程序错误致使招聘失败而重新招聘所发生的费用。它实际上是一次新的招聘过程，其成本是上述各项成本的重复计算。

读 一 读

招聘一个员工，企业要花多少成本？

招聘一个员工，企业要花多少成本？以目前行情看，仅招聘环节，一个普通的工人的成本在几百元至几千元不等，总监级高管则可能动辄要投入几万元甚至十几万元。记者调查发现，随着市场竞争日趋白热化，招聘的各个环节成为人才服务商掘金新热点。仅职业测评一项就有望在三年内达到60亿元的规模。不过，来自企业方的观点认为，虽然这些服务要价越来越高，它们只是企业招人的辅助性工具，体现的是企业对人才的日益重视，而非决策的唯一根据。

一、一次测评花了 5 000 元

如今，一家大型公司要招聘一个高端岗位，可能会给应聘者做一套职业测试题做录用参考。那么，为了使用这套考题，企业要花费多少？"有的专业测试题，开一个应聘者的账号，做一次，就得 5 000 元左右。"智联招聘旗下智联测评研究院执行院长肖婷说。有企业私下透露，目前国内市场上开价最高的一套题，高达 1.5 万元，但处于有价无市状态。

在普通人看来仍有些陌生的人才测评，已逐步成为企业实现战略性人力资源管理的重要手段。"如今，一个人才从潜在候选人到离职，每一步都可能需要职业测评。"德邦证券人力资源部助理总经理柯明举例，在其所在的证券公司里，已经有 7 成岗位有测评的应用。为此，四年前，企业就单独成立了一个测评中心，以服务企业在

招聘和后续人才发展的需要。比如，按职级分，高管、中层、基层和应届毕业生就有不同的测评工具；若按职能的不同，也有销售、IT、财务等各类岗位的相应测评。

"对待职业测试，外企的投入成本更高，国企次之，民营企业最低。目前需求较大的企业来自支柱型企业、金融、商业类企业，以及电力、能源等行业。"她透露，仅测评一项，企业的招人成本就在3 000—5 000元左右。

二、招个总监成本数万元

事实上，随着人才市场的不断发展，在薪水之外，越来越多的人才服务正在显露出掘金潜力。任仕达中国市场总监孙海宁介绍，企业要成功招到一个人，还有诸多投入。从国际通行角度看，招聘成本大致分为七块，包括招聘团队成本、招聘渠道的成本、使用人力资源服务供应商的成本、员工内部举荐成本、应聘人员能力测评成本等。其中，还有两类成本同样重要，时间成本和沉没成本。比如，企业在招人时，通常要采取2—3轮面试，就产生了一定的时间投入。同时，当应聘者录用后又离职，或者录用后发现招错了人，会令企业蒙受损失，则是一种"沉没成本"。

如果从绝对金额来看，大中型公司要招一个普通的工人，招聘成本在每次几百元至几千元不等。经理级的成本上万元，总监级就可能动辄要投入几万元甚至十几万元。孙海宁认为，行业的不同也会影响企业的招聘成本。"事实上，目前企业招聘时的渠道基本一样，关键是行业的流失率不同。"他举例，通常IT类企业经常在招人。因为除了企业扩张较为迅速的原因外，其20%—40%的岗位流失率也产生了较大的影响。金融企业的中下层岗位亦是如此。化工、医药、奢侈品以及大型制造业企业和金融业相对高层职位，由于行业比较热门，人员比较稳定，招聘成本自然较低。

三、各环节酝酿掘金机会

在此背景下，小小的一个职业测评环节，开始受到各界关注。肖婷介绍，近期，智联招聘就为中国企业选人、用人打造出四位一体的评价标准，构建针对性人才评估模型及人岗匹配测评产品。她分析，在欧美，测评已是一种必需品，甚至连企业招一个生产线上的工人也要做。"我们估计，在未来三年内，中国职业测评市场将发展到60亿元人民币。而在美国，这已是一个60亿美元的市场。两相比较，还有巨大的差距。"

企业招聘的其他"花钱"环节也都有发展壮大的潜力。较为成熟的依然是猎头服务。"因为中国市场起步较晚，猎头服务至今还算是奢侈品。"孙海宁举例，国内企业通过外部猎头招聘一个职位，少说也要涉及三五万元的开销。"不过，长期来看，随着市场逐渐成熟，猎头服务的价格可能会逐步走低。"他分析，在激烈的市场竞争下，人力资源服务企业在招聘外包、员工职业发展管理、员工再安置和测评等领域，都有释放发展潜力的可能性。

四、对企业只是辅助工具

有趣的是，职业测评等人才服务的要价越来越高，但有些高价服务却遭遇曲高和寡。业内人士透露，上述1.5万元一套的职业测评，就鲜有人问津。"虽然它涵盖了多项高端定制化人才验证服务，从企业的角度来说，还是成本过高。"

即便像德邦证券这样运用职业测评多年的企业,对其的实际效果仍有较为客观地认识。"它只是人才管理的辅助性工具,而非决策时的唯一依据。"柯明说,职业测评在企业内的应用更多的是不同测评工具的各类组合,通常分为人格、胜任能力、个人技能、领导力等。这些测试大多有庞大的数据库做支撑,能帮助面试官验证候选人存在哪些风险。

有趣的是,企业运用这些工具的方法在变,也透露出人才战略的调整。从业十余年的柯明笑着说,前几年,中国很多制造业企业在招人时是以"复制人"的方式来招聘,通过相应测试找到符合企业理想中的人才。所以当时招人时大家更关注候选人有什么缺点。可现在,企业对复合型人才的需求日益增加,90后等个性化人才也不断涌现,使企业在揽才时更看重候选人具有的优势。"越来越多的企业相信,缺点是不可避免的,但若人才的优势能发挥得很好,他会给企业带来更大的价值。"他说,受此影响,在中高端职位中日益采取个性化测评工具,成为一种趋势。

资料来源:佚名. 招聘一个员工,企业要花多少成本? 劳动报.

ⅡⅠ▶ 三、成本效用评估

招聘成本效益评估是指对招聘中的费用进行调查、核实,并对照预算进行评价的过程。招聘成本效益评估是鉴定招聘效率的一个重要指标。通过成本与效益核算能够使招聘人员清楚地知道费用的支出情况,区分出哪些是应支出项目,哪些是不应支出项目,以便降低今后的招聘费用[1]。

成本效用评估主要包括招聘总成本效用分析,招募成本效用分析,人员选拔成本效用分析和人员录用成本效用分析等。

(1)总成本效用=录用人数/招聘总成本

(2)招聘成本效用=应聘人数/招聘期间费用

(3)选拔成本效用=被选中人数/选拔期间费用

(4)人员录用效用=正式录用人数/录用期间费用

这里招募成本是为吸引和确定企业所需要的人力资源而发生的费用,主要包括招聘人员的直接劳务费用,直接业务费用,其他相关费用等;选拔成本是指对应聘人员进行鉴别选择,以做出决定录用或不录用哪些人员所支付的费用构成;录用成本是指经过招聘选拔后,把合适的人员录用到企业所发生的费用,包括录取手续费,调动补偿费,搬迁费和旅途补助费等由录用而引起的有关费用[2]。毋庸置疑,成本效用越大,表明招聘的效果越好。

另外,招聘收益成本比既是一项经济评价指标,同时也是考察招聘工作有效性的一

---

① 张四龙. 招聘效果评估实施策略. 中国人力资源开发,2012,(9).

② 同上.

项指标。招聘收益成本越高,则说明招聘工作越有效[①]。

招聘收益成本比 = 所有新员工为组织创造的总价值 / 招聘总成本

值得注意的是,员工创造的总价值在时间操作者很难确定,因此,该指标应用还很不广泛,但值得理论界和实践界思考和关注。

第二节 招聘有效性评估

自 20 世纪 80 年代以来,越来越多的学者开始关注招聘中的招聘的有效性,研究的问题包括:雇主如何通过特定的招聘方式来选择求职者以填补空缺职位;不同的招聘方式在招聘到高质量员工方而是否存在差异性;企业选定的某种招聘方式是否能够保证吸引到足够的合格求职者申请该职位并坚持不离职[②]。因此,评估招募方式所吸引到的求职者质量就是一项非常有价值的工作,如果企业能科学评估每次招聘的有效性,有助于降低在后期管理中的解雇风险,减少组织成本。

一、招聘有效性评估维度

朱军,童夏雨,旷开源(2006)指出,招聘评估指标包括招聘结果,招聘成本,新员工的质量和招聘渠道四个维度[③]。

1. 基于招聘结果来评价招聘工作的有效性

组织的运行需要一定的人力资源作为保证,而组织开展招聘工作正是因为职位有缺口或需要实现一定的资源更替。因此,衡量组织招聘工作成效的最直接体现就是空缺职位填补数量、及时性,新招聘员工与组织、职位的匹配性等,一般认为,通过招聘行为使得组织的职位缺口越少,空缺职位得到填补越及时,新招聘的员工与组织的职位、文化、制度越匹配,招聘工作就越有效。

2. 基于招聘成本来评价招聘的有效性

人力资源的招聘工作是组织的一种经济行为,要求组织应用价值工程的原理,以最低的成本来达到组织的需求。招聘的成本包括在招聘过程中的招募、选拔、录用、安置、适应性培训成本以及员工的单位招聘成本等。因此,作为一种经济行为,招聘成本应该被列为评价行为有效性的主要内容。

3. 基于新员工的质量来评价招聘的有效性

招聘过程中,组织对于应聘者只能是简单地接触和了解,加上信息的不对称,组织只能通过简单的博弈选取理论上最合适和最优秀的人员。然后通过员工进入组织后的

---

① 张四龙. 招聘效果评估实施策略. 中国人力资源开发,2012,(9).

② 唐镳,史珍珍. 企业招聘效果评估研究. 中国人力资源开发,2011,(3).

③ 朱军,童夏雨,旷开源. 企业招聘有效性研究. 企业经济,2006,(7).

专业技术能力、组织协调能力、用人部门对员工的满意度等的分析来验证招聘工作是否有效。这也是当前组织衡量招聘有效性的主要手段。据调查显示,67.87%的企业用新员工的质量,67.02%的企业用员工流失率,61.91%的企业用部门经理满意度评价招聘有效性。

4. 基于招聘渠道、方法来评价招聘的有效性

组织的招聘渠道和方法很多,不同的渠道和方法在招聘工作中表现出来的效率是不同的,例如不同的信息发布渠道、信息的覆盖面、吸引的应聘者的人数和结构等都不相同;面试过程中的甄选方法不同,所产生的效度即对最佳申请人预测的准确程度也不同。

▐▐▶ 二、招聘有效性评估指标

唐镰,史珍珍(2011)在借鉴国内学者提出的招聘评估指标体系的基础上,建构了招聘评估指标体系(如表7-1)。该指标体系应用性较强,也都直接或间接地反映出招聘的有效性。"录用比"反映招聘有效性的能力差一些,但都属于国外学者普遍认可的"员工入职后表现"这一指标范畴;"应聘比"则是反映招募途径的效果;"录用成功比""聘用合格比"都可以很直观地反映此次招聘的效果;"聘用合格比和基础比之差"可以看成是招聘效果改善的检验指标[①]。

表7-1 招聘有效性评估指标

范 围	名 称	释 义	说 明
成本收益指标	招聘成本控制	实际招聘成本/招聘成本预算	该值大于1,则企业需加强成本管理。
	招聘收益	收益＝N・R・SD$_y$・Z	该值越大,则收益越高。(注:各指标含义参见上文"招聘总收益的预测"中要素含义。)
招聘效果评价指标	录用比	录用人数/应聘人数 * 100%	该值越小,相对来说,录用者的素质越高,反之,则可能录用者的素质较低;更低的录用比意味着吸引到更多数量的候选者。
	应聘比	应聘人数/计划招聘人数 * 100%	该值越大,说明招聘信息发布的效果越好,同时,也说明应聘人员的素质可能较高。
	录用成功比	录用成功人数/录用人数 * 100%	该值越大,说明录用人员的质量越高,组织用于招聘的时间、精力与金钱获得了较为理想的回报;反之,说明录用人员的质量越低,组织在招聘过程中所消耗的人力、物力、财力很多都被浪费掉了。
	聘用合格比	聘用人员胜任工作人数/实际聘用人数 * 100%	聘用合格比是反映当前招聘有效性的绝对指标,其大小反映了聘用的正确程度。

---

① 唐镰,史珍珍. 企业招聘效果评估研究. 中国人力资源开发,2011,(3).

（续表）

范　围	名　称	释　义	说　明
招聘效果评价指标	基础比	原有人员胜任工作人数/原有总人数＊100％	反映以前招聘有效性的绝对指标。
	聘用合格比和基础比之差	聘用合格比－基础比	反映当前招聘的有效性是否高于以前招聘有效性的平均水平，即可以反映招聘的有效性是否在逐步提高。

资料来源：唐鑛,史珍珍.企业招聘效果评估研究.中国人力资源开发,2011,(3).

　　表7-1中的指标数据或可直接收集,或可根据公式计算。"录用成功人数""聘用人员胜任工作人数"的确定需要企业分别结合绩效考核工作的结果或新员工试用期满的考核结果来确定。这两个指标的区别在于企业对"录用成功"和"聘用合格"的界定。例如,试用期满考核成绩为"优"或者"良"的新员工,即可认为属于"录用成功人数"中的一员,成绩为"中"的新员工则属于"聘用合格人数"中的一员,而成绩为"差"的新员工企业可以依据《劳动合同法》的相关条款予以解除合同,但企业必须注意,解除试用期期间员工的劳动合同一定要注意合法性问题[1]。在使用"应聘比"衡量招募途径发布信息的效果时,可以单独衡量一种招募途径(如校园宣讲会)的效果,也可以比较两种及以上的招聘途径的效果(如校园宣讲会和网络招聘广告发布),方法较为简单,只需确定此次招聘中各个招募途径吸引到的求职者数量即可。

　　上述指标中的招聘成本主要包括直接成本和间接成本,前者核算相对简单,后者需要通过时间成本来反映。这里借鉴国外研究中的"标准驱动招聘模式"和国内学者提出的"时间成本",形成一个"内部成本核算表"(表7-2)[2]。该表以某企业招聘研发人员甄选环节的成本为例。截至企业停止接受简历,有100位求职者通过了初步的简历筛选进入笔试环节,笔试内容是专业知识考察。根据求职者的笔试成绩,有50人通过笔试进入面试环节。面试官由研发部两名主管和人力资源部一名负责招聘工作的员工担任。研发部门主管的小时工资率为60元,参加甄选环节中的简历筛选、确定面试人员工作的时间累计为10小时,因此研发部门两位主管花费在这个过程中的成本为1 200元。依照此种方法,最后可计算出甄选过程花费的间接成本为5 025元。

表7-2　内部成本核算

选拔阶段流程	参　与　者		参与时间（小时）	小时工资（元）	成本（元）
	职　务	人数			
1.筛选简历,确定面试人选	研发部门主管	2	10	60	1 200
	人力招聘岗员工	1	24	30	720

[1]　唐鑛,史珍珍.企业招聘效果评估研究.中国人力资源开发,2011,(3).

[2]　同上.

（续表）

选拔阶段流程	参 与 者		参与时间（小时）	小时工资（元）	成本（元）
	职 务	人数			
2. 举行笔试	人力招聘岗员工	1	5	30	150
	配合人员	1	5	15	75
3. 面试准备	人力招聘岗员工	1	16	30	480
4. 面试	人力招聘岗员工	1	16	30	480
	研发部门主管	2	16	60	1 920
选拔成本合计	5 025				

资料来源：唐镳，史珍珍.企业招聘效果评估研究.中国人力资源开发，2011，(3).

三、招聘渠道与招聘有效性的关系

从劳动市场信息学方面来看，处于劳动市场中的企业和应聘者都是盲目的，因此双方实现良好的匹配非常困难，同时企业发布的招聘信息也是一种时效性很短的信息[1]。一部分学者认为，采用正式的招聘渠道是更为有效的招聘方式，但也一些学者通过实证研究得到了相反的评价。这可能与选取的评价指标不同有关。

采用应聘者的工作年限和员工离职率来评价招聘渠道的效果表明，员工推荐的招聘方式表现最好，应聘者最为忠诚，而通过报纸和职业中介的表现是最差的。Breaugh（1981）做了更加全面的比较，他采用了员工绩效，缺勤天数和工作态度（工作满意度、工作投入和上级满意度）等变量来衡量招聘渠道的效果，结果表明，学校就业指导中心和报纸比起杂志和自荐者要更差一些。对于这些雇佣后表现的变量，一般可以分为近期表现和远期表现两种，一些在员工入职后很快可以测量出的如工作满意度，则为近期表现，而如员工流失率，员工工作年限长度等，需要较长时间甚至是员工离职后才能测出的变量则是远期表现[2]。Wanous（1992）研究表明，内部招聘渠道的员工流失率要略微低于外部招聘渠道。国内学者徐芳，孙媛媛，沙伟影（2007）通过实证研究发现，不同招聘渠道对不同员工招聘的效果是不同的（表7-3）。

表7-3　不同招聘渠道对不同职位人员的招聘效果比较

项　目		高层管理者	中层管理者	生产操作人员	专业技术人员	营销人员	行政后勤人员
各类职业介绍机构		2.80	2.72	3.35	2.81	2.54	3.02
招聘会	校园招聘会	2.25	2.00	3.30	3.44	2.98	3.34
	社会招聘会	2.25	2.82	2.91	2.97	3.16	3.22

---

[1] 蔡岳德.试论招聘渠道及其有效性.商场现代化，2008，(2).

[2] 同上.

（续表）

项　目		高层管理者	中层管理者	生产操作人员	专业技术人员	营销人员	行政后勤人员
招聘广告	报纸杂志	2.95	3.05	2.73	3.06	3.13	3.08
	广播电视	3.40	2.25	2.50	2.22	2.56	2.20
	直接张贴招聘广告	3.67	2.4	2.95	2.13	2.29	2.53
网络招聘	本公司网站	2.65	3.12	2.78	3.13	2.84	2.93
	就业中介网站	2.92	2.83	3.07	3.81	4.11	3.53
	商业网站	3.06	2.78	2.53	3.00	3.21	3.22
员工推荐		2.91	3.00	3.13	3.31	3.12	3.32
内部招聘		3.60	3.67	3.08	3.44	3.32	3.06
猎　头		3.27	3.30	2.00	3.04	3.00	3.80
劳务派遣		1.50	1.50	3.50	2.64	2.90	2.73
委托招聘		3.19	3.06	3.50	2.94	3.09	3.20

说明："1"表示效果非常差;"2"表示比较差,"3"表示一般,"4"表示比较好,"5"表示非常好。

资料来源:徐芳,孙媛媛,沙伟影.结构洞理论与中介组织网络招聘.经济理论与经济管理,2007,(10).

徐芳等(2007)研究指出[1]:① 网络招聘已成为我国企业招聘渠道的首选。对 158 家企业的调查发现,网络招聘、招聘会、员工推荐、内部招聘是各个企业普遍运用的招聘方式;尤其是网络招聘(包括企业网站和就业中介网站),在企业高层管理人员、中层管理人员、生产操作人员、专业技术人员和营销人员、行政后勤人员这六类人员招聘渠道排名中都位列第一,已经成为企业招聘渠道的首选。就业中介网站在网络招聘与求职中占据着主体地位。在各类职位的招聘中,就业中介网站是使用最为广泛的方式。② 网络招聘方式在外企中使用最为普遍。在被调查企业中,外企中有 89.6％使用过网络招聘方式,高于国企和民企使用网络招聘的比率 76.2％与 58.8％。外企普遍使用中华英才网、智联招聘、51job 这三大招聘网站。使用这些中介组织网站的原因主要是这三大网站面向群体较多,成立时间较长,并且也得到了求职者的普遍认可,收到的简历数量与质量也比较高。企业和中介组织网络招聘的合作方式,主要是在网站上发布信息,在招聘网站首页刊登招聘广告或做链接,将其主要作为信息发布的平台。③ 网络招聘对于招募专业技术职位、营销职位和行政后勤职位最为有效,高学历者是网络求职方式运用的主体。根据不同招聘渠道对不同职位的招聘效果的评估调查所得数据分析,网络招聘方式对招募专业技术人员、营销人员以及行政后勤人员最为有效。其中,就业中介网站对专业技术人员和营销人员的招聘效果要高于其他所有招聘方式。但网络招聘方式对于招募中高层管理者以及生产操作人员的效果则不理想。④ 通过网络招聘渠道进行的在职工作搜寻相当普遍。虽然人们通常对自己的工作不满意,但是要变换工作

---

[1]　徐芳,孙媛媛,沙伟影.结构洞理论与中介组织网络招聘.经济理论与经济管理,2007,(10).

由于要支付一定的成本,所以需要经过慎重的思考。而网络的出现则大大降低了这种成本。网络可以为在职搜寻者提供全天候的工作机会搜寻,便于员工进行时间方面的协调。而且由于网络求职的隐秘性,在职搜寻者引发上司不满的风险也大大降低。

第三节 提高招聘效果的对策[①]

招聘是否有效主要体现在以下几个方面:一看是否能及时招到所需人员以满足企业需要;二看是否能以最少的投入招到合适人才;三看所录用人员是否与预想的一致、适合公司和岗位的要求(而不是面试时觉得不错,一经试用才发现不行);四看"危险期"(一般指进公司后的 6 个月)内的离职率[②]。

▌▶ 一、界定清晰的"选人标准"

选人标准应是具体的、可行的、可衡量的,以作为招聘部门考察人、面试人、筛选人、录用人的标杆。选人用人不是越优秀越好,只有合适的才是最好的。企业选人,首先要知道企业本身需要什么样的人? 这是由企业文化决定的。即选人是德才兼备、以德为先还是以才为先? 是强调个性突出还是团队合作? 是开拓型还是稳健型? 等等。其次要知道空缺岗位需要什么样的人? 可通过职位分析明确该岗位的人需要具备的学历、年龄、技能、体能等。

只有掌握了标准,招聘人员才能做到心中有数,才能用心中的这把"尺"去衡量每一位应聘者。否则稀里糊涂,走马观花,根本没有办法从众多的应聘者中挑出企业所需要的人,更严重的是发现那些经过"层层筛选"出来的人选在试用一段时间后竟然很多方面与企业的要求不符、并不适合本企业,从而造成企业财力和精力的极大浪费。

▌▶ 二、坚持"双向选择"的人才流动观

企业应与应聘者特别是重点应聘者(潜在的未来雇员)平等地、客观地交流,双向考察,看彼此是否真正适合。我们知道,人才市场上供大于求只是表面现象,真正优秀的人才是供不应求。时常听到招聘企业抱怨人才市场假简历、假文凭满天飞,但反过来看看招聘企业,是否也在发布虚假信息? 这是不容置疑的事实。一些企业为了树立"企业形象",吸引应聘者,常会故意美化、夸大企业,对企业存在的问题避而不谈,以致应聘者过分相信招聘企业的宣传而对企业满怀期望。这样的人一旦进入企业,发现企业实际上并没有宣传的那样好,就会产生上当受骗的感觉,挫伤工作积极性。因此,企业在招聘时应把发展前景、发展现状、存在的问题等实事求是地向应聘者做客观的介绍,以职

---

① 本节主要借用陈育庆. 提高招聘工作的有效性. 中国人力资源开发,2004,(3).
② 陈育庆. 提高招聘工作的有效性. 中国人力资源开发,2004,(3).

业顾问的身份站在应聘者的角度分析其到本企业工作的利弊、发展机会以及实际工作中可能遇到的种种困难等,供应聘者权衡。只有这样,才能招到对本企业感兴趣的人,同时把应聘者由于前后反差大而离职的比例降到最低。

三、拓宽招聘渠道,制定针对性的招聘策略

根据企业所在行业、所招聘岗位特点、目标应聘者的特征等,采用不同的招聘渠道,如中高级管理人才可内部提拔、委托猎头物色或参加高层次人才招聘会,软件开发人员适宜网络招聘,操作工人适合在劳动力市场招聘等,提高招聘的针对性。同时,还可以采用内部员工推荐的形式(当然对内部员工推荐人员的录用与否,最终要通过公平竞争。由用人部门和招聘部门决定),减少招聘的盲目性。

企业选人是讲求"实用性"还是为后期发展储备人才? 不同的目的有不同的招聘策略。前者要求主要针对社会上有工作经验的人开展,要求应聘者有工作经验、上岗后经过短期的工作熟悉即能胜任工作;后者主要针对高校应届毕业生开展,着眼于应聘者的发展潜力,看经过几年的培养,是否可以在将来用人的时候发挥作用。外部招聘和内部培养各有利弊,如何处理外部招聘和内部培养的关系,也是企业招聘的一个策略。

四、招聘人员高度负责,用人部门密切参与

招聘人员应既对企业负责、也对应聘者负责,树立"优秀不等于合适""招进一名不合适的人才是对资源的极大浪费"的观念。在现实工作中,用人部门常常会提出很急迫的用人需求,致使一些招聘人员为了满足用人部门的要求、为了完成招聘任务而招人,常使招聘质量不高。看起来是招到了人,但招进来后却发现根本不适合企业,然后辞退或员工自动离职,招聘人员再重新招聘,使招聘陷入招人—辞人—招人的恶性循环中。为了扭转被动局面,招聘部门应该主动地参与企业和部门的人力资源规划、深入一线了解人员流动去向,随时掌握企业在各阶段的用人需求,以采取合适的招聘策略,及时为企业输送所需人才。

招聘既是人事部门的事,更是用人部门的事,只有用人部门对自己需要什么样的人最清楚,而且招进来的人的素质和能力直接关系到部门的工作成效。因此,招聘部门要不断地向用人部门灌输招聘理念,推动其主动参与招聘全过程:"人力资源规划、招聘需求制定、面试、录用等"。用人部门对招聘的配合、支持程度,决定了招聘的成败。宝洁前任首席执行官说在公司内部,我看不到比招聘更重要的事了,招聘不只是人力资源部的工作,而是上至 CEO,下至普通员工所有人的工作。

五、科学甄选

对于甄选方法,当下常用的甄选方法主要是面试、心理测验法、评价中心法(无领导小组讨论、角色扮演、文件筐处理、案例讨论、情景模拟等)。对于不同的岗位,要选择适

合的甄选方法。有的企业过于追随流行的甄选方法,没有考虑其适用性,如在招聘技术类的员工时,选用无领导小组讨论的方法来甄选,这对是否能选出技术能力强的应聘者几乎没有帮助;而有些心理测验,是欧美的心理学家开发出来的适用于西方国家的方法,不适合中国的国情,如果直接拿来使用,也会影响测评的效果。测评时间的长短和背景调查也会影响招聘效果。测评时间过长或过短,都会影响考官的判断,从而影响招聘效果;对应聘者的背景调查,可以进一步考量应聘者,所以,也对招聘效果有一定影响[①]。

▶ 六、建立人才储备库

甄选结束后,建立必要的人才信息储备招聘实践中,经过层层筛选、面试,常会发现一些条件不错且适合企业需要的人才,因为岗位编制、企业阶段发展计划等因素限制无法现时录用,但确定在将来某个时期需要这方面的人才。作为招聘部门,就应将这类人才的信息纳入企业的人才信息库(包括个人资料、面试小组意见、评价等),不定期地与之保持联系,一旦将来出现岗位空缺或企业发展需要即可招入,既提高了招聘速度也降低了招聘成本。"选人"是人力资源管理"选人、育人、用人、待人、留人"五大职能之首,是人力资源管理的第一步,如果起点的质量不高,那么不仅后续的人力资源管理工作会事倍功半,而且会影响到公司各项决策的执行。作为承担着"选人"职能的招聘部门,在埋头于招聘的同时,也要日省三身,抬头看看别人是怎么做的,借鉴国内外企业的成功经验,吸收精华为我所用,探索出适合本企业特点的有效的招聘方法,提高招聘的效用。

思　考　题

1. 简述招聘成本的类型
2. 简述招聘有效性的评估维度
3. 试分析招聘有效性的评估指标
4. 试述招聘渠道与招聘有效性之间的关系
5. 简述提高招聘效果的对策

讨　论　案　例

为什么这样的招聘是有效的?

Google 招聘流程固然有趣,但流程背后的设计理念则更为重要。沟通、不妥协、意见一致是招聘中关键的因素。沟通意味着应聘者会在提交简历后尽快得到通知,并被告知招聘过程的每一次状态更新。考虑到 Google 每年收到的庞大简历数量,这个处理过程有时会比我们希望的要长,或者沟通中的信息量可能会比我们所需要的

---

① 刘慧珍. 员工招聘效果影响因素评价及其对策研究. 北方工业大学硕士学位论文,2010.

要少,但是 Google 一直在努力让应聘者获取更多的信息。保持高标准而不妥协,也是 Google 招聘的信条。保证招聘委员会的意见一致,也保证了招聘的高标准,并避免了"盲区"和许多失误。

招聘是每个人的工作

几乎每个 Google 员工都把招募、面试以及雇佣作为他们工作职责的一部分。不仅如此,这部分的工作也同样得到考核。员工会从推荐新员工中得到奖励。绝大多数的员工每个月都要进行几次面试,并且要求按照标准的类别和准则提交面试结果反馈。招聘委员会则会在决定过程中查看每一条反馈。

对面试官的评估

在 Google,面试和反馈是非常严肃认真的。Google 会培训员工们如何改善面试,如何写出更深刻的面试反馈。招聘系统会持续跟踪员工进行了多少面试、给应聘者打了多少分,以及招聘委员会如何评估这些反馈的质量。是的,员工的反馈是会被委员会评估的。经过一段时间,谁是最好的面试官就显而易见了,而这些员工也会把他们的经验和团队中的其他人分享。这也表明了 Google 对于员工招聘经验的重视和认真。

部门经理不能独自决定

在 Google,雇佣决定是由招聘委员会决定的。这就意味着没有任何一个部门经理能够独自做出那些可能不好的决定。这一举措不能保证 100% 做出正确的决定,但是它确实减少了很多错误的决定。决定是否雇佣一名员工,需要得到所有人的一致同意,这会使聘用过程变慢吗? 事实并非如此,Google 的招聘流程保证了应聘者的状态每周都会被招聘委员会审查,而且不存在因为个人的工作期限推迟招聘决定。这种"一致同意"的措施避免了部门经理的盲点或偏见,让最后的雇佣决定更有效。应聘者也会在不同的小组中进行比较,以保证较高的接收标准。

报酬的公平性

Google 员工的报酬是由一个独立的委员会决定的,而不是由招聘的部门经理或者招聘委员会决定。这就保证了相似工作的报酬在不同小组之间是公平的。这种方式也避免了经理单独决定所造成的偏见和盲点。

只雇佣最合适的

Google 提供许多的开放职位,其中有些已经开放了很长一段时间了。Google 宁可让某一个职位空缺,也不愿意去招聘那些不是最合适的应聘者。招聘委员会不会因为某个职位非常需要人来填补而降低标准。

Google 对于设置目标和给予奖励也有异于寻常的措施。和通常的每年评估不同,Google 每个季度都会设置目标,并评估你的进展。我们会设置那些似乎不可能完成的目标并实现其中的相当一部分。完成 60% 的不可能任务比 100% 的完成那些寻常任务要好得多,这就是 Google 的哲学。

Google 有着不同于其他大多数公司的文化。你会在园区散步、与员工交谈,甚至每周的公司例会中感受到。这种文化来源于 Larry、Sergey、Eric,以及公司的高级管理团队。这种文化之所以能够保持强大和真实，源自 Google 招聘中的"只招最合适的人"原则，只有那些有独一无二"Google 化"个性的人会加入公司。Google 成功的秘密就在于它的员工。这也是为什么在 Google 招聘会成为每个人的职责。

资料来源：Logan. 为什么这样的招聘是有效的. http://www.chinahrd.net/.

讨论题：

1. 为什么 Google 的招聘是有效的？
2. 对 Google 的招聘，你有什么建议？

参 考 文 献

1. 李瑾. 企业招聘成本分析. 人口与经济，2009，(增刊).
2. 张四龙. 招聘效果评估实施策略. 中国人力资源开发，2012，(9).
3. 刘慧珍. 员工招聘效果影响因素评价及其对策研究. 北方工业大学硕士学位论文，2010.
4. 陈育庆. 提高招聘工作的有效性. 中国人力资源开发，2004，(3).
5. 朱军，童夏雨，旷开源. 企业招聘有效性研究. 企业经济，2006，(7).
6. 唐镳，史珍珍. 企业招聘效果评估研究. 中国人力资源开发，2011，(3).
7. 蔡岳德. 试论招聘渠道及其有效性. 商场现代化，2008，(2).
8. 徐芳，孙媛媛，沙伟影. 结构洞理论与中介组织网络招聘. 经济理论与经济管理，2007，(10).

图书在版编目(CIP)数据

招聘理论与实务/高日光,郭英,陈小锋编著.—上海:复旦大学出版社,2015.12
信毅教材大系
ISBN 978-7-309-12019-6

Ⅰ.招…　Ⅱ.①高…②郭…③陈…　Ⅲ.招聘-方法-高等学校-教材　Ⅳ.C962

中国版本图书馆 CIP 数据核字(2015)第 306697 号

招聘理论与实务
高日光　郭　英　陈小锋　编著
责任编辑/岑品杰　方毅超

复旦大学出版社有限公司出版发行
上海市国权路 579 号　邮编:200433
网址:fupnet@ fudanpress.com　http://www.fudanpress.com
门市零售:86-21-65642857　团体订购:86-21-65118853
外埠邮购:86-21-65109143
大丰市科星印刷有限责任公司

开本 787×1092　1/16　印张 14.5　字数 309 千
2015 年 12 月第 1 版第 1 次印刷

ISBN 978-7-309-12019-6/C・329
定价:36.00 元